本书系四川省哲学社会科学重点研究基地四川省教师教育研究中心2024年度项目："西部地区公费师范生口述史研究"的研究成果

课题编号：TER2024-013

扎根乡土与向阳生长

定向西部地区培养的公费师范生口述史研究

李 攀　马姝漫　赵雨萍　著

中国纺织出版社有限公司

内 容 提 要

本书致力于对那些通过公费师范教育政策，走上西部地区12个省、市、自治区教师岗位的教师群体，进行深入的口述史研究。旨在通过梳理该群体对自身家庭背景、学习经历、职业历程、父辈职业流动状况以及子辈未来规划的详尽叙述，捕捉他们对公费师范教育政策实施的真实感受与独特见解。并进一步探讨了该群体在教师职业中所面临的与普通师范生不同的机遇与挑战，以期为当前及未来的公费师范生培养以及定向师范教育政策的完善提供参考和建议。

图书在版编目（CIP）数据

扎根乡土与向阳生长：定向西部地区培养的公费师范生口述史研究 / 李攀，马姝漫，赵雨萍著. -- 北京：中国纺织出版社有限公司，2024.8. -- ISBN 978-7-5229-1913-3

Ⅰ．G659.29

中国国家版本馆CIP数据核字第2024HZ9458号

责任编辑：柳华君　　责任校对：寇晨晨　　责任印制：储志伟

中国纺织出版社有限公司出版发行
地址：北京市朝阳区百子湾东里A407号楼　邮政编码：100124
销售电话：010—67004422　传真：010—87155801
http://www.c-textilep.com
中国纺织出版社天猫旗舰店
官方微博http://weibo.com/2119887771
天津千鹤文化传播有限公司印刷　各地新华书店经销
2024年8月第1版第1次印刷
开本：710×1000　1/16　印张：17.5
字数：192千字　定价：98.00元

凡购本书，如有缺页、倒页、脱页，由本社图书营销中心调换

前言

　　强国必先重教，重教必先尊师。要想实现中华民族伟大复兴的中国梦，必须在科技、人才、知识上赢得优势，而乡村振兴是实现中华民族伟大复兴的中国梦的重要战略。乡村振兴关键在乡村教育，乡村教育振兴关键在乡村教师。长期以来，受地理环境复杂、经济发展水平较低、人口基数大、民族组成复杂等因素影响，教育发展地区差异大、城乡不均衡，西部地区教师"引不进、留不住、教不好"的问题突出，教育发展整体滞后。只有牢牢抓住"教育"关键和"人才"核心，大力加强教师队伍建设，全力提升教育质量，才能建设、巩固教育基础。因此亟待全面加强教师队伍建设，实施教育人才振兴工程，培养培育本土化教师；实施教师特殊招引政策，化解教师补充难问题；实施教师待遇保障工程，增强教师职业吸引力。

　　从免费师范教育政策到公费师范教育政策，再到之后的中西部欠发达地区优秀教师定向培养计划，国家培养了数以万计的定向西部地区乡村教师。定向招生、定向培养、定向上岗培养的公费师范生实现了精准对接乡村教师队伍的人才需求。该政策的实施不仅有助于解决西部地区长期以来师资力量不足的问题，还有助于激发西部地区教育事业的活力与创新。因此，本研究致力于对那些通过公费师范教育政策，走上西部地区12个省、市、自治区教师岗位的教师群体，进行深入的口述史研究。旨在通过梳理该类群体对自身家庭背景、学习经历、职业历程、父辈职业流动状况，以及子辈未来规划的详尽叙述，捕捉他们对公费师范教育政策实施的真实感受与独特见解。并进一步探讨了该类群体在职业中所面临的与普通师范生不同的机遇与挑战，以期为当前及未来的公费师范生培养以及定向师范教育政策的完善，提供参考和建议。

在成书前期，课题组潜心收集口述史原始资料。薛芊、刘莹、张韵、陈思宇、都乐、焦铜、周缤、热依汉古丽、王浩、鲍李莉、冯玉洁、任海涛、刘明威、魏成、李木子、潘杏宜、周芝宇、汪亚洁、赵有财、王霞、姚秀璇、何婧、崔馨楠、李玉伟、缪娜、徐红艳、练达等老师参与了口述史的撰写工作。李攀、马姝漫、赵雨萍、陈思睿、孙婷婷、刘禹希、刘晨曦、周芝宇、夏季、赵俊、寇雅雯、胡若雪、杨丝洁、陈静、唐媂灵、谭媛兰、廖垚瑶、吴金燕、李佳棋、吴春燕、郑方菊、杜诗语、王蓉、庞程一、罗浩源、唐鸿、谯春梅、冯星星、吴诗月、张明月、杨森、李萍、冯悦、胡欣怡等青年研究者参与了口述史编码工作。特别感谢兰州市第54中学的刘德智老师在口述史资料搜集过程中所付出的巨大努力和鼎力帮助。正因大家的不懈努力和无私奉献，才有了本书的出版。

希望课题组成员能够在公费师范生口述史的研究道路上越走越远，为公费师范生培养以及教育政策制定等提供更多有价值的建议！也希望这些经过系统教育培养的优秀师范生们能够成为西部地区教育改革的中坚力量，为促进教育公平与均衡做出更大的努力与贡献。

目录

绪论

第一节　研究缘起 ……………………………………………… 003

第二节　概念界定 ……………………………………………… 005

第三节　研究综述 ……………………………………………… 009

第四节　研究方法与研究内容 ………………………………… 017

第一章　继承者：延续家族荣耀的幸运儿

春祺：学为人师行为世范，此生无悔入昆仑 ………………… 021

刘霄云：整理与回顾——我的公费师范生之路 ……………… 027

苏子月：当理想遇上现实，是否还能坚持初心 ……………… 037

程诗聿：新手公费师范教师向上流动的迷惘与期待 ………… 053

包翱翔：争做家乡基础教育的领航员 ………………………… 059

焦慕望：顺其自然，此生无悔——我的社会流动轨迹 ……… 067

第二章　救赎者：照进坎坷命运的曙光

云笙：长·成——那个女孩的成长之路 ……………………… 075

古丽：是那一次的选择成就了现在的我 ……………………… 083

孙哲：工作三年，治好了我的精神内耗 …………………………… 091
鲍李莉：梦想太难追了，我还追得上吗 …………………………… 101

第三章　逆袭者：我不是"小镇做题家"

李梦琳：迷茫与收获 ………………………………………………… 115
任曦月：从乡村到城市，从荆棘遍布到一路生花 ………………… 121
张威：成为公费师范生不是偶然而是幸运 ………………………… 143

第四章　求知者：知识就是无穷的力量

唐天：愿你果敢前行，向阳而生 …………………………………… 151
李木子：免费师范生的心路历程 …………………………………… 157
许宁青：教师，偶然中的必然选择 ………………………………… 163

第五章　循规者：成为"别人家的孩子"

芝芝：在心里种花——一名西部公费师范生的十年 ……………… 175
林逸清：回望来时路，莫负此时心 ………………………………… 183
赵雨泽：小山村里走出的人民教师 ………………………………… 193

第六章　盗火者：成为人民好教师的滚烫初心

李舒：一名公费师范生的选择——最好的安排 …………………… 209
李阿瑶：一个普通家庭普通女孩的公费师范生之路 ……………… 215
何宛瑜：桃李不言自成蹊，为有清香吐芳华 ……………………… 225
陈楠：从大山走来的教师梦 ………………………………………… 233

第七章　追随者：长大后我就成了你

李毅生：根，我与师范的不解情缘 …………………………………… 241

缪予：心之所向，素履以往 …………………………………………… 249

许函：曰归曰归，岁亦莫止——渐远的故乡和迷茫的初心 ……… 257

杨林：平淡无奇却也百感交集——我的师范经历 ………………… 265

绪论

绪论

第一节 研究缘起

为了提升教育的整体发展质量，实现教育公平，针对我国西部农村地区的教育现状，国家采取了一系列措施扩充乡村教师队伍、提升乡村教师质量。其中，执行有效的一项举措是师范生公费定向培养。自2007年开始的免费师范教育政策到如今的"公费定向培养"，此类政策已实施十年有余，我国西部农村地区的教育发展水平也得到了切实的提升。这一结果的达成，除国家、地方等提供的财政与政策支持外，还与公费师范生这一群体的努力奋斗密不可分。然而，现有的乡村教育研究中，有关公费师范生教育政策的研究，很少涉及记录和研究公费师范生这一基层群体的真实"声音"。

公费师范生作为师范生公费定向培养政策实施的主体，对政策各环节的执行效果有着最真实的感受。他们选择公费师范生政策的缘由、在师范院校的培养过程、毕业之后选择工作的经历，以及对此教育政策的主客观感受等，都是值得学者们关注研究的领域。口述史学正是聆听公费师范生群体心声的最佳方式，也恰巧能够填补当前对这一群体研究的空白。

将焦点对准公费师范生这一基层群体进行口述史研究，从他们对自身家庭情况、本人学习和职业经历、子女发展规划以及自我总结的陈述当中，能够获取他们对公费师范生的真实看法，知道公费师范生进入教师行业工作的真实经历与主观感受，了解公费师范生在教师行业所面临的与普通师范生不同的处境。关注公费师范生真实的教育生活世界，聆听他们内心的真实想法，对公费师范生教育政策的完善与实施具有重要的意义。本书联合定向西部地区12个省、市、自治区的公费师范毕业生，撰写提纲，交织个人故事进行口述史撰写，在此基础上进行口述史资料整理和文本分析。

第二节　概念界定

一、口述史

口述史（Oral History）亦称口碑史学，这个术语最初由美国学者约瑟夫·古尔德（Joseph Gould）于1942年提出，之后被美国现代口述史学的奠基人、哥伦比亚大学的阿兰·内文斯（Allan Nevins）加以运用并推广。❶美国研究者最开始将口述史学应用于对社会精英人物的访谈中，英国研究者则将工人阶级和普通大众的日常生活作为研究内容。我国学者杨祥银认为口述史是搜集口传记忆以及具有历史意义的亲身经历、亲见、亲闻的一种记录，是受访者与历史研究工作者合作的产物。❷他认为口述史学是一门面向大众的科学，体现出一种重返人文的传统。我国最早的口述史研究可以追溯到20世纪80年代张寄谦对于西南联大师生的口述史采访❸；开始进入规范化阶段，是在2004年中华口述历史研究会成立之后。此后，口述史研究被广泛应用于历史学、教育学、社会学、民族学、人类学等多个领域。

---

❶ 周洪宇，刘来兵. 教育口述史研究：内涵、形态与价值[J]. 现代教育管理，2018（11）：1-2.

❷ 杨祥银. 与历史对话——口述史学的理论与实践[M]. 北京：中国社会科学出版社，2004：4-5.

❸ 转引自王晓东. 西方哲学主体间性理论批判[M]. 北京：中国社会科学出版社，2004：19.

扎根乡土与向阳生长：定向西部地区培养的公费师范生口述史研究

本书搜集的口述史文本资料，来源于西部地区12个省、市、自治区以"公费师范生"这一身份毕业的教师，文本中包含该群体自身的家庭背景、学习经历、职业经历等真实生命经验。

二、教育口述史

口述史的出现，为教育领域的研究提供了一种新的质性研究方法。教育口述史是一种大众取向的研究，其将师生群体作为研究对象，围绕某一主题对个人的教育生活经历、学术成长经历、教育管理等内容通过访谈的形式进行资料收集。这种研究通过不同社会阶层和地位的人物对于同一历史事件的口述，可以从多方面、多角度地展现历史的多样性和丰富性，更有利于给人们提供一个比较完整的历史。❶

齐红深主持的全国教育科学"九五"规划重点课题"日本侵华教育史研究"，是我国教育史学界出现的早期真正有影响的大规模教育口述史研究。学者周洪宇、刘来兵将教育口述史分为自然的、自为的、自觉的三种形态。自为形态的教育口述史和自觉形态的教育口述史都是当代教育史中的重要组成部分，它们从抽象的教育思想史、教育制度史中跳脱出来，在具体鲜活的日常教育生活中聆听师生的真实声音❷。郑新蓉等聚焦于新中国第一代乡村教师这一群体，通过他们的口述，"给我们展现了新中国成立以来一代代奋战在我国一些贫穷山区、村落，以及少数民族聚集地的乡村教师群体的工作、生活及其精神风貌"。❸同时，也有针对教育名家所做的教育口述史研究。例如在由李敏

---

❶ 于书娟.教育口述史研究初探[J].上海教育科研，2009（4）：4-7, 16.

❷ 周洪宇，刘来兵.教育口述史研究：内涵、形态与价值[J].现代教育管理，2018(11)：2-4.

❸ 郑新蓉.开拓者的足迹：新中国第一代乡村教师口述史[M].南宁：广西教育出版社，2018：4.

谊等整理的《顾明远教育口述史》一书中，顾明远先生讲述回忆了个人的教育、生活、工作经历，以个人教育生活史反映了中国教育近90年的发展变迁。类似的教育口述史著作还有很多，如由北京师范大学出版的系列教育名家教育口述史图书，有《王炳照口述史》《黄济口述史》《林崇德口述历史》《吴式颖口述史》等。

本书以借由公费师范教育政策，走上西部地区12个省、市、自治区教师岗位的教师群体作为研究对象，通过他们的口述，展现公费师范生这一群体在教育、生活、工作等方面的真实经历，由此形成关于西部地区公费师范生这一群体的教育口述史。

三、公费师范生

结合我国现行的公费师范生相关规定，在本书中，公费师范生是指在委培高校的培养期内享受国家公费培养、"两免一补"政策，由教育部或各省财政承担其在校期间学费、住宿费，并被给予生活补助的本科生，以及在服务期内兼有公费师范生身份的，需按照协议到中小学、幼儿园从事不少于六年教育教学工作的教师。

第三节 研究综述

一、"教育口述史"的研究综述

（一）关于口述史在教育领域应用的动因研究

首先，当代教育史学的发展所面临的现实困境，决定了教育领域的研究需要转向对大众日常教育生活的关注。"长期以来，在思想史、制度史的范式下，缺失大众的、生活的教育史，难以应对当代教育史学危机与回应公共教育史学的社会需要。"❶

其次，当前教育改革的推进，需要教育研究者走进现实的教育生活世界。接触教师、学生们，能够使研究者了解目前我国教育问题的历史原因，为教育教学改革提供经验教训。"倡导参与教育历史生活是为了强调教育史研究应关注教育生活世界，教育史学者不仅要参与历史生活，更要参与现实生活，从生活中发现研究课题，从历史中发掘经验，更好地服务当代的教育改革实践。教育口述史可以将教育史学工作者从书斋中解放出来，更好地参与、服务与享受生活。"❷学者于书娟指出教育口述史研究能够推动学校教育教学改革，因为

---

❶ 周洪宇，刘来兵. 教育口述史研究：内涵、形态与价值[J]. 现代教育管理，2018（11）：1-7.

❷ 刘来兵，周洪宇. 教育口述史：功能、信度与伦理[J]. 南京师大学报（社会科学版），2019（1）：46-54.

"口述史不仅是收集史料、研究历史的方法，它还是一种新的教育教学手段，它改变了以往静态的课堂教学状况，把教学变成一种充满活力的动态活动。因为它打破了师生之间、代际之间、课堂与外部世界之间的障碍。"❶

最后，在我国教育发展历史上，有许多著名的学者为我国基础教育、职业教育、高等教育等的发展作出了巨大贡献，他们作为我国教育史上关键事件的亲历者、见证者或参与者，对历史事件有着最真实的感受与记忆。他们就是我们的"活历史"，而如今他们中的大部分已步入古稀甚至耄耋之年。他们的教育实践和教育研究经历，能够为我们呈现出一段段真实的历史，对当代教育发展有着重大的启发价值。利用口述史这一方法，能够及时记录这些学者的教育记忆，并让其流传于世，以弥补文献资料的不足。如北京师范大学出版社就推出了《顾明远教育口述史》《潘懋元教育口述史》等教育口述史丛书。

（二）关于教育口述史价值的研究

现有关于教育口述史价值的研究，主要集中在讨论其理论价值和实际价值两方面。

理论价值涉及以下两点。其一，提供新的范式，实现精英人物向普通大众的视角转换。教育口述史让教育实践活动中的主体有机会成为故事的讲述人，让那些被遗忘的教育事件、教育声音有机会展现出来。学者郑刚、余子侠通过分析高等教育口述史的实践与发展路向，指出口述史在高等教育研究领域的应用，使研究者将目光转向了教育事业创造者的鲜活场面，赋予了普通师生新的历史地位。❷学者刘朝阳、邹玲在对基础教育口述史可行性的分析研究中，指出"口述史学则给了我们一个机会把历史恢复成普通人的历史，并使历史密

---

❶ 于书娟. 教育口述史研究初探[J]. 上海教育科研，2009（4）：4-7，16.

❷ 郑刚，余子侠. 高等教育口述史研究的实践与发展路向[J]. 高等教育研究，2015，36（8）：56-61.

切和现实相连,由此产生的出版物便多了几分平民色彩。或许他们应是代表真理的'另一种声音',这'另一种声音'肯定有着区别于'正统'的形式和表达。"❶教育口述史作为一种新颖的质性研究方法,实现了研究范式的转换,拉近了教育史与教育现实的距离。我国学者李向平、魏扬波在其著作《口述史研究方法》中,系统论述了口述史作为一种研究方法该如何使用的问题,从口述史研究概论、口述史的访谈方法、口述史研究方法、口述史研究的设计等方面进行了详细的阐述。❷其二,丰富拓宽教育史的研究内容与领域。教育口述史通过对基层人物、普通大众进行访谈,将收集整理的资料与档案文献等有限的官方记载互为补充、印证,了解大众对历史的真实看法,引入新的证据,使得历史事件发生的前因后果完整地呈现出来。这为教育研究提供了多样的研究视角与课题,如探寻大众观念的形成与情感态度的转换原因、高等教育的发展脉络等。

实际价值主要体现在呈现具体的教育生活以促进教育公平的实现方面。美国南佛罗里达大学加乐思克(Valerie J. Janesick)教授指出:"口述历史的力量就是讲故事的力量。因为口述历史捕捉了一个人或一群人的生活经历,当那些处在社会边缘的人的故事被叙述之后,社会公正的目标便会更加明确。口述历史为局外人和被遗忘的人讲述他们的故事提供一种可能路径。"❸教育口述史将师生真实的教育世界展现出来,尤其是对于农村偏远地区的师生们来说,对公费师范生进行口述史研究,能够倾听他们对当地教育政策、教育管理、教育质量、教育资源、师资队伍发展等的切实感受,如此就能够看到偏远地区教

---

❶ 刘朝阳,邹玲. 基础教育口述史研究的可行性[J]. 内蒙古社会科学,2007,28(4):116-119.

❷ 李向平,魏扬波. 口述史研究方法[M]. 上海:上海人民出版社,2010.

❸ 转引自周洪宇,刘来兵. 教育口述史研究:内涵、形态与价值[J]. 现代教育管理,2018(11):1-7.

育发展的真实模样,也能够为当地教育的发展提供可行的建议与解决方案,由此逐步实现教育公平。

(三) 关于**教育口述史信度与客观性的研究**

如今教育学界对教育口述史是否具有信度存在不同的看法。一部分学者质疑教育口述史在实践过程中的真实性与可靠性,认为人的记忆受时间、个人经历、环境等的影响,是不准确的,缺乏客观性。另一部分学者认为记忆的不可靠性并不会妨碍教育口述史的客观性。学者杨晓、程燕以记忆的可靠性为切入点,对殖民教育口述史的客观性进行了探讨,他们认为"口述历史对读者而言,既能使他们从亲历者生动的回忆及具体事件的细节中看到普遍性的社会存在,也能透过回忆的感情色彩判别事件本身对亲历者形成的影响。"❶学者陈献光对口述史中个人记忆可靠性的分析也为教育口述史的信度提供了支撑材料,他提出:"其一,记忆的不可靠性本身蕴含了一定的事实内容。任何虚构都需要一定的原始素材或原型,而这些原始素材正是人们过去历史活动实践中的一部分内容,属于历史存在的范畴。其二,个体记忆的感情色彩也并不是完全排斥历史事实的,它们也承担着一定的历史含义和包含一定的历史内容。"❷因此,即使个人的记忆会受到其他因素的干扰而不完全准确,这也并不会影响教育口述史的信度;相反,教育记忆受到干扰的原因、影响其准确性的因素,也应该成为教育研究的内容。

对于如何保证教育口述史的信度,学者刘来兵、周洪宇总结出三点:第一,做好口述前后的准备工作;第二,增加口述访谈的问题密度与细节;第

---

❶ 杨晓,程燕.关于殖民教育口述史的客观性释疑[J]. 抗日战争研究,2008 (4): 192-203.

❷ 陈献光.口述史二题:记忆与诠释[J]. 史学月刊,2003 (7): 78-83, 96.

三、设置一些重复性的问题。❶另外，口述史资料与历史文献资料的相互印证，也能保证教育口述史的客观性与可靠性。"通过口述方式获得资料仅是进行研究的第一步，为更加全面、客观地反映历史，还需要将口述史料和实物资料相互印证、相互补充。"❷

（四）关于教育口述史规范性的研究

当前教育口述史研究受到我国学术界越来越多的关注，为了能够在未来进一步推动教育口述史的发展，对其规范性进行研究是十分有必要的。学者们对教育口述史规范性的研究主要集中在两个方面。

一是探讨对教育口述史的理论与方法。目前我国学术界对教育口述史的定义和性质还没有统一的认识。教育口述史与教育回忆录、教育自传、教育叙事研究的关系与区别有待进一步探讨。学者宋忠敏认为："不能把教育口述史和访谈、口述混淆，更不能把访谈记录和笔述与教育口述史等同。"❸对于教育口述史与教育回忆录的区别，学者于书娟指出："回忆录多以时间为顺序，而口述史可以以时间为顺序，也可以以事件、主题为线索。"❹

二是明确教育口述史在实践中的操作规范原则。学者郑刚、余子侠提出，为了推动教育口述史研究的深入以及理论的丰富，规范操作、程序明确是十分重要的。他们提出了四点原则："第一，充分做好访谈前的准备工作；第二，处理好研究者与受访者的关系；第三，口述史料与文献资料的互证；第四，挖

---

❶ 刘来兵，周洪宇. 教育口述史：功能、信度与伦理[J]. 南京师大学报（社会科学版），2019（1）：46-54.

❷ 郑刚，余子侠. 高等教育口述史研究的实践与发展路向[J]. 高等教育研究，2015，36（8）：56-61.

❸ 宋忠敏. 近十年来教育口述史研究综述[J]. 经贸实践，2018（13）：30-31.

❹ 于书娟. 教育口述史研究初探[J]. 上海教育科研，2009（4）：4-7，16.

掘口述史料背后的含义。"❶ 学者刘来兵、周洪宇基于对"当代中国高等教育改革口述史丛书"编撰过程中所获得的经验以及其他口述史工作者的实践经验，总结出了五条教育口述史的实践规范原则："主题收集原则，充分准备原则，尊重受访者意愿和隐私原则，忠实于口述记录原则，口述历史档案整体性收藏原则。"❷

二、"教育口述史"的研究述评

一方面，教育口述史的研究对象逐步扩展到了普通大众。以往教育口述史的研究对象一般是专家学者、精英人物，如对我国教育发展做出较大贡献的顾明远、黄济、潘懋元、郭齐家等。"研究取向的不同，决定了研究对象的选取及研究方式的差异。一般来说，精英取向的口述史研究，多属个体研究，对那些知名人士的访谈可称为人物访谈或专家访谈，这种研究大都是围绕某个专家的生平事迹而进行的，《顾明远教育口述史》和《潘懋元教育口述史》就是如此。"❸ 从教育专家们对自己教育实践的回忆中，研究者们可以了解我国教育的发展轨迹。然而，仅仅依靠专家们的教育记忆无法从多个视角、阶层综合立体地反映出我国教育发展的历史脉络。历史是属于人民的历史，只有唤醒大众的教育记忆，让普通人的真实感受有机会展现出来，才能够更全面地呈现出我国教育的发展史，为教育决策提供更为丰富的历史证据。大众取向的教育口述史，对这方面进行了弥补。"大众取向的口述史研究，大多是群体研究，多是围绕某一专题而进行的，因此可以称为事件访谈或专题访谈，这种研究通过不

---

❶ 郑刚，佘子侠. 高等教育口述史研究的实践与发展路向[J]. 高等教育研究，2015，36（8）：56-61.

❷ 刘来兵，周洪宇. 教育口述史：功能、信度与伦理[J]. 南京师大学报（社会科学版），2019（1）：46-54.

❸ 于书娟. 教育口述史研究初探[J]. 上海教育科研，2009（4）：4-7，16.

同社会阶层和地位的人物对于同一历史事件的口述,从多方面、多角度地展现历史的多样性和丰富性,更有利于给人们提供一个比较完整的历史。"❶目前我国大众取向的教育口述史涉及多个方面,如基础教育、高等教育、农村教育、音乐领域等。学者王小丁在对农村教育口述史的研究中,指出其包含研究对象、研究目标、研究内容、研究的基本方法四个要素。学者刘朝阳等在对基础教育口述史研究的可行性论述中指出,口述史方法在基层教育问题研究中的运用,有利于构建真正意义上的人民教育史研究。精英取向与大众取向的教育口述史研究相结合,有利于通过个体记忆与集体记忆的互补来共同构建社会记忆。

另一方面,教育口述史的研究方法和成果在教育教学改革与实践中的应用有待进一步加强。当前,"口述史的方法作为一种教学策略,主要用于中学历史教学之中,如许稚尉、陈维、史丽娜、肖航、刘婷婷、张艳分别以不同案例为研究对象,论述口述史料在高中历史教学中的作用。"❷仅限于将历史教学与口述史料结合,不利于教育口述史应用价值的发挥。在各个学科教学中运用口述史的方法进行授课,对教师提出了更高的素养要求。教育口述史在教育改革中也能发挥作用,如在教育教学效果的评估方面。"在国外,口述史不仅被用于历史、音乐、化学等各个学科的教学,也被用于对教育教学效果的评估,特别是对于那些无法直接测量的教育内容,如道德教育、公民教育的效果等。"❸因此,我们应该积极地将口述史的研究成果用于教育教学领域中,以此来推动我国教育教学的改革与实践。

---

❶ 于书娟.教育口述史研究初探[J].上海教育科研,2009(4):4-7,16.
❷ 付玉.21世纪以来中国教育口述史的研究综述[J].贵州师范学院学报,2020,36(5):51-57.
❸ 于书娟.教育口述史研究初探[J].上海教育科研,2009(4):4-7,16.

第四节 研究方法与研究内容

一、研究方法

本研究综合运用了文献法和口述史法,以使两种研究方法能够相互印证与补充。

(一)文献法

通过搜集整理相关历史文献、政策文献,把握各个历史节点中对"免费师范生""公费师范生"等产生影响的国家各级各类版本相关文件、政策、法规等,并对它们进行梳理、整合和归纳,以客观真实地反映我国公费师范生的发展历程,使口述史的材料与文献相互补充和印证。

(二)口述史法

本研究以个体访谈为主,搜集了丰富的一手资料,通过访谈获取鲜活的口述史资料,通过与被访者交流,可以感受其在当前社会下的情绪体验。同时,访谈所获取的材料也能够弥补文献资料的不足,进一步还原日常生活中发生却未被记载下来的事件以及细节。

二、研究内容

本研究运用文献法和访谈法,选取12个省、市、自治区的公费师范毕业生作为访谈对象,了解他们的记忆、情感和该类群体进入工作后的真实经历。通过一手资料的搜集和整理，结合文献分析讨论，交织个人故事进行口述史撰写，在此基础上进行口述史资料整理和文本分析。

第一章
继承者：延续家族荣耀的幸运儿

第一章　继承者：延续家族荣耀的幸运儿

春祺：学为人师行为世范，此生无悔入昆仑

一、家庭背景

我来自青海，出生于1990年，祖籍河南，于2007年考入数学与应用数学专业，有幸成为首届免费师范生。2011年毕业后，我成为西宁市的一名初中数学女教师，走上工作岗位至今已经十二个年头了。在这十二年里，作为西宁教育工作者中的一员，我亲身经历并见证了在国家大力扶植西部教育的背景下，西宁乃至整个青海教育，尤其是基础教育发展的崭新面貌。

我的爷爷、姥爷均来自河南。20世纪50年代，姥爷参军跟随部队，爷爷则作为知青前往青海大柴旦地区支援当地建设。父亲和母亲都在青海出生并长大。祖辈在青年时期曾经历过"到祖国需要的地方去"的热血豪情，而父辈则在艰难的奋斗中成长。因此，家中祖辈和父辈对我们这一代人格的塑造、品格的培养和学习的要求都非常严格。

家中姥姥、母亲、小姨都是教师，其余亲人虽然不在教育系统工作，但对学习的热情不减。爷爷、姥爷离休后依然每天坚持看书、看报、学习，同时精通象棋、围棋和书法。在这样的家庭环境中长大，我无形中养成了喜爱读书、热爱钻研的习惯。直到后来考入北京师范大学并选择成为教师，这无疑也是对老一辈那种不怕吃苦、善于思考、勇于实践、敢于担当、报效祖国等多种品质的一种传承和延续。

二、学习经历

小时候的我，梦想成为一名作家，这其实是受我父亲的影响。我父亲虽未从事写作的相关工作，但我小时候经常会看见他在闲暇之余伏在书桌前写作，创作散文和诗歌。虽然他从未投稿或发表过他的作品，但当我长大后仔细阅读他的作品，我发现父亲遣词造句的功底相当深厚。家中供人阅读的书籍、报纸、期刊一直从未间断过，直到现在家中也是摆满了书。而自从我进入学龄阶段起，大人对于读书学习毫不吝啬的花费、有求必应的态度也潜移默化地让我养成了爱阅读以及爱思考的习惯。而阅读后日积月累产生的诸多表达欲，让我自然而然开始了写作。尤其在小学和初中阶段，由于经常阅读，我积累了许多想法，对写作异常着迷，常常能在短时间内写出还算不错的文章。并且，当时我的语文老师们也足够宽容和鼓励，题材不限，文体不限，除了每周固定的作文课外，还会布置日记或者周记，这也给了我很多自由发挥的空间。至今，我的抽屉里还保留着由我自己装订的《我的文集》。

按照这样发展下去，不出意外，高中分科时我大概率会选择文科，之后也会从事和教师——尤其是数学教师——毫不相干的文科类职位。但生活处处是变数，有些变数可能看似是不经意间的，但其实早已在冥冥之中埋下了伏笔。其实，初中阶段我在沉迷于写作的同时，各科成绩都不算差，并没有特别偏科。我本人对文科和理科同样喜爱，如果说热爱写作是受到了我父亲的影响，那对理科的喜爱则源于我的母亲。我母亲是典型的理科思维，她是一名初中物理教师，在我还未上幼儿园的时候，我就对母亲的教具和课本很感兴趣，经常会拿出她的教具自己摆弄，或者翻出她课本里的电路图依葫芦画瓢。上初中后，我阅读过母亲购买的史蒂芬·霍金的《时间简史》，虽然当时的我完全理解书里面的内容还非常困难，但书中霍金对宇宙、世界和物理间的巧妙连接和讲述还是让我惊叹，既惊叹于科学的神奇和伟大，同时也惊叹于一位极其优秀

第一章　继承者：延续家族荣耀的幸运儿

的科学家在"传道、授业、解惑"时散发出的无限魅力。由于答疑很方便，初中的理科我也是在母亲的指导下学习的。所以，综合来看，这些都为我以后选择理科、选择教师作为职业埋下了伏笔。

高中前的那个暑假，在一次逛书店时，我又鬼使神差地买到了由罗声雄所著的《一个真实的陈景润》一书。这本书讲的是数学家陈景润解决"哥德巴赫猜想"的故事。整个阅读过程中，我的灵魂像是被击中了一般，只能随着阅读发出无数次感叹：数学家令人敬佩，数学令人着迷。受到此书的深刻影响，高中时期我沉迷于理科，尤其对数学有着很强烈的探索欲。我花费了大量时间在数学的学习上，喜欢思考，喜欢解题，享受那种"经过一番攻坚克难，最终顺利拿下"的快乐。并且，我的这一举动也成功带动了我周围同学对数学的学习热情，大家经常一起做题、讨论、答疑。从这件事情上，我发现我在带动学习上有很强的号召力，我意识到也许我可以成为一名数学教师。待高考完毕，我以数科院数学与应用数学专业作为第一志愿，并最终顺利被录取。当年正逢首届免费师范生招生，就这样，我成了一名准数学教师。

如果问我是否后悔选择教师这条路，答案是从未后悔过。还记得当年录取通知下来，知道我将来要当老师，而且是回生源地当老师后，周围的亲戚、朋友和同学大部分人的反应都是不理解。由于当时人们思想上的闭塞，教师在人们的印象中普遍是贫瘠安逸的，是平凡普通的，是"不被认可为成功"的。但我想说的是：从小到大，家里的书香氛围给予我最大的底气就是让我拥有了独立思考的能力，并且能以一种发展的眼光去看待这个世界和自己。做选择不应只着眼于当下和周围环境，而忽略了国家、社会，以及人类发展进步的速度。选择成为教师并不是选择了颓废和无望，反而恰恰是选择了机遇。而这个机遇，正是伴随国家发展而出现的。如果说当年的祖辈父辈们都可以放下小我与个人，紧跟国家脚步，响应国家号召，到祖国最需要的地方去，积极建设国家，那我们这一辈为何不能呢？从小的阅读让我明白，我们应该时刻有一种大局观，有自我奋斗的意识以及与国家一同成长的热情。读书可以明志，而教师这一职业能够将这种志向广泛地传播出去，也能教会下一代以发展眼光看待世界、以奋斗成就自我、与祖国同呼吸共命运，这样国家和民族就会生生不息，永远充满希望。

三、工作经历

世上没有一帆风顺的职业，即使是被普遍认为"轻松"的教师职业也不例外。当我2011年从大学毕业并满腔热情走上讲台时，现实却狠狠浇了我一盆冷水。西宁虽是青海省的省会城市，但由于地处偏远，无论教育硬件、软件，还是生源素质、师资力量等各方面，与其他地区仍存在明显差距。我所在的学校，彼时处于城乡接合部，相较于城市中心区域学校，留守儿童及外来务工人员子女占比较大，生源质量也参差不齐。学生基础薄弱、家庭教育缺失、厌学情绪明显，辍学逃学、顶撞成人、打架斗殴的现象也十分普遍。

为了让学习不再枯燥，让班级能够"留住"学生，我认真上课但不止步于学科教学，而是联系实际和生活情境，对学生进行通识教育。我将读书曾经带给我的乐趣和价值，也传递给了学生。课堂上，学生除了学习课本里的知识外，还会了解到数学家、物理学家等科学大家们的学习奋斗历程、生活工作趣事，让学生体会到"榜样的力量"；"共读一本书，每天一小章"，让学生对上学充满期待；对学生进行美育培养，鼓励他们跟着视频自学并集体排练，如《明天会更好》中的手语、电影《红河谷》里的藏语歌曲《次仁拉索》、电影《面纱》中的法语歌曲《梦之浮桥》等。让学生充分发掘自我，让他们能够不再逃避和自我放弃，对所生活的环境、社会以及整个世界能有更为全面的认识和理性的思考。

于我而言，带着国家赋予的使命走向基层教育，是为了广泛传播和积极示范先进的教育理念，因此，在工作的同时，自我提升也不能停止。在这教学的十二年里，我通过师范生政策继续深造，取得了教育硕士学位，不放弃继续读书的机会；认真参与任何一场学科专业教育或教师职业素养培训，并将从中习得的优秀理念以及典型案例融入教学，进行实践；积极参加小到校内大至部级的各类教育教学比赛，以求紧跟教育前沿和完善自我；去到省内更加偏远的少数民族地区支教，体验当地风土人情，换个角度体会"如何做教育，如何做好教育，如何做才是好教育"……

再次回顾我的教师之路，十二年已然一个轮回。这十二年是积极向上不服输的十二年，是充满理想克服困难的十二年，是时刻谨记母校校训"学为人师，行为世范"并认真实践的十二年，是酸甜苦辣一应俱全的十二年，这十二年是值得体验且从未后悔的十二年。这十二年的经历和沉淀，每一笔、每一步都弥足珍贵。

千帆历尽，初心依旧。

期待我的下一个十二年，以及再下一个十二年：学为人师，行为世范，此生无悔入昆仑。

（2023年2月6日）

刘霄云：整理与回顾——我的公费师范生之路

一、从何而来

（一）我要稳稳地幸福

我叫刘霄云，出生在一个普通的工人家庭。我的爷爷是一名解放战争年代的军人，参加解放战争后在L市退伍成为一名工人，和奶奶组建家庭，才有了我的家族在这个L市扎根的故事。1986年，我的爸爸考取工人技术学校，后分配到采油机械加工产业成为一名工人，我的妈妈曾经在L市丝路大厦、木材公司做售货员。我的爸爸和妈妈都是非常朴实和踏实的人，爸爸细心，家里的一应事务都能照料，妈妈大大咧咧却总能为家庭带来欢笑。

城市里长大的我没有受到重男轻女思想的困扰。妈妈说我出生后她被推出手术室，她对爸爸说："这下没给你们家生个儿子。"爸爸十分严肃："你们母女平安比啥都强。"事实证明了这句话，作为独生女的我享受着爸爸妈妈最无私和全部的爱。我的奶奶也许因为没有一个"男孙"而感到遗憾过，但是除了爸妈，奶奶也一直照顾我长大，直到2022年9月去世前也一直惦记着我，她也是很疼我的。

除了爱，爸爸妈妈和奶奶更教育我做一个享受安稳的人。这个"安稳"何解？就是每个月有固定的收入，有一个属于自己的房子，有一个稳定的家庭。爸爸妈妈的生活圈子简单，家人、同事、同学再无其他，他们不懂给领导送礼，觉得这是折损自尊的事情，不懂下海经商，害怕不确定性。他们都信仰"别人有不如自己有""凡事都要靠自己""平平稳稳就是福"，所以哪怕效益不好、工作劳累，他们仍坚守在原来的行业。我的奶奶则告诉我：女人一定要有一份自己的事业，在适当的年龄结婚、生小孩，各方面平平顺顺地度过一生是最好的。也许这是他们对自己人生最真实的感悟，这些观点影响了我许多重大的选择，让我也想在长大后追求一份稳定的工作和一份安稳的生活。

我们一家直到现在都在爸爸所在工厂的福利区生活。2014年我们终于从奶奶家搬出来，搬进了电梯房，20岁的我终于有了自己工作、学习、休息的独立空间。

（二）品学兼优的好女孩

2001年，因为听说厂区小学的教学质量不好，爸爸妈妈找到三站地之外的其他小学，帮我进入那里学习。因为从未自己坐过公交车，三年级之前爸爸不论寒暑都会骑着自行车送我上学、接我放学，路上他总会和我聊天，叮嘱我注意安全，也会考我"九九乘法表"来检测我的数学学习成果。

这时候，我似乎展现出了自己的"文科偏好"，对语文和英语很感兴趣，对英语感兴趣是因为父母给我报了剑桥英语（英语课外辅导班），我学起来不费力，喜欢语文是因为我遇到了一位好老师。

我的语文老师张老师也是我的班主任，她刚刚从师范学校毕业，二十岁出头的样子，眉毛很浓，眼睛很大，瘦瘦小小的。我能感觉到她很喜欢我，总是会把我写的作文读给全班同学听，我也总会因为"表现好"受到她的表扬。三年级的一天，她把我叫到办公室，问我想不想当班长，那一刻我到现在都记得很清楚，我紧张极了，不相信这么大的"官"会找到我来当。我心里既高兴又很担心自己不能胜任，但还是满口答应。从这之后，在求学生涯中，中队长、学习委员等大小班干部职务我都一一担任过。是张老师给了一个一心"求稳"

的女孩儿一个展示自己的机会，是她让我知道我也可以寻求突破，我也可以比别人做得更好。

2007年9月，我进入小学对口的初中进行学习，初一第一学期的学习让我备感痛苦，老师太严厉了，成绩成了评价学生的唯一方式，让我不敢面对；新科目的加入让我无所适从，尤其是我不擅长的数学科目的老师成为班主任，也许老师对我没有偏见，但我总因为数学成绩不好而抬不起头。我只能加倍努力学习，数学题别人练习一小时，我练习三小时，虽然总没有突破之感，但我一直坚持着。但没想到的是，初中第一次期末考试我竟然考了全年级第一，我惊呆了，我相信老师也是，因为他看到成绩单时，脸上的表情有一种困惑和惊讶。我发现：没有质变也许是量变不够，很多事情不是努力一下就会有结果，而是需要长久坚持和努力，才会有满意的结果。

从那次考试起，我逐渐适应了初中学习生活，成绩一直保持在年级前十名。因为我所在的初中是一所带高中部的市级普通初中，为保证高中部生源，中考前老师给每一位成绩排在前面的学生家长都打了电话，让他们高中继续为孩子报名本校，不要考去别的学校（省、市级重点高中），说会保证用全校最好的师资在高中部培养这一届孩子。很快中考填报志愿的消息来了，听着同学们兴致勃勃地讨论自己要去的新学校，我的心里也痒痒的。回家和爸爸妈妈商量，他们都觉得上本校的高中部是一个不错的选择，我提出要去试试另一个区的省级重点高中，他们虽然也答应了，但还是向我说了很多在本校读高中的益处：不用换新环境、上学路途不太远、老师承诺了好的师资、可以和好朋友在一起读书等。我承认我被说动了，心里其实也有60%认同自己在本校读高中，但还是去重点高中试了试，重点高中的面试过程很复杂，需要准备中文、英文回答问题，还需要解答数理化题目，我有些心不在焉，原来这么麻烦，还不如本校读。看，求一份安稳的心态又出现在了这里。525分，这是我对初中三年学习成果的交代，最终我安安稳稳录取到了本校高中部继续学习。

2011年9月我正式进入本校高中部就读。依旧坚持着努力勤奋的学习状态，这时我的"文科"偏好越来越明显，数学还可以坚持，物理和化学就不那么顺利，明显感觉到理科思维缺乏带来的局限，文科的成绩却在刻苦中稳步提升。高二分科我终于摆脱了不喜欢的物理化学，坚决选择了文科，投入了政治、历史、地理的怀抱。进入高三后，我在文科学习中找到了最出彩的自己，成绩一直在年级前三名，我庆幸找到了自己擅长的科目。努力、勤奋、踏实、活泼是初高中阶段老师对我最多的评价，在老师、爸妈、同学们眼中我都是品学兼优的好女孩。

（三）不想当教师的师范生

2014年6月我迎来了高考，我信心十足。学校在考前准备了10次模拟考试（包括L市诊断考试），我的成绩都很不错，一诊时考到了600分的高分，老师对我的高考成绩也寄予厚望。上考场前地理老师嘱咐我们好好发挥，把高考当作第11次模拟考试，千万不要让它成为分数最低的一次。这本是稳定军心的鼓励，却在我这里一语成谶。我的高考成为分数最低的"第11次模拟考"，仅超过一本线二十多分。能查分数的时候我正在表姐的结婚典礼上，我赶忙跑到厕所打电话查分，电话查分报出我的成绩时，我实力演绎"哭晕在厕所"。

524分，虽然超过一本线二十多分，但是想报名一个好学校真不容易，好学校上不去，二本的学校又可惜了，只用几天时间就决定至少四年的专业真难啊，上了这么多年的学，只想着怎么学习，却没想过憧憬什么样的职业。但因为一直对小语种很感兴趣，我的第一志愿四个学校苏州大学、江苏大学、合肥工业大学和西北师范大学都选填了小语种专业。但最终，从没想过当老师的我因为表哥的介入，走进了师范院校。

表哥在L市某区教育局工作，当时负责人事招聘，他通过工作了解到"免费师范生"政策后，觉得非常适合我，于是专门问了问我的志愿填报情况，极力劝我填报六所部属院校之一，成为一名"免费师范生"。志愿填报截止的早晨表哥带着姑姑又来了,苦口婆心地劝说:文科生就业面窄,当老师是个很不错的选择,带着政策回来还解决工作,有什么不好的呢?然而我还是不松口。最终是爸爸的一句话刺激了我:反正是提前批,咱就报上,你这点儿分人家说不定还不录你呢!我也来了劲儿,报上就报上,看它录不录我!西南大学和陕西师范大学就按照离家远近,一前一后出现在我提前批的志愿里。

7月炎热,高考录取信息新鲜出炉,我每隔半小时刷新一次页面,却还是等不来录取消息,心中暗想:最后看一次,没有就算了!没想到就是这一次刷新,系统显示我被西南大学学前教育专业(免费师范生)录取了。我的录取通知书是全校第一份到的,高中的老师们都不了解"免费师范生"政策,还在一起讨论是不是20世纪他们读书那时候包分配的意思。

一时之间,我的心情很复杂,因为自己最终还是走上了家人指向的道路。但还是庆幸的,我的第一志愿苏州大学录取分数线在530分左右,如果不是西南大学抛出的橄榄枝,我可能真的就成了"滑档"生了。开学了,K454次列车载着我去往一个陌生的城市,开始了我成为免费师范生的人生路。

二、途中风光

(一)刘老师,你好

来到西南大学是我一个西北娃第一次来到南方。粗壮的树木、四季常绿的宽大叶片、地理书里面潮湿地区树木的"板状根"、连片的湖泊第一次出现在我的视野里。校园太美了!只是我仍在想自己在高考中丢失的可能性,大一下学期有转专业的机会,一天中午我问辅导员要来了转专业填报表,我想再努力一次,试试除了免费师范生外的可能。但那天下午的一堂学前教育学的课却改变了我的选择。

为我们上课的杨老师展示了一张她去贵州做调研的照片,她说他们开车走过崎岖的山路才抵达这个乡镇中心学校,里面的孩子们都要走很远的路来上学。照片里的孩子们一个个眼睛亮亮的,眼神却有些茫然,杨老师说这些孩子为了上学吃了很多苦,鸡叫就起床,走山路来学校,吃开水泡馍。放学回家要割猪草、做饭,就算这么辛苦,很多孩子也无法再读高中,更别说接受高等教育……老师的声音哽咽了,我想着自己顺利的求学路,对比这群孩子们,心里也潮湿着。也许当老师也是不错的选择,也许我也可以让这些空洞的眼睛看见更大的世界。回到宿舍,我想了又想,还是没有转专业,而是坚持了下来,打算去寻找一下"为人师者"的魅力。

大学四年,我依旧认真对待每一件事情,舞蹈、钢琴、绘画这些学前教育教师技能的学习,虽然有时结果不尽如人意但是会尽力而为,我的成绩一直排在班级前列,为了锻炼自己的综合能力,我还担任了团委宣传部的学生干部。平时我最喜欢参加的是各种各样的讲座、沙龙、社团活动。在大家的帮助下,我成为一名党员,还担任了支教团的老师,每周四下午去陪重庆市B区X镇的孩子们游戏。

大四上学期,冬招开始了。各地的宣讲会如火如荼,我和舍友姐妹慌忙置办了端庄的连衣裙和西装,买好化妆品学着化妆,然后顶着蜡笔小新一样的眉毛穿梭在找工作的人群中,发现怎么都没有甘肃的学校来招人,问了学姐,学姐给我们传授经验说11月教育局会来学校招人,有多少签多少,去了会给大家分配单位,不用担心。看着舍友们前后都签上了满意的工作,我真心为他们感到高兴。妈妈时不时打电话来关心我找工作的情况,生怕我不听话跑去外地工作,不出意外,L市C区的教育局到学校来了,我们6个甘肃籍的学生在同一天顺利签约L市C区教育局。

从2001年到2017年,我完成了从学生到老师的角色转变。现在回想起来,我感谢我的母校,感谢她用广阔的胸怀接纳了懵懂的少年们。四年间我没有遇到舍友争执,没有遇到奖学金不公平的评审,没有遇到找工作的困顿,虽然还是回到了家乡工作,但已经不像刚开始那么抗拒,月是故乡明,我才发现作为独生女的我对家有着深深的依恋。

新的篇章开始了，你好刘老师！

（二）当了老师怎么学习

1.学习怎么工作

2017年8月，按照教育局分配，我来到了L市C区某幼儿园工作。该幼儿园保教质量在全区乃至省市都排在前列，硬件、软件比我想象中要好得多。我终于在大学毕业进入了一个好单位，有了一份稳定的工作，成为老刘家第一个211大学的毕业生，第一位人民教师。跟我同一年进入幼儿园的还有一名北京师范大学的公费师范生康老师和一名华中师范大学的公费师范生沈老师。沈老师在2018年岗位交流到了本区的其他幼儿园，康老师在2022年底借调到本区教育局资产管理办公室做科员，同一届的只有我还坚持在这里。在我之前，2015年、2016年分别有2名、3名公费师范生在这里就业。

初到工作单位的我属于有编无岗，在办公室帮忙。某天下班后，我正在和朋友开心吃着烤肉，突然接到电话让我明天去带班。带班意味着我要独立带着孩子们进行一日的游戏、生活，这是我从来没做过的，学校里没具体教过，实习时也没具体干过，第一天带班，我就好像新媳妇独自一人面对新郎全家，生怕做错一件事，心里十分忐忑。以前当学生跟着老师学，现在当老师跟着谁学呢？我想除了多问多看也别无他法，实践领域的问题还需要到实践中去解决，抱着这样的想法，我用两个月拿下了配班老师的角色，上起班来一天比一天更轻松了。

带班一年后，因为搭班的老师怀孕了，我在2018年9月成为班主任。我会因为做不好环创哭鼻子，会因为领导的不满而感到委屈，但在同事的帮助下，在家人和朋友的关心下，我坚持了下来。

2.继续读研深造

读书是我长久以来的爱好，读书时我往往能凝神静气，从小学的图书漂流角到大学的图书馆，我都是常客。但工作后，我读书的时间确实少了。读书时总是被工作或琐事打断，回家已经累得没有精力读书，后来有一段时间干脆不读了，每天就尽力做好"社畜"。但我后来发现，教师的成长离不开读书，公费师范生政策让我享受免试读研的巨大优惠，毕业设计不能马虎。2021年6月没赶上正常毕业答辩的我再也坐不住了，我本身是目标导向的人，内驱力弱，每天下班只想"躺平"，但如果毕不了业，那这么多学费、这么多努力岂不是白费了。于是，我开始了白天上班晚上读书、写作的生活。每天都感觉非常累，很想放弃，但我始终坚信自己实践出来的道理：努力让量变达到质变，就会有收获。2021年12月，我终于拿到了教育硕士研究生的毕业证和学位证，虽然这个证书不加薪、不升职，但它是对我勤奋和坚持的一种肯定。

3.学习为人处世

我遇到了在工作中对我帮助很大的人。她是我的班组主任宋主任，也是幼儿园青蓝工程分配给我的师傅。她用自己的实际经历告诉我：一个人不可能人人都喜欢，就像一件事总有两面性。为了让我在工作中不再瞻前顾后，她给我争取了许多展示自己的平台，演讲比赛、知识竞赛、教学比赛，她一路陪着我、帮助我，让我快速成长。如果说单位是战场，那她就是与我同战壕的战友。通过她，我也认识了很多教学经验丰富、管理经验独到的老师和领导。

（三）新岗位，新角色

2021年9月经组织考察、领导谈话、同事民主推选，我担任了幼儿园保教副主任一职，这对年轻的我来说既是惊喜也是挑战。在幼儿园的发展历史上，我担任这个职务的年龄太年轻了。园长找我谈话说我是公费师范生，这几年发展比较好，想让我在新岗位上为幼儿园带来创新与活力。幼儿园现状如此：大家都公认公费师范生入职后，就成为幼儿园综合素质最强、发展前景最好的教师，公费师范生出身的老师们理论知识底子厚、学习能力强，能拿下急难险重的工作，能在工作中不断锻炼自身综合素质，很被看好。有领导来视察、同行来参观，园长总会让公费师范生老师作报告，也总会语气骄傲地介绍公费师范生的情况，每个区属幼儿园都希望有更多的公费师范生来到本园工作。我的新岗位也得益于公费师范生身份带来的成长。

目前，我在幼儿园主抓教育教学、活动宣发等事务，2022年策划、实施了"儿童的一百种语言"六一儿童节主题活动，为孩子们打造了一个自由快乐的节日。我相信我的所学所见会在未来的工作中继续发挥他们的作用。

三、向何处去

研究生毕业了，还到哪里去深造呢？读博？我想不是一件很容易的事。宿舍里当年一起毕业的四个姐妹有两个已经辞职，一个考取了北京师范大学教育管理硕士研究生，另一个从内江辞职去成都准备找一份新工作。

隔壁宿舍还有两个和我年龄相仿的女孩，一个博士毕业在某大学当老师，另一个正在某大学读博士。她们都可以从普通的工人家庭走出来去读博士，我觉得我应该也可以做到。我真心希望通过自己的深造和努力提升自己的薪资收入，创造更美好的生活。

四、小结

2023年是里程碑式的一年，这一年我成为公费师范生已有十年。桃李春风一杯酒，江湖夜雨十年灯。回顾这一路走来，太多机缘巧合，太多努力拼搏，太多迷茫不前，太多惊喜收获。也许是父母祖辈的观念影响，给我种下了追求"安稳平淡"生活的基因；也许是老师的信任和鼓励加上自己的勤奋和拼搏，让我成为成绩优秀的"乖女孩"；也许是在我高考失利后表哥的建议，让我走上了"公费师范生"的道路。感谢那个不服输的自己，闯出了这样一片天与地。

（2023年1月18日）

苏子月：当理想遇上现实，是否还能坚持初心

一、父辈的职业情况

我的爷爷家庭是中农，后来早早地去当了一名煤炭工人，为他的家庭提供了比较好的条件，后来因为繁重的劳动四十几岁就得了肺癌，退休了。他的单位属于国有企业，福利待遇很好，我爸爸以及他的兄弟姐妹都以进入这个单位作为目标。相比于我爷爷的其他兄弟，他们的生活条件在当时是比较优渥的。

我的外公同样是这个大型国有企业的员工，我妈妈在外公单位的一个下属单位上班，单位会分配福利房，因此爷爷家和外公家成了邻居。就这样，我的父母相遇并且相爱了。

我的父亲作为一名国有企业的工人，在20世纪80年代末90年代初，算是在当地有着比较良好的生活条件，单位有子弟学校，过年过节还会有油、面、被子等福利，年底甚至还有一些年终奖。可是我的父亲却不安于这种生活。他小时候在这个单位的子弟校读书，他聪明但是调皮，他是他家中唯一一位自己考上初中的孩子，但因为贪玩，他结交了一群品行不端的朋友，于是辍学了。工作后，他也是三天打鱼两天晒网，喜欢和朋友一起玩乐。

20世纪90年代是一个充满机遇的年代，那个时候流行"下海"。在朋友的鼓动下，我的父亲也停薪留职去创业了。他们开过书店，后来又去重庆倒卖钢铁和煤炭。因为我父亲头脑机灵，喜欢结交朋友，豪气仗义，所以生意小有成

就。那个年代他就和我妈妈穿大衣、喝咖啡、看电影，还给几岁的我买洋娃娃和小汽车。好景不长，爷爷奶奶仍然有比较顽固而保守的心理，觉得工人比较体面、稳定，胁迫我爸爸回家继续工作，否则就断绝亲子关系。于是，我爸爸只有无奈回到了家乡。回家后，我的父亲不幸也成为下岗工人中的一员。当时我的母亲已经成为全职的家庭主妇，而我才几岁，嗷嗷待哺。家庭条件开始拮据起来，家庭氛围更是惨淡无光。

爸爸妈妈是自由恋爱的，我妈妈喜欢我爸爸的才气和英雄气概。爸爸喜欢看书，会写诗，书法曾经得到一些书法家的赞赏，还学习了画画、乐器。妈妈多愁善感，喜欢写作，文青的气质让他们相互吸引，当然也让我从小耳濡目染地接受了这些熏陶。然而，脆弱而单纯的爱情经不起生活的波折，在下岗后，爸爸冲动易怒的脾气越发地阴晴不定起来。我的爸爸常把他的怒气和不如意在脸上表现得淋漓尽致，连带着也殃及他身边最亲近的人。虽然他开心时也曾经教我写诗、背诗，偶尔指点一下我的字，也曾给我买了我们小区第一个书桌，买了那时相当于他两个月工资的学习机；也曾在喝醉时说，你是爸爸的女儿，你就算是要天上的星星爸爸都给你摘下来，你想读研读博，爸爸再苦也要让你继续求学等话。但他的冲动易怒、疑神疑鬼始终让我不敢亲近，他在我的成长过程中扮演了一个危险的边缘人角色。

我是由妈妈陪伴长大的，她的温柔坚韧让我摆脱了爸爸的影响，成为家族的第一位大学生。在我还不会说话的时候，爸爸妈妈会制作一些写着字的小卡片，教我认字。从幼儿园开始，出门带我玩的时候，妈妈总会有意识地教我辨认事物，并鼓励我表达。从幼儿园到高中毕业，我都有个习惯，就是每天放学后跟爸爸妈妈分享在学校一天的见闻和知识，妈妈总是给予我及时的反馈。正因如此，妈妈说，在其他小朋友只会认字时，我已经可以写一句话了，在其他小朋友会写一段话时，我已经可以用比喻等手法写出一段优美的话了。在我小学时，我会随身携带一个小本子，专门记录自己的灵感和语言。妈妈的鼓励让我对写作产生了浓厚的兴趣，成为一名作家是我的第一个梦想。妈妈还经常给我买画本和童话故事，每天睡前妈妈会给我讲睡前故事，到了学前班，我已经可以借助拼音自主读完一整本《一千零一夜》了。从小学起，睡前故事变成了当天需要背诵的课文，在妈妈的读书声中，我安静地进入梦乡。这种方法让我能够迅速地背诵全文，后来，睡前回顾知识也成了我重要的学习手段。

妈妈上过高中，她的理科成绩相当优秀，只是由于英语基础薄弱，实在跟不上，所以后来才辍学了。我到初中之前的课业都是由妈妈辅导的。我小学在爸爸单位的子弟校读书，那里的老师很多都是由工人转岗的，所以很多问题他们其实也不会，但是我妈妈会耐心地教我，然后老师会抽我上讲台去讲题，甚至有时候会表扬我的解题方法，这给我在学习上带来了极大的自信。

爸爸妈妈也很支持我参与课外活动。班里舞蹈比赛、体操比赛等活动，爸爸或者爷爷会给班级写横幅，妈妈会帮老师做手工，做好后勤工作。因此，我也被老师信任，从小学开始一直都是重要的班委干部，这也让我形成了开朗自信的性格。

妈妈是一个极具智慧的女人，她的教育方式也带给我很大的影响。不同于父亲家族的打骂教育，妈妈家族的亲友关系更为和睦团结，他们的性格也更温和、更尊重理解别人。小时候我不小心弄丢了100元钱，那时的100元相当有分量，我非常自责，自责得快哭了。妈妈摸摸我的头，说："没关系，100元丢了就丢了，也找不回来了。但是如果我们能从中明白一些道理，那就是值得的。"比如，做事要更仔细，更细心。不为往事伤怀，专注当下，不断反思复盘也成为我现在的处事方式。

妈妈总是能从小事中总结出道理，小时候是教导我，长大了是与我分享探讨。我们一直都是最相爱的母女，更是最亲密、最无话不谈的朋友。很多我不愿也不敢分享给别人的，妈妈都知道。她说她就是我的树洞，我的情绪垃圾桶，任何时候我有需要，她都在。妈妈的理解和包容，给了我一份底气，让我能够从容地面对生活的风风雨雨。

妈妈很尊重我的隐私，我的日记本没有经过我的允许，她从来不看。我有单独的房间，单独的小脸盆、洗脚盆，单独的擦脸帕、擦脚巾，妈妈认为我是一个独立的有思想的人。她也很理解我偶尔的小任性。比如，我偷偷丢进垃圾桶的荷包蛋，其实她都知道。偶尔我不想洗脚，她说人都有不想动犯懒的时候，今天不想洗就不洗吧，要允许自己偶尔的放纵。我不想吃饭，或者吃不下了，她从来不强迫我吃完。这跟其他小朋友的妈妈完全不同。妈妈给了我一块肥沃的土壤，我在这里想开一朵花就开一朵花，想结一个果就结一个果，我自由地生长并成为我自己。

妈妈在生活中也是一个"魔法师"。爸爸下岗那段时间，家里没了收入，我懂事地说，我再也不吃新疆葡萄了，外婆听后偷偷抹眼泪。但是我的妈妈总是这么神奇，我馋了好久的零食，虽然没有说，但她总是能够给我变出来。虽然后来爸爸通过努力又考上了原单位，但伴随着国有企业改革，单位效益也越发不如意，只能说是勉强度日。可是我的妈妈从来没有在物质上亏待过我，总是尽最大努力让我生活得更好。

她也擅长用自己的巧手在平淡的生活中织出精巧的花。高中时我在外地求学，妈妈在校外租了房陪读。出租房"一清二白"，墙上坑坑洼洼的，还往下掉灰。广安的盛夏，热气烤得人翻来覆去睡不着。妈妈买了贴纸，把墙壁装点得焕然一新。买空调是一笔大开销，也没必要。妈妈不知道从哪里获得了渠道，去二手市场租了一台空调，为那年的夏天添了几分凉意。到现在也是这样，我们的生活仍然不算富裕，但她总是有办法给粗糙的生活增添更多方便与舒适。比如，在我现在工作地的出租屋，她用纸箱子给我做了两个床头柜，在网上淘了细木网给我做了一个窗台，用绳子给我做了晾衣竿等。她常挂在嘴边的一句话就是"能用钱解决的事就不算事"。她总是那么乐观，也让我对物质有了一些安全感。

妈妈的这些影响，使我能够勇敢地选择自己喜欢的职业，做自己喜欢的事情，而非瞻前顾后地因为金钱而妥协。一直到现在，买房、发展兴趣，妈妈都一如既往地支持我。妈妈给了我无条件的爱，我也愿意将这种爱传递给更多的人。这可能也对我的职业选择有了潜移默化的作用。

二、本人的学习经历

成为一名老师，是我的第二职业理想。小时候跟其他小伙伴一样，我也想当一名科学家、医生等。懵懵懂懂间，因为妈妈从小对我阅读、写作等方面的培养，加上妈妈本身文青气质的影响，成为一名作家成为我的第一职业选择。

小时候妈妈带我出去玩，最常去的地方就是书店，把我往书店一放，她就可以安安心心地玩一下午了。有一次，我在城市里走丢了，家人急得不行，后来是在一个书摊上找到我的，我正沉浸在书里，认真拼读文字，连家人离开了许久也不知道。我自己也对书有着一种天然的亲近与敬意。每次翻开书前，都会仔细洗手，舍不得书染上一丝污垢。在冬天，我会收集腊梅夹进书里，花香和墨香萦绕，是我童年的味道。焚香净手，加一杯咖啡，逐渐成了我看书的仪式。

我慢慢坚定，阅读和写作要成为我一生的习惯。而写作需要扎根生活，并且需要一定的经济实力做支撑，所以有一份稳定的工作，既可以有个窗口观察世间百态，又有稳定的收入，是我比较好的出路。而选择当老师，是我徘徊犹豫后，又坚定不移的选择。

从小，我就是"别人家的孩子"，乖巧懂事，用姑姑的话就是"养十个都不麻烦"。上学后老师也比较信任我，加上妈妈的陪伴引导，读书时期我的成绩一直都名列前茅。小学时期，离第一名差几分，我爸爸就会打我几个手板心，这也养成了我比较好强的性格。当时，我的班主任是一位非常美丽的女老师，她大双眼皮，高鼻梁，经常画着弯弯的细眉，涂着精致的红唇，打扮得也很时髦。她上课的时候大拇指经常翘起来，在讲台上的声音铿锵有力，想成为像她一样的人，那时起我心里就有了朦胧的渴望。

小升初的时候，因为在考场上借给同学修改液，被其他同学打扰，试题没有做完，加上自己粗心，并没有考上市里的重点中学，于是在爸爸单位的子弟校继续就读。小镇上的教育环境并不是很好，同学们都是成绩不好没有考上重点中学的。我仍然很轻易地就取得了数一数二的成绩。那时，老师也对我很好。比如，坐公交的时候看到人太多就让我和她挤一挤，看到我等车就捎我一程，给我带好吃的。这些师生间的互动无疑也增添了我对学习的兴趣。

之后由于某些原因我转到了其他学校。初入新班级，我是很不适应的，这算是一个重点班，他们的教学进度更快，第一学月我的成绩并不突出。我对这里的教学环境感到很惊讶。首先，这里实行月考制，而我之前的初中只有半期考试和期末考试。此外，这里还有晚自习，还用录音带练习英语口语，并且老师的水平明显更高。在这样的环境下，我周围的同学，哪怕是处于班级的下游也仍勤勤恳恳地学习。曾经在班里备受老师关注的我，在这里泯然众人。

在这所中学，我对老师的印象有了更清晰的认知。这里有一些老师让我无比敬佩，比如只教了我一学期的化学老师。他只剩下几年就可以退休了，长期的病痛让他变得瘦骨嶙峋，他讲话的声音又小又低。他的教学方式和内容我早已记不清，但我记得他的最后一课。那时我以为是寻常的一课，结果第二天就传来他去世的消息。从别人的口中，我逐渐拼凑出他的形象。原来他已经是癌症晚期，医生早就告诉他要卧床休息，但是他不肯，坚持在讲台上站到自己生命的终点，原来他瘦瘦高高的身体后面有着如此蓬勃的力量。听说他的葬礼非常盛大，曾经的学生都来送他最后一程。从他身上，我明白了"桃李不言，下自成蹊"，明白了教师职业的神圣与伟大。当然，这并没有成为我选择教师行业的理由，只是当我成为他，回想起这样一位先生，会屡次红了眼眶。

在初中的最后一年，对于成绩，我并没有上心，只勉强维持在中等偏上，我对自己的未来没有任何规划。那时流行分流，成绩不好的同学都会去读职业技术学校，越临近中考，教室里的人就越少。可能也是对环境的不太适应，导致我并不自信，其实我心里对考上高中并没有信心，甚至还偷偷地想了这可能是自己最后的学生时光，要好好珍惜。我老家的姑娘们，不擅长读书的，好多人都早早辍学打工，或是结婚生子了。我以为自己也会走上这条道路，也并没有为自己的未来而拼搏努力的意识。

进入高中，妈妈鼓励我说："老家的初中老师很相信你，相信你有潜力。"这种安慰或多或少给了我一丝温暖。但现实很快给我泼了一盆冷水，第一次月考，我考了784名（全年级一千二百多人）。我清楚地记得，英语不及格，数学不及格。物理化学我学得尤其吃力，旧的功课还没有完全掌握，新的知识已经呼啸而至，形成恶性循环。不知道是不是老师注意到了我这种情况，他在课堂上提了一句："过去没有掌握的知识可以先放下了，先跟着我的思路和进度走，免得形成恶性循环。"那时我才豁然开朗，可是已经到了第一学期末。

第二学期开始分科，在数学老师的帮助下，我分析了试卷，知道了自己最大的缺点是粗心。于是我一边戒掉粗心，做好每一天的练习；一边从生活中的小事做起，尽量改掉自己丢三落四的习惯。效果显而易见，第二次月考，我完成了从不及格到及格（90分）的逆袭。

及格后，我开始有意识地训练自己的数学思维，开始学着归纳题型，跳出学生思维，揣摩命题人意图，摸清做题的套路和方法。终于，皇天不负苦心人，在第二学期末，我实现了数学成绩从三十几分到一百三十多分的飞跃。

第二学期结束，我的成绩已经稳定在全班前三，但我清楚这并不是我最终的目标。我希望自己能冲上一本，能够超过所谓的"重点班"。在分析自己的成绩后，我发现自己各科齐头并进，没有"短板"，但也没有"长板"，我意识到需要培养自己的优势学科了。

我首先瞄准了历史学科，因为我对历史知识有足够的兴趣。我开始优化自己的各科时间安排，提高学习效率，为优势学科让路。对于英语，我准备了一个"掌中宝"——一个记满了单词和短句的小本子。我会在课堂的间隙时不时瞄上几眼"掌中宝"加深印象，还会利用上下学的路上练习英语听力。在数学习题讲解课上，如果是已经掌握的题，我就会利用这些时间先完成当天作业。对零碎时间的高效利用让我每天至少留出了两三节晚自习的时间来集中提高优势科目。在这些时间里，我通过画思维导图的方法建立历史学科的框架体系，并在回家后假装自己是老师给自己授课，以此加深对知识的理解，这种方法也让我喜欢上了当老师的感觉。

学习的方法和技巧总是相似的，在历史学科打通关节后，我将同样的学习方法运用到其他学科上，渐渐地，我拥有了更多优势学科，很快我的成绩就冲进了年级前五十、前二十，甚至前五。

步入高三，班级似乎进入了一场没有硝烟的战争，每个人都凝神聚力，严阵以待。这一时期，班里涌现出非常多的黑马，曾经名不见经传的人物开始榜上有名。当我的朋友超过我的时候，我虽然在笑着恭喜她，其实也难掩失落，甚至是嫉妒。我无法面对自己的失败，也无法面对别人的崛起，更别说那人是我最好的朋友。焦虑与沮丧成了当时的主题曲，在这样的氛围里，我当了学习的逃兵，我的成绩一落千丈。

为了走出这种情绪，我开始将自己人为地置于一个学习的"真空带"，不去关注别人的学习进度，也不去关心别人的成绩排名，将注意力集中到自己身上。因为多掌握了一个知识点而鼓励自己，因为学习状态比前一天更好而雀跃，我沉浸在学习本身的快乐中。渐渐地，分数随着自信一同回归。

高考出分数的那个晚上，妈妈不敢相信，擦了眼睛看了又看，最后高兴得跳了起来——我的成绩超过了一本线。接下来就是填报志愿。因为我在高中的学习习惯以及对自己未来的规划，我只想当一名老师。所以我的第一批次志愿都填了师范，甚至最后没有适合的师范大学，导致我的平行志愿没有填报完。除了第一志愿，还可以额外填报一个提前批。在报考志愿的参考书上，我爸爸看到了"免费师范生"。我并不了解免费师范生，只是听说隔壁班的英语老师也是免费师范生，当年她毕业的时候我们市的重点中学可以任选。我打电话问了姐姐的朋友，她是一位高中老师，她说免费师范生很好。但是我当时还是比较犹豫，因为我希望读师范大学，进可以进行学术研究，退可以当中学老师。这时候我爸爸直接一锤定音，让我报免费师范生。他说我身材矮小，身子娇弱，当老师是我最好的出路。至于报考专业，其实我所有的老师都建议我报考中文系，觉得我在文采上有几分天赋，也有兴趣。但我认为如果把热爱的变成了自己的工作，那么就会在工作中不断消磨自己的喜欢，于是我采取了曲线救国的方式，报考了第二喜欢的专业——历史学，通过历史学的角度去完成自己的文学梦想。当然，这些都是当时比较幼稚的思考，真正读了大学后才发现现实颠覆了自己的想法。

最后的结果就是我被第一志愿第一专业顺利录取。然而，上了大学后我感觉并不开心，直到我遇到了改变我生命轨迹的几位恩师。

第一位是教我教学法的曹老师。她还有两年就要退休了，非常优雅大方。她在上第一节课时，跟我们介绍历史学科教学，她说："我每次站上讲台的心情都可以用八个字形容——'战战兢兢，如履薄冰'，因为历史学科是一门特殊的学科，肩负着民族和国家的未来。我们会培养什么样的人，就会塑造什么样的国家命运。作为一名老师，特别是历史老师，尤其要有一种责任感，要本着对一个国家、一个生命负责的态度。在学生生命的三年里，他有许多时间是和你一起度过的。他的这些时间过得有质量吗？他感到幸福吗？这都是由你把控的。""一个正能量的人是会给他人带来快乐的，而有时候，一个人有价值与否，就在于他能给别人带来什么。"曹老师的第一课就让我深受震撼，原来一名小小的中学老师也可以是有价值的。

在此后的课上，曹老师的言传身教更是让我深受感染。她说，每次上课的前一晚她都会想明天要穿什么衣服，要以什么样的精神面貌来面对我们。她说，教师不追求靓丽，但是要端庄大方。她跟我们分享了几则她与学生的故事。曾经有个学生因为被她批评过，所以对她有些不满，见到她也不打招呼，但是她每次见到那个学生都会热情地问候他，久而久之，学生自己就不好意思了，对老师的抵触情绪也烟消云散了。曹老师总结道，我们作为一名老师，不能跟学生"赌气"，要以教师的专业素养，去引领学生，去包容学生。

曹老师告诉我们，教师要做到公平，何谓公平呢？除了处事公正，不偏不倚，连你上课的目光也要平等地看向每一位学生，你的问题设置也要兼顾每个层次的学生，甚至你的课件字体也要考虑到最后一排的学生。曹老师总是这样谆谆教导，用她的温柔和认真鼓励着我们。

当时我们专业的师范生有一百七十名，我们每学期会手写教案两份，一份教案至少是二十几页，但曹老师在她的学术研究外，还抽出时间亲自批改我们每一位学生的教案。教案上的话有何不妥，曹老师都会在旁边重新标注，甚至连标点符号的错误都会被曹老师发现。发下来的教案上写满了曹老师红色的笔记，也温暖着我们每一个人的心。直到后来，我才知道，曹老师每个星期都会坐公交车去看实习的学生，去指导他们。"每个星期天下午2点的421路汽车，曹妈妈的身影总是会如约而至"，这是后来学弟学妹们对曹老师的想念。

从曹老师的身上，我明白了历史教学的价值，也逐渐改变了我对历史中学教师刻板的印象。我想，教师就是这样的一份职业吧，"用自己的灵魂去唤醒另一个灵魂，用自己的思想去塑造另一个生命"。那些孩子们和你一同生活过，一起学习过，也深受你的影响，他们却会成为一个和你完全不同的生命体。这些生命，将你的思想，增添他们的体悟，通过一代代的传承延续下去。于是你的思想，就通过这一粒粒种子扎根于祖国的每一片土地，从而影响到千千万万的人，最终，汇聚成一股力量，推动中国不断发展，不断进步。

第二位老师是我的晚清史老师，他在大学毕业后曾经当过两年中学老师，后来继续深造，最终成为一名大学老师。因为他有过中学执教的经验，所以他的专业课更加精彩。晚清史是一段沉痛屈辱的历史，王老师的课兼具史料的严谨性和情感价值观的深刻性，我们常常随着王老师的讲述或痛恨，或惋惜，或激越，或无奈。甚至，好多同学在课堂上还忍不住哭了出来。王老师的课是我执教的方向，我也期待自己的课能够实现知识与情感的双重目标。

王老师本人对学术的严谨以及对教学的认真也让我们钦佩。每节课的后面他都会进行单元小结，每个课件最后一页一定是一句"谢谢，请指教"，这种教学态度也影响到了我们年级的每一个人。后来，我们讲课的最后一张PPT，同样也都是一句"谢谢，请指教"。

在这门课的最后一天，王老师补充了几则勘误，其中，还包括他某张PPT上的错别字以及标点符号。在大学毕业两年后，王老师重新把我们这一届毕业的学生集结起来，在线上上了最后一课，他补充了晚清史最新的学术研究成果，并整理了相关的参考文献和书籍赠送给我们。

王老师曾经跟我们分享过一个故事，说他本科的一位大学老师，如果把精力放到学术研究上，可能早已经是硕士生导师，甚至是博士生导师了，但是那位老师热爱教学，把更多的精力放到了课堂上，十年过去了，他回去看望老师，发现他仍然是一位讲师。王老师说，即使自己做不到像那位老师那样认真，也希望在有限的时间、有限的精力下，认真备好每一堂课，不愧对我们每一位学生。

从王老师身上，我学习到了对待历史教学的态度：谦虚认真，不断更新教学理念与知识。我想，教师就是这样一份职业吧！"先生之风，山高水长，虽不能至，心向往之"，以你心血塑我精神，精神不灭，代代相传。

在大学期间，这样的老师其实还有很多。陈老师说："学识须力求渊博，情操必须得高尚，教书育人要无条件地尽心尽力。在教学相长中追求共同进步和自我完善。"从他身上，我明白了教师是一份尽心尽职的工作。袁老师教授我们教学法，她带领我们领略教学设计的精巧，我明白了教学并非一成不变的，而是饱含了每个人的巧思与感悟，同样的知识，可以通过不同的呈现方式体现不同的风格、传递不同的理念。正是由于人生路上这一个个里程碑式的人，让我更加珍重这份责任，在这些老师的感染下，我逐渐坚定了从教的决心。

大学期间，我拼命学习，参加课外实践活动。除了专业课，课外实践我也没有落下。我同时任职四个学生组织的部长，在业余还修读了第二学位。当时我非常繁忙，一个星期除了周五的下午和周六的晚上，其余时间几乎是满课，中午还要抽出时间完成学生组织的工作。我屡次想放弃，妈妈鼓励我说，任何工作坚持下来都是一种财富，我希望你能够多经历、多学习。于是，我又重新投入工作与学习，这样逐渐形成了我"工作狂"的特质。在工作后，到了假期我也不想闲着，我参加"三下乡"，去考察企业运营情况；我参加支教活动，去近距离接触贫困山区的孩子；我去中国台湾交流学习，去了解其他的教学方法。我不断扩展自己生命的广度与宽度，最终以优秀毕业生、优秀师范毕业生的称号光荣毕业。凭着良好的履历以及扎实的教学技能，我顺利签约一所省重点中学，这是我面试的第二所中学。剩下的大学时光，我也没有找其他工作，而是转身投入了一所中学的代课工作，为自己正式工作积累经验。

签约后我很是得意了一番，因为我是爸爸家族的第一位大学生，在妈妈家族也算得上是工作最好的一位。我的亲人都为我感到自豪，我发现自己在家族里也更有话语权了。爸爸做事开始询问我的意见，对于弟弟妹妹们的教育，他们也倾向于让我提出建议。我同小时候一样，是周围小伙伴们的学习对象。

纵观我的其他同学，小学成绩好的同学基本上是读了专科或本科，初中成绩好的基本是本科以上，高中成绩好的最差都是二本以上。知识使命运有了不同的走向，但这并不意味着成绩好就更容易获得幸福。

三、本人的职业经历

当初我选择现在就业的中学，最重要的因素是它的排名较好。我渴望在一个更高的平台进行我的专业发展，实现我的教育理想。从小的教育环境也告诉我，越好的中学对教育就越重视，学生素质就越高，教学氛围就更好，也更容易出成绩。此外，我仔细思考了如果在省会城市，我的工资和家庭情况恐怕不足以支撑我买房。而我习惯了自立自强，自己给自己安全感，所以现在学校的所在地是一个更好的选择。

说实话，我是一个纯粹的理想主义者，我更看重自我价值的实现。当初我所在的中学进行招聘宣传时，有两点很触动我。第一，校长说学校正在努力营造学习氛围。学校每学期会发读书卡鼓励老师多读书，每次开会前会有老师分享读书笔记。学校认为教师应该在专业能力上不断学习和不断发展。这和我的人生态度不谋而合。我一直认为学习是一种人生习惯，大学或者说学业的终止并不意味着学习的终止。我们每时每刻都应该从生活或者知识中汲取营养，更新自己，丰富自己的人生底蕴。第二，校长说学校致力于"为每一个学生创造最佳的发展空间"，这和我的教育理念不谋而合。我从小的成长氛围是很宽松自由的，到高中时期遇到的班主任创造的学习氛围也是轻松愉悦的。那时我可以在暮春的夜晚，无人的廊道上，捧史细读，抑或枯坐漫想。远方读书声缥缈，微风自在，我偏安一隅，独自做梦。在这样的环境里，我爱上读书，也很幸运地成为自己。所以我并不希望我的学生按部就班地贴合社会的标准，我希望他们勇敢地做自己。经过四年专业的历史学习，我已将历史"多元思想，兼容并包"的学科精神内化于心，我愿意把学生当成平等的生命个体，去包容他们不容于世的小任性和小叛逆。

目前我们组的老教师们对我都比较认可，一有赛课机会就让我来。一学期至少有一次校级赛课机会，我自己也很喜欢赛课，大学四年的专业培养也让我能够胜任这份工作。从一开始的只会照搬别人的课件，到在教学设计中融入自己的思想，我对这份职业越来越感兴趣，我喜欢驰骋讲台、挥斥方遒的感觉。

我在假期积极学习课件制作技巧，练习思维和口语表达能力，希望在赛课上有更好的成绩。当然，我认为科研也不能落下，科研与教学技能同样重要。但教师也不能只有科研能力，就像我的指导老师，他知识渊博，对于历史问题的探究比较深刻，然而他不擅长表达，所以课堂氛围很冷淡，学生也提不起兴趣。作为专业人员，我们会为他的学识折服，但从学生的角度来说，教学效果并不好。而光有教学技巧，没有学术功底，就会导致教学成了无源之水，无本之木。你无法四两拨千斤地找到问题的关键，课堂流于形式，无法真正地启迪学生的思维，带给他们不一样的见地与思考。

我在赛课的过程中，往往会就该主题广泛阅读，基本每次赛课都会阅读一百万字以上，再针对性地进行总结归纳，逐渐形成自己的知识库，这让我更能在讲课的过程中旁征博引，增添课堂的趣味性和深度。这也让我的课堂被很多专家评价为"三新"——材料新、立意新、问题新。未来我也愿意在科研上花费更多的时间去辅助我的教学。

四、子女的发展规划

因为目前未婚，所以浅谈一下对子女的规划。我深感知识改变命运，这里的命运不一定指的是实现阶层的跨越，而是个人思维的开阔、思维的塑造、能力的培养。所以我希望他能够将学习当成终身的习惯，"学识须力求渊博，情操必须得高尚"。我不希望"鸡娃"，也不想将孩子与他人比较，我的孩子只需要做他自己，学习自己感兴趣的东西，成为一个正直善良的人就好。我会努力陪伴他，像我的妈妈一样，成为他的好朋友和偶像，我们一起学习、一起进步。我认为孩子是一个独立的生命个体，我不想告诉他，妈妈为你放弃了什么，你要怎样报答我。母与子应该是一场相向奔赴的过程，我陪他长大，他同样在治愈我。

五、小结

从社会地位来说，教师当然比工人的地位高；我的工资差不多是我父亲的一倍，我似乎也与父辈的生活方式出现了明显的不同。比如，我每年几乎都会出去旅行一到两次，而我的爸爸几乎没有出过省；我几乎每天一杯奶茶，喜欢看电影，但是我的父母倾向于不做无谓的消费。

我能实现这样的流动，肯定离不开自身的努力，但更重要的是父母的支持、鼓励与培养，是他们在我数次即将走入岔路时，让我的命运转向。他们对人生的态度，他们对我的爱，让我能够勇敢地选择自己喜欢的职业从事一生。此外，我人生路上的前辈们也给了我一个切实可行的方向，去激励我成为现在的自己。

我感谢公费师范生政策，它让我接受了专业的技能训练，并且有能力在专业上实现长足发展，也让我找到了职业的方向，为我的就业提供了便利。

（2023年1月29日）

程诗聿：新手公费师范教师向上流动的迷惘与期待

一、回望校园时光

我于1999年8月出生在重庆市江津区C镇。我出生时父母在C镇Z乡中学当教师。父母的工作使他们在镇上有很多学生，他们认识小镇街上大部分居民，比较受人尊敬。由于父母工作调动，我在C镇小学上小学。父母从小学起就很重视我的教育，母亲在家会教我语文的拼音和英语的音标，也会在家教我数学运算，家里有一个5层的书架，上面放了很多经典书籍，如国学启蒙系列：《三字经》《道德经》《论语》《唐诗》《宋词》。父亲会带我练体育，锻炼身体。得益于父母的教育，我养成了良好的学习习惯：回家做作业、预习、复习、阅读课外书。小学时我在班级里成绩总是前三名，也对自己的学习很有信心。2012年，我小学毕业，考上了江津区最好的初中。父母为了我上学方便，在城里买了房，我们搬到城里住，他们每天开车回镇里上班。去城区最好的初中上学，我并没有感到城区毕业的同学们带来的压力，我的成绩在班级里仍是前5名，年级前30名，一个年级有12个班，共800人，是个比较好的成绩。由于初中的好成绩，我顺利保送江津中学，并在初三下学期，和其他保送的同学组成新的班级，到高中部提前学习高中的知识。到了高中，由于理科比较好和个人意愿，我选择了理科。父母很认同我学理科，因为理科能选择的大学专业更广泛，更好找工作。在高中期间，我的寒暑假和父母重合，父母有很多时间监督我学习。为了在高中也保持名列前茅的成绩，我习惯在寒暑假预习下学期的内容：自己看书，做数学、物理、化学的练习题，背英语单词，这样开学后学起来会更轻松。父母非常支持我用零花钱买习题集，我有很多习题集和模拟卷，在做完练习后，我会整理错题，每天复习，因此知识学得很扎实，在考试时能灵活运用原理。在语文方面，父母也很支持我购买文学类杂志，家里订购了《读者》，我们经常一起阅读。高中时期，我是年级前50名，年级有24个班，共1600人。

在初高中时期，我和父母的关系亲密，我经常和父母谈论学校里的趣事，我也很乐意告诉父母我的考试成绩。我在学校和同学相处融洽，也有几个好朋友。父母很放心我的学习状态和成长心理。因此我平稳度过了青少年的叛逆期。

回望校园时期，支持我努力学习的是小学时父母培养的好习惯，当认真做好事情的意识刻在骨血里时，偶尔偷懒就会觉得空虚。小时候的我只知道优秀会得到他人的表扬，会让自己满足，这是外在动机。自我意识觉醒是在2013年春节。我突然发现父母比之前老了，他们长出了皱纹和白发。我意识到我应该懂事起来，我以后将会是家庭的支柱，只有努力读书，才能让父母省心，只有考上好大学，才能找个好工作，让父母过上好生活。

二、师恩难忘

上学时，我最喜欢的是教高中化学的李老师。我的化学不算好，但李老师每次考试后，都会找同学们分析试卷，老师总是鼓励我，没有因为我化学差而批评我。我学化学还是很努力的，但刚开始的时候确实不得要领，有些崩溃。李老师总是耐心地指出我还需要加强的地方，说我一定能学好。我很感谢李老师看到了我的努力，使我没有放弃化学，我自己花了很多时间、想了很多提高方法，最终化学成绩有了很大的进步，化学不再是拖后腿的学科。李老师让听写没有过关的同学去办公室默写，我有几次没有过关，觉得很丢脸，但李老师并没有说别的，仿佛没有过关再写一次是很正常的事，这也让我更主动地到办公室重新默写、复习知识。我很喜欢李老师的讲课方式，她是个很有智慧的老师。李老师会让学生在课堂上讲解题目，每个同学讲一道题。讲的时候虽然很紧张，但讲题使我解题的思路更清晰了，这也让我有了信心，没有自暴自弃。到我当老师的时候，我也在向她学习，更理解学生，看到学生的努力，以发展的眼光看待每个人。我和李老师在高中时没有很多交流，但是我从她身上感到了平和自如的心态。她从来没有在课堂上批评过人，我也从来没有看见过她生气。在浮躁、节奏快、追求成果的社会中，我觉得李老师是很优秀的老师。李老师虽然在我选择职业时，对我没有影响，但在我的教师职业生涯中却有深刻影响。

三、选择职业的迷惘

在高考中，我正常发挥，成绩排在重庆市理科2000名左右。在2017年，读西南大学的公费师范生只需要重庆市5000名左右的成绩。但当时我自己其实并不愿意读师范专业，认为当教师工资少、事业发展平淡、没有实现社会向上流动的机会，我更愿意读金融专业，金融专业可以出去闯一闯，工资收入也远超教师行业。父母强烈建议我选择公费师范生，他们认为教师职业收入丰厚、假期时间长、职场人际关系简单。我认为可以听从父母的建议，尝试当老师。公费师范生的服务年限是6年，如果我后期在亲身体验过教师行业后，仍不想当教师，还有机会换工作。在自己的想法和父母、父母同事的建议这两种道路中，我纠结了很久，难以选择。在高中班级里，只有我一个人选择了公费师范生，其他同学都认为读名校比选专业更重要。

在本科期间，我看了重庆市教师的招聘条件，自己也努力达到要求，获得了3次奖学金，达到了主城区的招聘要求。西南大学提供的公费生课程贴合培养目标，英语教学设计、教学实践、教材分析、教育学原理等课程为我的实际工作提供了很大帮助。上学过程中，同学们都是来自不同省市的，我们会谈起各自家乡的教师就业情况和自己对未来的教学理想。西南大学的学风很好，同学们读书都很认真，"躺平"等分配工作的同学很少，我们都希望自己找工作。

四、工作中的期待

顺利考上重庆市主城区编制后，我被分配到F初中。我在2021年的暑假去单位报到。区里安排了一个月的教师暑假培训。每天培训完，学校领导要求我们回到学校练习无生试讲。刚开始，我非常紧张，由于实践经验少，课的逻辑和设计不合理。校长和备课组长亲自指出我的问题，并告诉我F中学的讲课理念：问题导向的深入思考。我在暑假反复修改同一节课的内容，上了好几次，终于达到了校长和前辈们的要求，认为我可以站上讲台了。从前我对教师职业无感，但到现在已截然不同，我体会到校长和前辈们身上的教育责任感以及我作为一名新教师的奋斗方向。我仍需不停学习，改进自己的教学技术，对学生负责，备好每一堂课，要具备教学智慧，不误人子弟、不负学生的信任。

在2021年下学期开学后，我终于走进了真正的课堂。我每天反思自己的课堂讲解技巧、根据学生作业水平灵活调整教学计划、听取学生的意见，所教班级有不错的成绩。工作的第2年，度过了新手教师生存期后，我适应了学生水平，也更能理解学生了。我开始放低对学生的期待，鼓励他们的微小进步，学生也逐渐体会到了我的好心，我开始感受到学生对教师的尊重。

在F中学，作为新老师，学校安排了老教师作为师傅，指导新教师工作。带我的老教师是一名骨干教师，他相当于我职业生涯的第一个引路人。在学校，因为副校长的孩子和我们年纪差不多，她也很关心新教师工作生活是否适应。作为公费师范生，我在学校和其他教师一样，学历相当，没有受到歧视或优待。

五、小结

回顾公费师范生政策给我带来的影响，它使我实现了地域上的社会流动，使我有了主城区的教职工作，比父母接受了更好的高等教育。我遵守职业道德，兢兢业业做好这份工作，但对于这份职业，我没有很执着。我认为人生就是要不断进取、不断尝试、不断追求，不应满足于现下的所获。我感恩公费师范政策，同时也期待能靠自己的努力，实现事业的发展，实现更高的人生目标。

（2023年1月17日）

包翱翔：争做家乡基础教育的领航员

一、耳濡目染

1999年2月，我出生于内蒙古自治区的农村，但因父母的升职转岗，我在镇上度过了三年的学前教育时光。从家庭教育的角度，当时邻里街坊、父母的同事，甚至是路过的路人都不会想到这样一个朴素的家庭能够孕育出一个在乡镇普遍意义上的高才生。我母亲是一位人民教师，而我父亲是财政部门的普通干部，长大后听他们回忆对我的胎教及学前教育，更多的是以引领引导引发、开发兴趣智慧的方式进行的。记得最清楚的是，我母亲经常说当我还没出生的时候，她就会用当时还很贵的一台录音机播放元音歌曲和一些诗歌朗诵的音频。母亲早就想好了要让我在未来能够飞黄腾达、翱翔晋升，因此我的名字也是蒙古语中翱翔、飞腾的意义。从我出生以来，家里对我说得最多的是"家里困难，一定要出人头地，不求大富大贵，只求平平安安"。因工作要求，父亲总是早出晚归，母亲总是忙忙碌碌。家里有一口腌菜的大缸，据我母亲回忆每到父母做饭的时候，他们都会将我放在大缸旁边，我会一直绕着大缸转，不哭不闹，也不走远。但从那时起，我内心就已经感受到了生活的平凡及工作赚钱的重要性。

再后来我母亲的学校偶尔会有一些大型活动，我会以教职工子女的身份参加或观看，看着母亲在台上发言、主持，虽然当时懵懂无知，但现在看来，对我的性格养成有特别大的引领作用。2005年，我母亲从乡镇中学考入旗县中学，我也从那时起开始偶尔到旗县去，开始慢慢发现父母口中的"城市"是什么样的。也从那时起，家里能够负担起我在学习领域以外的发展。我记得当时在一栋城中村的平房里学习马头琴和电子琴，但家里人还是那句："学这些只是为了让你开心，你只能用学习出人头地，这样才能在社会站稳脚跟。"对于还不懂"社会"二字意义的我，只是能够勉强听懂"学习"就是要好好听老师的话。那年我在读学前班，印象最深刻的是我的班主任老师在一次课上听写了蒙古语p字母系列的字母，但我全写错写成了b字母系列的字母。平生第一次在课堂上因为自己明明就会但还是答错了的情况而落泪时，老师因为我的眼泪共情到潸然泪下。直到自己当老师，我才能够理解为什么学生有一些情绪的时候，老师能够非常共情，那是因为在老师眼里，学生就如自己的孩子一般，更是自己一点一滴培育起来的小树苗。

二、坚定信仰

2005年9月，我上了小学，当时全家也已搬到了旗县城。对于当时的我来说，偌大的城市只有一所民族小学，而在这所小学里我遇到了影响我一生的两位老师。

第一位老师是我的班主任老师，我们是她的第二届学生，她当时还只是三十多岁的年轻女老师。她对我的影响之大，以至于我在十岁左右的年纪就奠定了我这辈子只为教育行业奉献终生的信念。形容这位老师最准确的话就是"亲力亲为"。她在担任蒙古语文课程教师的基础上还担任道德与法治的课程，一周一个班的课时数就达到十几节；她会在每一个教师应当出现的时间节点准时出现，不论是上下课还是学生受伤难受；她会在每一节课中穿插对人生哲理的教育，让每一堂课都能够成为影响学生人生漫漫长路方向的那一堂课；她会在小孩子最懵懂无知的年纪给予他们最大的温暖和帮助，让他们对人生有更多的憧憬和向往。最想要分享的是我大约三年级的时候有一次剪头发剪得特别短，连头皮都清晰可见的程度。第二天一进到班级就引得全班哄堂大笑，具体哄笑的言语我已经记不清了。我本来觉得自己能够忍受这样的嘲讽，但是到了上午第三节课，我就已经忍无可忍地在桌子上暗暗流泪了。到第四节课，班主任老师来上课的时候发现了这一切，她只说了一句话就让我痛哭流涕。这件事影响了我终生，让我能够在漫长岁月中获得一股小小的温暖和力量去应对闲言碎语。她说："嘲笑人家头发短还不如趁现在看看他的脑袋到底是用什么做的，能够如此聪明。"对于老师来说，要能够发现学生一点一滴的变化，从中提炼出优点和值得称赞的部分。对于学生来说，这样的一位老师能够引发学生的崇拜和敬重，也能够让学生在每一个人生起伏点回顾老师的举动和言语时获得无限的力量。

第二位老师是我的数学老师，是一位四十岁左右的中年女老师。这位老师影响的是我教师课堂的教育风格。她的每一堂课都十分生动，她会用极其巧妙的动作或言语归纳总结每一个知识点，她的每一个举动都是为了让学生能够更加清晰地记住这一内容的重要性，她的每一次课堂都会让人有淋漓尽致的感受。记得教授"小数"中将一个小数乘以十百千万等数字时小数点会以零的个数向右移动的知识时，老师将小数点形容为人体背后的保护壳，有多少个零就会有多少层保护壳，就需要向"后"移动几位；教授"除法"的时候，她将每一道题都用一个食物比喻，例如6÷2就是将六个苹果分给两个人、9÷3就是将九块蛋糕分给三个班级、1÷5就是将一块饼切成五个部分。她的教学风格从来不是讲授和传授，而是让学生体会知识内容，感受其存在的意义及应用场景。因而在我任数学教师的时候，备课花费最多时间的就是介绍知识会应用在什么样的场景中，什么样的情境下会运用到这部分内容，什么样的具体环境能够体现出这部分技能。这样的教学设计也非常好地迎合了我目前的单位所推广的"情境探究——建构图式"教学模式。

三、小试牛刀

小时候，我就发现我有较强的语言能力和想要育人的冲动。还没上学的时候经常会蹭别人的车进城购物，路上我会和司机一路聊天，还会背诵诗歌给司机听，以至于被称赞说："这孩子怕不是有两个大脑吧？"除此之外，小学时期表妹借住我家，虽然仅比她大一届，但我每天晚上都会辅导她的作业和练习。对于现在的家长来说，辅导孩子作业是一种痛苦的体验，但对于还是小学生的我，是举手之劳般的轻松。甚至当时住我对门的邻家阿姨也会偶尔叫我过去辅导她女儿的作业，她比我还大一届，虽然一些知识内容我都没有学过，但是我能够在仅仅翻看之前内容的前提下，就将本部分内容完整解说给她听，也能够让她更轻松地听懂当前内容。我父母后来会感慨，其他父母都会因为给孩子辅导作业而困苦，但我父母从来都没有翻看过我的作业，甚至即便我母亲是中学教师，也从未翻看和过问过我的作业和考试。

直到后来升入初中，我已经适应了自学自律的学习模式，学业开始逐渐繁忙之后，我从光芒绽放的样子转变为奋斗模式。其他同学还是在每天玩耍娱乐，当他们或他们的家长问我为什么会如此爱学习、会学习的时候，我只是告诉他们，我父母经常教育我"只有学习才有出路，才能够在社会上寻得一席之地"。但现在我才发现，一个好的早教和家庭教育是会影响孩子一生的学习态度和自律自强的性格特点。随后我以全校第一的成绩考入内蒙古师范大学附属中学，怀揣着当老师的梦想升入了高中。

四、初遇免师

我是在省会城市呼和浩特市读的高中，相较于很多人连上大学都不会离家太远的情况，我从高中开始就在离家1000公里的地方读书学习，学期结束之后才能够回家。虽然当时会觉得我来到这么远的地方读书和在家附近读书没有什么区别，但往后我才慢慢意识到师大附中是一个学习环境优异、高手如云的地方，也从那一刻开始，我意识到大城市和小地方的教育资源和师资力量是有本质区别的，会影响学生对世界的认知以及对未来的期望。

我就读的高中就有一部分老师是免费师范生。高一的时候只是知道需要很高的高考成绩才能够考入免费师范，我还问年级主任免费师范有没有少数民族预科班，大概多少分能考进去。而老师的答案也给足了我奋斗、努力、学习的动力："能直接考进去为什么还要读少数民族预科班呢？"从那之后，偶尔我也会在网络上搜索免费师范的院校、政策、分数线等。当时我有一个亲戚在华东师范大学读免费师范专业，逢年过节时我也会听到关于大学生活和免费师范政策的情况。但由于高中学业繁重，我将对教师行业的渴望搁置了。

2017年高中毕业之后有一段时间的休息期才迎来查询成绩和高考志愿填报的工作。当时我的高考成绩不太理想，还一度失望地以为自己当老师的梦想将化为虚有。2017年7月6日是决定我人生的日子。那天是2017届高考毕业生提前A批次的志愿填报的日子。我满怀憧憬跑到旗县城网速极好的网吧，八点钟开网我就进去填报了东北师范大学的数学与应用数学系，之前从志愿院校参考书上已经看到东北师范大学数学在蒙古语授课理科会招3人，招生官网显示我的排名是2，一直到下午两点我的成绩段关闭网络，我一直都在刷新，但排名从未有变动。那一刻我悬着的心落下了。"我能当老师了"这句话我在心里默念了三遍。

五、公费师范生

录取结果出来之后，没过几天我的录取通知书就到手了，随之而来的还有免费师范生的协议。我心里想的是我只想回到我就读的高中或同城市的其他学校任教，越早越好。

大约大二的时候，应国家的政策要求，免费师范生更名为公费师范生。大学环境固然是美好的，但是到大三才会有专门教授课堂教学的课程，因此刚开始，对于课堂教学方面我仅有着一腔热血，并未有相应的知识储备。直到2018年冬天，一位学汉语言文学的学姐找到我和其他同学，说想要成立一个回内蒙古支教的支教团。我们忙碌了两个多月成功建立起"札木琴支教团"，之后于2019年1月到内蒙古自治区通辽市奈曼旗蒙古族中学进行为期一周的支教。出发之前，我们准备好了支教团的介绍词、自我介绍以及一周之内的课程，在前往的路上还在反复地确认各种材料。抵达学校之后，校长领着我们十几名大学生参观了整个学校和各个教学班级。我也在那一刻有一种梦想成真的喜悦和莫名的恐惧。第二天第一节课是数学课，我提前五分钟就站在班级门口，紧张地看着准备好的稿子。响铃之后进班级介绍自己的时候还是很紧张，因为很少有在这么多人面前说话的机会，我的声音抖动、语言混乱。说完了介绍开启课程的时候，我说："好，我们开始学习本节课的内容，必修一第一章集合！"我的声音突然变得洪亮，也不再紧张，就如同在无数个日日夜夜里，在心里排练和模仿过从小到大遇到过的所有教师的样子，我变成了落落大方的数学教师。那一刻我甚至有一种错觉，我是不是天生就应该当老师？之前努力过、奋斗过、感悟过、总结过的所有都在那一刻变成了我能够坦然面对课堂教学的所有能力和基本技能。七天的支教中，我上了十二节课，跟学生们从未知转为已知，相识相熟。我真的希望我所教授的一点点知识和哲理能够对他们的未来人生轨迹有所支持，就如同我曾经遇到过的所有恩师。非常幸运的是，他们中真的有一位在2020年变成了我的直系学弟。

六、应用实践

在经历了大学三年的形形色色之后，我有了学生会主席、社会实践奖学金获得者、文艺委员等头衔，但我还是对当老师有着很深的执念。因此，在学生会内部有互帮互助的小活动时，我会组织成员轮流当老师辅导其他同学的专业课程。那时的我已经不再恐惧上台讲话、讲课。到实习阶段，我第一志愿是到我意向的城市和学校进行自主实习，这也能够帮助我顺利留在心仪的学校任教。

到实习学校的第一天，指导教师问我有没有上台讲课的经验和其他的基础知识储备的时候，我将我的履历汇报给了她。她说："那完全没问题，准备下周讲课吧。"这句话让我深深感悟到了努力真的能够让未来的自己赢在起跑线上。当其他实习生还在练习如何运用联结词、如何备课、如何制作演示文稿、如何克服恐惧的时候，我俨然成为学生心中最受欢迎的实习生老师。我也在实习的两个月里根据自己多年求学的积累和经历，建立了学校第一支高中学生会队伍。

到求职招聘时期，我联系了高中母校的老师们。他们说："一定要用一节课就震惊评委老师们！"我将这句话贯彻到底，面试评估结束之后，我以第一名的成绩考入了目前就职的学校，评委老师们的评语是："难以想象你是多么快速地进入了教师这一身份。"

七、得偿所愿

2021年9月，我正式开始了自己的职业生涯，在呼和浩特市第三十中学（内蒙古师范大学附属第二学校），担任高中两个班级的数学教师，同时担任班主任以及学校教科研处干事，负责统计归档部门工作内容。9月1日第一天见到孩子们和他们的家长时，我的内心和孩子们一样是满怀憧憬的，但家长们显然对我这个年轻教师不太放心。其中一位家长的反应让我如释重负："能来到这所学校，还能留在高中当班主任，那肯定很优秀，静观其变吧！"为了这句话我也将竭尽全力完成我梦寐以求的教师工作，我必定会将教育视作自己的事业，辛勤耕耘、辛苦奋斗！

一年多的教学实践，让我更加坚信我生来就是做这份工作的。虽然日常会有劳累困苦，也会饱受质疑和疑惑，也会和学生斗智斗勇，但不变的是我用所学所思所想所得上好每一堂课、处理好每一个事情、解决好每一个矛盾，树立起学生心中影响他们一生的教师形象的决心。作为刚走出校园不久的新教师，我们有着老教师不具备的优势。我们有朝气，有活力，对工作满怀激情，这让我们对工作更加上心，对学生的关注比较多，会想方设法去讲好课，提高学生成绩。学生养成了良好的学习习惯，学习成绩提高是水到渠成的事情。另外，我们与学生年龄相差不大，有共同语言，学生容易信任我们，愿意与我们畅谈他们的困惑，这样也有利于开展教育教学工作。听着他们一句一句"老师好"，解答着他们每一次的疑惑困苦，看着他们对我的评价"不像是刚当老师的人""如果等我毕业你已经成为这所学校的教导主任，我必定考到这里当老师，跟老师您做同事""老师的长相、年龄与资历严重不匹配"时我有着得偿所愿，为家乡的教育事业做出了贡献的深刻体会。

八、小结

作为公费师范生政策的受益者，能够在竞争激烈的社会刚刚本科毕业就进入职场，能够在就职之后还能继续学习，就读学科教学的在职教育。我深刻感谢、感恩国家政策。我从一个乡村小镇走出来，到现在的省会市直属学校就职，阶级层面出现了质的飞跃，心态方面也有着同龄人未有的沉稳清晰，工作方面也是社会公认的体面工作。父母常说："我们奋斗了一生才能够在旗县城站稳脚跟，你从省会起步，必将大放光彩！"我也坚信有志者事竟成！从对教育事业的深深敬爱中，从学生时期遇到的每位教师的言行中，从对父母的感恩感谢中，从对课堂教学的挖掘学习中，从对公费师范生政策的贯彻及推广中，从对家乡基础教育想要做出贡献的展望中，我获得了力量。我的志向常在，我对教育的敬畏常在，我对所有使我成为现在的我的一切感恩常在！

（2023年1月18日）

焦慕望：顺其自然，此生无悔——我的社会流动轨迹

一、父辈的职业情况

我的父亲1961年出生于宁夏吴忠市盐池县一个县城中的工人阶层家庭，相比出生在农村家庭的孩子，他要幸运得多，他在家里面的兄弟姐妹中是学习成绩非常好的一个，大家一致认为他能够考上大学，再不济也能考上大专。然而生活处处是意外，他落榜了，连大专也没考上，于是不再复读，去了军队当兵。军旅生活十分辛苦，需要进行艰苦的训练，执行某些危险且保密的任务。在当了两年兵后，他决定退伍、转业，服从上级决定，去长庆油田当一名光荣的石油工人。当时是1978年，工人的社会地位非常高，他对这一工作非常满意，能够追随"铁人"王进喜的脚步，还不用担心失业，多美啊。于是就高高兴兴地当了石油工人，一当就是四十三年，直到退休。

如果说父亲是我们家的顶梁柱，那么母亲就是为我遮风挡雨的伞。父亲由于工作原因，在我的成长过程中长期处于缺位状态，大多数时间陪伴我成长的是母亲。母亲从小就对我非常好，能够满足我任何不过分的要求，只要我快乐。在我上初中的时候，母亲偶然提起我们家的经济条件其实不好。我感到很惊讶，问她："既然家庭条件不好，那为什么我小时候想要什么你们都给我买？"她说："还不是因为你小子想要，条件再差也没亏了你吧？我不说家里面条件差，你以为咱们家多有钱？你三年级的时候家里面才把欠别人的钱全还

清呢！"听完母亲的话，我心里面一酸，如果我是母亲，我是不可能全部满足我的要求的，她对我的爱很无私，也很沉重。因为她自己没有受过太好的教育（小学三年级辍学），所以她对我的教育非常重视，这种重视不是进行空洞的口头说教，而是身体力行。在我读小学的时候，她每天晚上都陪我写作业，我那时对学习有一些天赋，平均每天下午五点半就做完了作业（下午四点四十放学），但每天都坚持下来，也不是一件简单的事。她还会每天给我读故事书，由于文化水平低，好多字她都不认识，每次碰到不认识的字，就让我帮她查字典，一来二去，我也跟着她认识了好多字，我对知识的积累就这样在潜移默化中进行，而且也成为宝贵的亲子相处记忆。随着年龄的增长，我的知识和阅历不断增加，她的能力不足以帮助我学习了，就对我进行放养，在学习方面的事，她从不插手，都以我的意见为主，哪怕是在是否进重点班、学文科还是学理科、大学填志愿这种关乎未来的大事上，依然尊重我的意见。我十分尊敬我的母亲，她用实际行动在我的成长路程上画上了浓墨重彩的一笔，千言万语不足以诉说其中酸甜苦辣，如人饮水，冷暖自知。

二、本人的学习经历

我从小就是父母口中的"别人家的孩子"，成绩十分优秀。在读小学时，就展现了学习方面的天赋，别人需要做一个小时的作业，我二十分钟就可以做完，做数学题时，我不仅可以很快地学到老师教的解题方法，还能举一反三，反过来理解做题方法，实现一题多解。在升入四年级后，学校进行了重新分班，在分到新的班级之后，我仍然是学霸，但不再是"别人家的孩子"了，新的班级里有很多优秀的同学，他们的成绩比我还好，而且我开始出现一些不良习惯，比如打架、上课说闲话、开小差、去"黑"网吧上网等。所以我那时并不是很受家长欢迎，但很受同学欢迎。在同学心目中，我是一个酷小子，学习又好，又会玩，又敢和老师对着干。在这样晃荡的童年时光里，我升入了初中。

初中开始，学校就设立了重点班，初中的重点班是完全靠成绩进入的。在开学的分班考试中，我由于玩了一个暑假，没怎么复习，在开学的分班考试中没能取得理想的成绩，没有进入重点班。我那时对重点班没有概念，觉得无非就是把一帮学习好的人凑在一起罢了，没有觉得很遗憾。在这一认知的作用下，我在初中的时候还是很吊儿郎当，小考小玩，大考大玩，不考照样玩。起初我的成绩非常好，经常能考到全班第一，但是到了初三，大家开始发了疯似的学，我对此不屑一顾。结果在中考中，我不出所料地没考好，只能去一所非常普通的高中。我荒诞的初中时光就这样草率地结束了。虽然荒唐，但不是一无所获。我养成了读书的习惯。我对学习不感兴趣，但对读书十分感兴趣。这一习惯源于童年时期母亲对我的影响，她几乎每天晚上都给我读有趣的故事。到了初中时期，我不怎么爱学习，也没有报乱七八糟的补习班，闲暇时间就多了。一有时间我就会从郊区的家出发，去市里的书店蹭书看。尽管路途遥远，但这不影响我对读书的兴趣。有时候碰到特别喜欢的书也会买。在那个没有智能手机的年代，上网的成本非常高，书籍成为我睁眼看世界的唯一渠道。因此，我看书并不是抱着功利的目的去看，而是发自内心的喜欢，就像今天的小孩喜欢玩手机一样。这一习惯我一直保持到了今天，我每天都要抽出时间来读书，在周末还会去书店逛逛。

2016年，我升入了非常普通的一所高中。在高中我遇到了人生中的第一个贵人——我高一的班主任。他很年轻，是华中师范大学地理专业第一届免费师范生。因为刚刚毕业，没有任何带班的经验，所以他特别信任我，给了我极大的自由度。对班级的管理实际上是我和他合作完成的，而我自己也乐于参与班级的管理。他对我的关怀就是最大限度地给我理解和信任，他从来不插手我的学习，我想怎么学都可以，只要他能看到我在学；班级管理方面，我们经常一起讨论如何管理班级，可以说他是我的良师益友。在他的影响下，我开始对

扎根乡土与向阳生长：定向西部地区培养的公费师范生口述史研究

"华中师范大学"和"免费师范生"有了一点了解。这点了解在当时对我没有产生任何影响，但在三年后彻底改变了我的人生轨迹。三年后，在报考志愿的时候，我的成绩能够填报某些985高校和大多数211高校，但我也很纠结。家长对我填报志愿的态度是放任的，其他老师给我推荐的方向我也不是很喜欢。突然，我想到了班主任曾经跟我说过，他毕业于华中师范大学，于是就去网上查了华中师范大学的相关资料，发现这个学校非常对我的胃口，文科专业非常强，尤其是思想政治教育专业，在学科评估时拿到了A，而且分数非常合适，于是我果断报了华中师范大学。高中期间，我的学习态度发生了重大的转变。我从以前的对学习不屑一顾变成了重视学习。在初中毕业后，我和我的初中同学一起吃饭，在饭桌上，一个同学说："以后这么多人一起吃饭的机会不会再有啦！"我就当听了一个玩笑，没有太在意。在升入高中后，我发现他说的话是对的。以前天天消息99+的QQ群里，现在一条消息也没有，在周末或者寒暑假约他们出来玩，也一个都约不出来。我思考后得出一个结论，中考是人生的第一次分流，它会把同龄人迅速分成两种，中间有难以逾越的壁垒。而高考就是第二次分流，这是我第一次对阶层跨越产生朴素的认知。于是，我开始重视学习，认认真真完成各科作业，我的成绩开始稳定在年级前三十名左右。在当时，学习好的学生都想要学理科，文科被认为是理科学不好才去学的。但我当时依然顶着学校和父母的压力，在一片嘘声中进入了文科班。我人生中第二个贵人是文科班的班主任，他也是地理专业的。他给了我更多自由，甚至对我说，如果我可以保持优秀的学习成绩，他就可以允许我不写作业。一个高中生可以光明正大地不写作业，这是不可想象的事情，但就是在我的身上发生了。时过境迁，现在的我已经成为一位准教师，我肯定不会对学生这么说。而他却能给我这样的信任，这份恩情，是我难以忘记的。最终我也没有辜负师长，用一份在我看来还算完美的高考成绩单，回应了三年来师长对我的谆谆教诲。

大学的很长一段时间，我一直在银川待着，去了银川市西夏区、金凤区、兴庆区（银川市一共有三个区，我家就在兴庆区）的很多地方，在这个过程中我感受到了银川这座城市的魅力，怀远市场的繁华、北塔湖的宁静、废弃工厂的复古浪漫……以前想要拼命逃离的这座围城，怎么变得这么美？于是，一个念头在我心里萌发：转成公费师范生。在经过痛苦的内心纠结后，2020年8月，我在武汉签下了公费师范生的合同，正式成为一名公费师范生。

回顾过去，我发现命运非常神奇。我小的时候不想当老师，结果一路误打误撞，最终成为老师。在实习结束后，我对教师这一职业十分认可，目前没有违约的想法，以后也不会有违约的想法，我想要扎根银川，深耕脚下这片教育土壤。我放不下的不是银川这座城，而是我在这座城里的成长轨迹，是遇到的人和事，有他们在的地方才是故乡。这是我不想违约的第一个理由。此外，我比较喜欢旅游，喜欢各种自然景观和人文景观，教师的寒暑假可以让我到处去旅游。对我而言，回到故乡建设故乡，并不是一个很难选择的事情。未来我会一直当老师，不考虑违约的事情。

三、本人职业规划

在职业发展方面，摆在我面前的是两条路，一条是专业发展，就是朝着正高级教师的方向发展。另一条是走行政道路，就是在学校部门兼任行政职位，例如教务处、德育处等，最终成为校长或者去教育局、教育厅工作。

四、子女的发展规划

子女对我来说是一个比较遥远的话题。如果有一天我真的有了一个孩子，我可能会像我的母亲一样，从小培养他的读书意识，用身体力行的陪伴式教育来呵护他成长。在学习方面，我会根据他的具体情况，实事求是地要求他。如果他在学习方面有很高的天赋，我会鼓励、督促他学习；如果他不适合学习，我也不会要求他去学习，但是得有一技之长，比如画画或者弹钢琴。总而言之，我不会要求他去学习或者弹钢琴，不会帮他做出选择，我要做的是鼓励他坚定自己的选择。在娱乐方式上，我不会反对他玩手机，现代社会，手机几乎成为人的一个器官。但我会关闭App的大数据推荐，让他看到一个完整的世界，打破信息茧房的束缚，同时严格限制玩手机的时间。

五、小结

社会流动，是一个非常复杂且宏观的概念，但对于每个普通的个体来说，社会流动意味着极为质朴的愿望：走出乡村或小城镇，赚到钱，过上幸福的日子。回想起我的社会流动经历，毫无疑问，我一直是在向上走的，而且我是完全依靠自己的才能和努力实现的。我发现高考是第一个，也是唯一一个社会流动的转折点。在高考之前，可以说我完全没有社会流动的经历。我来自一个银川市郊区的普通工人家庭，父亲在国企当石油工人，父亲也乐于从事石油行业，一直干了四十三年，直到退休。刚开始工作的时候，他的工资并不高，但他用自己的勤劳和坚韧，扛着我的家庭，从负债累累走到了小康。而我会站在父亲的肩膀上，接过他手里的接力棒，把我的家庭从小康带到中产。毫不夸张地说，我目前关于职业的一切认知和一切实践经历，都是公费师范生政策给我的。目前来看，公费师范生给我指明了职业发展的方向，并为我提供了良好的就业机会，保障了我基本的收入，不至于让我生活得太差。但我坚定地认为，这对我来说只是一个起点，而不是一个终点，我会站在公费师范生为我提供的资源和平台上，稳健地向前进，取得更大的成就。

（2023年1月19日）

第二章
救赎者：照进坎坷命运的曦光

云笙：长·成——那个女孩的成长之路

她似一名孤儿一样孤独，但身后若屹立千军万马。她是一棵野草，肆意生长，也是一只飞鸟，自由翱翔，她的人生正在书写。

一、长

我叫云笙，出生在大凉山的一个小山村，我原本生活在一个幸福的家庭。爷爷是一个老好人，脾气非常好，对外人好得很，可是在家却经常和奶奶吵架；奶奶身高矮小，性格却很要强，勤俭持家，是家里最勤劳的那一个；爸爸是小儿麻痹症患者，走路是跛的，虽然这样，爸爸仍然每天很早就起来干活；至于我妈，我已想不起什么了，只听爷爷奶奶说，她从小对我和弟弟就不好，从娘家带回的东西，都不给我俩吃，也不喜欢和我们亲近。

一天早上，爷爷奶奶做好早饭叫爸爸起床，可是爸爸却没了动静。奶奶觉得不对劲，于是推门进去，映入眼帘的是躺在床上一动不动的爸爸。奶奶着急忙慌地大喊，我们全都冲进了房间。幼小的我还不明白死亡的含义，只看到所有人都在哭，只知道我再也见不到爸爸。那时候，我的愿望是爸爸能醒过来。

爸爸走后妈妈改嫁到了很远的地方，杳无音信，她走的那天是我最后一次见她，我明白那是抛弃。家庭的变故，让爷爷奶奶更加卖命地劳动，每天早出晚归，面朝黄土背朝天。为的就是让我们接受和别人同样的教育，不落后于人。

  小学，我的心智开始萌发，每次开家长会时，别的同学都是爸爸妈妈来，而我身边只有爷爷或奶奶。我第一次感觉到了我和别人的不同，骨子里的自卑也慢慢浮现。我变得沉默寡言，内向孤僻，会不由自主地低着头走路，在班级里也不喜欢和其他同学来往。那时候，我的愿望是妈妈能回来。

  初中，因为考试成绩还不错，我来到了县城中学读书，离开家住在了学校的宿舍里。每个周末，爷爷都会骑着他的一架老式三角自行车来接我。回家路上他会教我骑自行车，慢慢地我也就学会了骑那辆又高又重的自行车。农忙的时候，我就化身"卖菜小姑娘"。周一一大早就骑着那辆老式三角自行车拉着菜到街上卖，卖完时间刚好合适，就去学校读书，周末我就又骑着车回家。一个小小的画面和一辆大大的车，就连我的初中同学都还深深地记得这个画面。那时候我好羡慕别人骑的矮小的新式自行车，于是那时我的愿望就是有辆新式自行车。初中三年很快就过去了，初升高时我没考好，迎来了人生中的第一次重大选择：是继续读高中，还是去读好就业的师范专科学校？经过深思，我选择了去读师范学校。

  入学那天，爷爷买了两张火车票，背着几个大口袋，送我去学校。一路上我都是亢奋的，好似外面的世界对我有着极大的吸引力。经过漫长的车程，我们终于到了学校，安顿好我之后，爷爷就要回去了。我送爷爷到了校门口，看着他佝偻离去的背影，我忍不住哭了。我用一生对爷爷奶奶说再见，爷爷奶奶却用一辈子对我说路上小心。那时候我就暗自发誓，一定好好学习。

  来到这个学校后，我见识到了更广阔的世界，认识了更多的同学，结交了很多优秀的人。在这里我学会了很多技能，跳舞、弹钢琴、唱歌、画画、书法。我觉得好新鲜，而我也掌握得不错，无论是知识还是技能成绩都排在班上靠前的位置。我的书法老师是一位可爱的老师，除了书法，他还擅长拉小提琴，并开了一个小提琴培训班。晚上我跟爷爷通电话，我只是随口向爷爷奶奶分享了这件事，他们便问我想不想学，我没回答，爷爷当即就说："你想学什么爷爷奶奶都支持你，多学一项技能以后就多一碗饭吃。"

第二天他就给我打了报名的钱过来，并鼓励我好好学习。就是这样无私奉献，一直站在背后默默支持我的两位老人，在我成长的路上给了我无限的安全感。虽然我的内心还有些自卑，不太敢在课上回答问题，课下见到老师也没有勇气问好，不敢和家庭条件好的同学一起玩，不敢上台演讲，不敢竞选班委。但我内心在尝试改变，哪怕站在台上说话时支支吾吾憋红了脸，但我还是会在周会排练节目时大胆地表达自己的想法。我在不断成长，那时候，我的愿望是能自信、勇敢地面对未来的挑战。

那天，班主任老师传达了关于免费师范生招考的通知，我记住了几个关键词："免费""包分配""大学""编制""贫困山区""定向生""生源地"。不仅能圆自己的大学梦，还能回到自己的生源地去建设家乡，还能陪在爷爷奶奶身边，这些词也足够让我动了想去的念头。于是我把这个消息告诉了家人们，他们听后让我自己选择，这是我人生中面临的第二个重大选择。经过熟虑，我选择去试一试。当时我们学校报考的人数特别多，竞争也很大。备考的那段时间，我每天早晨五点就起床看书，晚上十点熄灯以后，我就坐在宿舍门外的楼梯口，借着微弱的灯光看书。临近考试，我感觉我都能把那几本书倒背如流了。试考完了，我也凭借较好的成绩，考入了大学。

报到那天，我只身一人前往，走进校园里，大大的操场，林立的教学楼，路上都是意气风发的青春面孔。在这里，我将开启新的篇章，我想在这片土地上有自己的成绩，我要更加相信自己，勇于挑战自己。于是在入学第一堂课中，我勇敢地上台竞选了课代表。虽然还是会紧张，但是我觉得我已经战胜了自己。在大学里，我加入了协会、大学生艺术团，还跟艺术团的朋友们组了一个舞蹈团，周末在学校外面做兼职商演；我还参加了多种竞赛活动，拿到了很多荣誉；我还在学校生活广场的一家餐饮店做兼职。每年寒暑假的时候，我们几个同学还会约着到市区打工，我们扮过人偶发传单，在超市做促销，进过厂。这些社会实践经历增强了我的自信，磨炼了我的心智。

两年后我毕业了，招聘会上，我本想着回家乡的县城，结果我们那个县没有来招考，于是我又面临了人生的第三个重大选择。纠结片刻后，我选择了一个离家稍微近一点的邻县。我是最后一个面试的，进入考场，我先是把简历交给了面试官，接着进行了抽签说课和才艺表演，最后面试官问了我几个问题："你的简历里怎么没有爸爸妈妈？""如果你来到我们县上班爷爷奶奶谁照顾？""你的职业规划是怎样的？"我大方地侃侃而谈。出了门，我感觉我成长了，我不再是那个一说话就脸红的女孩。结果出来了，我以第一名的成绩成为一名教师。

二、成

总有一段时间，你会倾其所有，忘我投入，在筋疲力尽中入睡，从热血中苏醒，就这样百炼成钢，长出厚实的翅膀。

新的人生路启程了，在这里我遇到了贵人，收获了很多感动，挑战了工作上的一次次难题，收获了成长，从青涩到成熟，我的青春都留在了这里。我看清了生活的不易，也一直永葆初心。这里，是我新的成长阶段，成长、成就都在这里发生。

8月，我来到地方教育局报到，再次遇见了当时的面试官之一——古老师。古老师一见面就认出了我，他很热情，帮我办理各种入职事项，耐心地给我讲解工作流程等。也许是出于对我身世的同情，也许是出于对我能力的肯定，古老师给了我很多照顾和帮助。这次招聘来的免费师范生有三人，因为是第一批免费师范生幼儿教师，我们都被分配在了离县城不远的乡镇。我分配去的幼儿园是一所新建乡镇中心幼儿园，因为我是专职幼儿教师，所以校长就让我担任了幼儿园负责人一职。我内心是惶恐和不自信的，因为我没有经验，不

第二章 救赎者：照进坎坷命运的曙光

知该如何在这样一个陌生的地方开展管理工作。在幼儿园建好开园之前，我暂时在小学办公。要开学的那段时间，我有时间就会去查看幼儿园的建设情况，规划幼儿园的布局，临近开学，我带着同事们一起打扫卫生、做环创、招生。随着开学，很多问题接踵而来，比如幼儿园制度不全面，无系统的各类表册，刚入园的新生哭闹严重，少数民族孩子听不懂普通话，采买的物资不够等。我身兼数职，既是园长，又是教师保育员，还是后勤门卫，太多的事压得我喘不过气。那段时间，我感觉压力空前的大，我觉得好难，自己好像被困住了。我陷入了自我怀疑、自我内耗，经常晚上回到寝室后，静下来想：我是谁？我在哪儿？我要干什么？要干成什么样？那时候，我的愿望是辞职，我想逃离。还好我身后的亲人、身边的朋友给了我莫大的安慰和鼓励，他们经常打电话来问我近况，为我排忧解难，鼓励支持我，我也在这一声声加油中坚持了下来。

如果你感觉很难，那一定是在走上坡路。黑夜终将过去，黎明也终会到来。之后，我停止内耗，开始在工作中找方法，也开始调整心态，将所有事情写下来，一件一件去解决它。随之，我的工作开始变得有序起来，我的管理能力也得到了提升。那天市教育局领导下来检查，我带领她们参观了园所，边走边讲解，虽然有时会怯场，但我还是在细致专业的讲解中获得了表扬。饭桌上一位学前教育领域的专家宋老师对我提出了表扬，宋老师说我不容易，一个小姑娘背井离乡，在这样一个"新地方做新事"，一步步成长、成就。听到这些话，我瞬间眼眶湿润，可能是感受到了关心，感觉到了被理解，我的眼泪肆意而出，宋老师为我拂去眼泪，牵住我的手，认真地对我说了一句话，她说："你要记住，没有在深夜痛哭过的人，永远感受不到真正幸福的滋味。"这句话深深刻进了我的心底。慢慢地，我也从自己走过的路中找到了这句话的答案。之后，宋老师在专业上给了我很多指导帮助，她带着我做课题，带我去其他幼儿园参观学习。通过不断地看、听、学，我更加适应了管理者的角色，业务能力也提升了不少，我在一次次的机会中重获新生。

工作暂时稳定了，我开始考虑生活，因为回家坐车辗转不方便，我便利用暑假考到了汽车驾照。那时候，弟弟也从中专学校毕业，自己开了一个修车店。为了跑生意，他买了一辆二手车，我考到驾照后他就把车送给我开。于是我有了人生中第一辆小车，虽然破旧，但回家的路已不再辗转。我基本每周都会回家看望爷爷奶奶，爷爷奶奶年岁已高，奶奶本身腿就不好，有天突然就下不了床走不了路了。爷爷带奶奶在县城医院住了几天院，诊断说是类风湿，要求回家静养，那时候家里的农活是靠爷爷一个人撑起来的。爷爷没跟我们说。我周末回家，看着日渐憔悴的爷爷奶奶，看到拄着拐杖行走的奶奶，我不由得哭出了声，我请了几天假带奶奶去州医院看病。州医院的检查结果是股骨头坏死。这个消息犹如晴天霹雳，医生说这个病可以通过换股骨头治疗，康复好后就能正常走路了，手术费用5万元。但是奶奶有一项指标没有达到标准值，她的血沉太高了，需要降到一定的值才能手术。我陪着奶奶住了半个月的院，但指标仍然没降下来，只有回家去接着调养。之后断断续续地去医院查过几次，仍然没降下来，奶奶的病情越来越严重，她坐起了轮椅。7月放暑假时，我带着奶奶去了一个骨科很好的市区医院，找到了一位主治医生。他给奶奶做了全面检查，发现血沉仍然很高，而且奶奶这个病有段时间了，身体也变得很虚，最重要的是她的两只膝盖因为长期坐轮椅已经严重变形了，就算做了手术也不能确保能行走。奶奶听到之后，说她年龄大了，而且现在我和弟弟也工作了，家里也不需要做繁重的农活了，她决定不做手术。我不同意，僵持了几天，她的血沉还没降下来，强行做手术有危险，最终我没拗过她，我们回家了。那时候，我好恨自己，恨自己一事无成，恨自己没能照顾好爷爷奶奶，恨自己没让爷爷奶奶享福。那时候，我的愿望很简单，就是希望爷爷奶奶健康平安。

2022年，因为机遇，我从乡镇调入了县教育局工作，开始了新的人生，开启了新的成长之路，我的青涩留在了我的幼儿园，我的青春献给了这个和家乡一样的地方，回顾人生路，平凡中显不平凡，在我身上，验证了一句话：你以前所受的苦将来都会有等价的幸福来交换。我虽然从小缺少父母的爱,但是爷爷奶奶给我的爱不亚于任何一个完整的家庭,家庭的不幸没有让我的性格变得激进、悲伤,我照样阳光、开朗。人生之路,道阻且长,多么幸运,在人生每个重要的关口,都有家人支持、朋友相伴、贵人相助。现在,我的愿望很简单,那就是:家人健康平安,常伴左右,工作不留余力,不忘初心。我将带着这份赤诚,勇敢地拥抱未来。

(2023年1月19日)

第二章 救赎者：照进坎坷命运的曙光

古丽：是那一次的选择成就了现在的我

一、我的家庭

我于1999年出生在新疆小县城的一个村子。我的爷爷奶奶、外公外婆都是地道的农民，父亲是五个兄弟姐妹中最小的。爷爷小时候被父母弃养，在领养家庭长大，成长过程中连填饱肚子都是问题。后来娶了地主家的女儿，也就是我奶奶，生活才勉强有了起色。奶奶从小赶牛赶羊，不会做家务，爷爷务农之余，偶尔会做点饭给父亲吃，父亲从小就没怎么吃过热乎的一顿饭。穷人家的孩子早当家，父亲小学三年级就开始学着做生意，卖一些花生瓜子赚些小钱。此后一发不可收拾，他甚至逃课去离学校比较近的星期二巴扎（集市）卖花生、瓜子、爆米花。赚到了人生第一桶金后，他开始养羊，买卖小羊羔和家禽。小学毕业的时候，父亲的老师到爷爷家里来劝他，希望他能继续读初中，有一个更好的未来。父亲拒绝了老师们，一方面是父亲认为自己是做生意的料，要从商，另一方面是家里供不起父亲读书。

19岁那年父亲攒够了去乌鲁木齐的钱，带着母亲踏上了前往乌鲁木齐的大巴车，从塔克拉玛干沙漠的另一端到天山脚下的乌鲁木齐，要坐三天三夜的大巴。来到大城市之后，父亲先是一边拿着《维汉词典》学习汉语，一边给人打工。后来开始自己做小本生意，并慢慢把生意做大了。自我记事以来，父亲一年365天都要早出晚归出去做生意赚钱。在父亲的认知里，不努力赚钱的每一天都是对生命的不敬。在他的眼里，赚钱排在第一位，这也塑造了他比较强势的性格和重男轻女的家庭氛围，他希望母亲对他百依百顺。可能是情窦初开便嫁给父亲的原因，母亲是个没有主见，对父亲百依百顺的贤内助。母亲只有小学文化，没有自己的爱好或者闲暇时间，自打嫁给父亲开始，她就成了父亲的"附属品"。自打我记事以来，听过最难听的脏话是父亲对我的辱骂，挨过最疼的毒打是来自父亲的粗壮手臂。在重男轻女的家庭中长大的我，从未体会过父爱，或许是父亲给我的零花钱是他父爱的表达。父亲对我的教育是完全放养式的，他从未问过我的成绩也从未参加过家长会，母亲也经常以有事为由不参加家长会。他们基本没有管过我的学习，因此我从小自理能力就比较强，做任何事都有自己的主见。

二、我的学生生活

如果说有什么投资可以让人终身受益，那一定是教育。当然这种观念不是我与生俱来的，也不是父辈教会我的，是我从18年受教育实践中得出的结论。

（一）厌学的童年

在刚满5岁那年，我被送入小学一年级，当时只有本地有钱人家的孩子才有机会上幼儿园，我没有上过。可能是因为年龄太小，我跟不上一年级的学习进度，班主任建议我复读一年级，于是我又重读了一年级。即便如此，我的学习成绩还是一直不好，在班里不交作业的、以生病为由不去学校旷课的都有我。我记得我小时候住在平房里，每到放学时间，院子里就变得非常热闹，到处都是同龄小孩们的吵闹声，这种环境造就了我贪玩的性格。直到我要上六年级的那个暑假，我爸做生意的市场搬迁，为了能离父亲做生意的地方近一点，我们一家搬到了郊区的楼房里，我也转到新学校就读。

这所新学校可以说是我的启蒙学校，在这里我遇到了非常负责任的数学老师帕老师，老师的责任心让我慢慢重拾自己，并发现了自己在数学方面的天赋。我尝到了学习的甜头，一个学期下来，我的数学成绩从50分考到了90分以上。我的成绩进步离不开帕老师课后对我的免费辅导，每天全校最后一个走的都是我们班，因为每天晚上我们都忙着在帕老师的指导下做题。在帕老师的带领下，我们班非常团结，我们会在周末带着课本聚到同学家里一起做题。我们用最后一年的努力换来了圆满的结局，也都非常感恩当时遇见了良师！

（二）孤僻的青春期

观念陈旧的父亲认为，女孩子不应该读那么多书，读了也是浪费，毕竟是要嫁人的。在我收到离我家不远的67中的录取通知书时，父母忙着做生意没时间顾及我，我就利用这个好时机去学校报到了。记得第一天报到时，我觉得学校环境幽雅，就对自己的初中生活多了很多幻想。在初中，我变得比较好学，老师们都非常喜欢我，固执的性格让我必须得吃透每一个知识点，不然会一直追着老师问。

我喜欢去学校学习，讨厌回家。那段时间妹妹出生了，母亲回老家待的时间更久，家里只有我和父亲。按照父亲的要求，我放学回家必须得给他做饭，等着他回家，还得提前把他第二天要穿的衣服洗好。这些要求看似简单，但是对于当时才13岁出头的我来说却有些困难。放学后背着书包到家附近的菜场买菜，是我的日常。做完饭菜，手洗完我爸的衣服，我才有时间写作业（我们家的全自动洗衣机是我上初三时买的）。我的学习方式是课上认真听，跟着老师的节奏，即使没有预习和复习的习惯，我的成绩还是能稳定地保持年级第一。

记得那天是我14岁生日，我感冒了，伴随特别严重的鼻炎还有点发烧。因此我提前给父亲打了电话，告诉他我非常不舒服今天做不了晚饭，然后自己买了一包方便面回到家吃了就睡了。父亲很晚才回来，看到我没做饭，就让我从被窝里出来，半夜出去给他买烧烤。外面下着雪，我难受得吸一口气都觉得疼，只能拖着疲惫的身体给他买来烧烤。

初中时，我最不喜欢放假，恨不得24小时待在学校里，因为在学校至少有几个知心朋友，家附近却没有我的同龄人，每天除了洗衣做饭就是看着窗外的公交车站发呆，或是带着妹妹跟已婚的邻居姐姐们讨论照顾孩子的经验。那时候，没有人告诉过我可以读课外书，可以培养兴趣爱好，可以利用寒假提高成绩。我没有在家庭教育中学到过这些，不过即便我想培养兴趣爱好，父母应该也不会支持。

（三）改变命运的抉择

虽然不愿结束初中，想一直停留在学生时代，但是我心里清楚，父亲是不会让我继续读书的。初中毕业后可以自愿报名参加中考，当时我抱着试试的心态报了名并参加了考试。考完试跟别的同学一起回学校填报志愿，我的第一志愿是当时最好的高中。成绩出来了，我的分数高出了当时那个高中的录取线六十多分。在跟父亲出去买洗衣机那天，录取电话打来了，我被省属重点高中录取。毫无疑问，父亲的态度是女孩子读再多的书都没用。我既喜悦又难过，因为我心里清楚，即便考上了父亲也不会同意我去读。过了几天，父亲给我买了回小县城的票，让我回去照顾年迈的奶奶，我带着沮丧的心情离开了乌鲁木齐。在老家照顾奶奶的日子一天天地过去了，天气逐渐变冷。在10月2日，所有人都在国庆休假的时候，我接到了初中班主任的电话，他问我成绩这么好为什么放弃读高中，当时我愣住了。我也不想放弃，只是后悔当初为什么没有和父母争取上高中的机会。与班主任沟通之后才知道，他们是从我朋友那里知道我没有上高中的。于是我初中的所有任课老师都给父亲打了电话，给他做思想工作。最终父亲同意我上高中，我激动得哭出来了。

感恩我能遇到这么好的班主任和喜欢我的任课老师们，是他们改变了我的人生轨迹。在我遇到的许多职业中，老师这份职业最为特殊，它不仅可以教书育人，还可以通过知识去改变每位普通孩子的命运。当时我暗下决心，如果可以，我一定也要当一名燃烧自己点亮他人人生的老师。

（四）被孤立的高中时代

国庆之后，我回到乌鲁木齐，来到了梦寐以求的高中，但当时的教务处主

第二章 救赎者：照进坎坷命运的曦光

任拒绝我重新入学，原因是一个学期过半了才过来，我会跟不上高中的课程，而且之前报到的时候没有说清楚我的情况，导致我没办法上学籍，没有学籍号就没办法高考。我们急忙与初中老师沟通，刚好初中的物理老师是这个高中宏志班毕业的，物理老师跟他们打电话沟通之后，学校选择给我一次机会，把我安排在普通班。我重获学生身份，这次的学生身份来之不易。经历这件事之后，我暗自下定决心，一定会好好珍惜这次机会。

我去学校学习了不到十天就迎来了第一次期中考。在考场上，看着非常陌生的卷子，我尽自己所能，用十天所学的知识答完了所有试卷。成绩出来后，我排名班级第十，我看到了希望，原来只要再努力一点，在高手云集的高中我也可以学得很好。学校离家很远，我需要转两趟公交花费一个半小时上下学。因此我晚上回家都特别晚，好几次在写作业的时候睡着了。后来我改变了策略，把大部分作业留到第二天早上坐在公交车上写。即便上学的路上有点辛苦，我还是很开心，因为我还是一名学生。通过努力，第一学期期末我考到了班级前三。升入高二后，由于成绩比较好，班主任把我推荐到当时的宏志班（成绩好的理科班）。当初拒绝我的教务主任看到我进了宏志班，也露出了满意的微笑。

进了宏志班，又分到了床位，以后再也不用起早贪黑赶公交了。我本以为在学习氛围好的班级肯定会学得更好，可事实并非如此。刚进班级我确实感受到了浓厚的学习氛围，但随之而来的就是很大的学习压力，这也还好，毕竟学习是我喜欢的事情。转入宏志班不久，学校举行了运动会，班主任让我当领队穿着裙子举牌（相当于是一个班的代表）。班主任跟我说这个事的时候，我没多想就答应了。可是，可能是刚转进班就有了太多任务，同学们对我有些不满，班里的女同学开始数落我、孤立我，甚至觉得我是老师的"情报员"。我也没想到自己刚来就那么受重视，后面才知道是高一的班主任向我高二的班主任推荐了我。高二班主任是新来的老师，可能没想很多就让我担任代表了。

班主任知道我被孤立之后,开始有意识地躲避我,怕我被同学误解成"情报员"。那段时间,我每天都身心不安,严重脱发,还在一次体检中查出了早搏(心脏病初期)。高三第一学期末我发现自己得了厌食症,吃不下饭,身体消瘦了许多(后面才知道是严重抑郁导致的)。于是我决定退宿,高三第二学期又开始每天在学校和家之间奔波。这种奔波导致我的成绩直线下滑,从年级前五十掉到了一百多名。

(五)机缘巧合选择公费师范

高考完,我才意识到我还有未来,虽然高中时代已经结束,但我还有更美好的大学生活。在读高中期间去看望初中老师时,物理老师跟我说过教育部直属六所院校有公费师范生计划,毕业后要回生源地任教。高考分数出来那天,我非常崩溃,因为我的分数仅超了一本线四十分左右,我怕我填不好志愿,考不上心仪的大学。我翻开志愿书精打细算地计划着我的每一个志愿,看到零批次真的有公费师范生这一项,于是我上网搜了很多有关的内容,最终把西南大学写在了零批次第一志愿上。父亲不希望我去外地上大学,但这次我做回了自己,所有的志愿都写的是外地的大学。

(六)快速成长的大学时期

我如愿收到西南大学的录取通知书,开启了大学时光。首先是预科一年,我适应了大学生活,适应了重庆这座城市。我在每一次的文艺活动中发挥着自己的长处,同时学习也没落下,预科毕业如愿选到了自己喜欢的地理专业。大一的时候,我加入了学校艺术团,在实践活动中充实自己,我也会利用优势偶尔出去兼职,拿着兼职的钱出去旅游,丰富自己的精神世界。这也为我教好地理这门课打下了基础,地理不仅要有理科思维,还得见多识广,只有亲眼见过各种地理现象,才可以更好地给学生讲解。我在积极参加各类实践活动提升自己的同时,成绩也没落下,虽然跟汉族同学还是有一定的差距,但我会拼尽全力去缩小这种差距。在大一的时候我成了入党积极分子,最终通过自己的努力在大三成功入党，成了有使命感的学生党员。我慢慢习惯了大城市的便利，习惯了学校的生活节奏。

快毕业的时候，我非常舍不得这座让我成长的城市，但我毅然决然地选择了回到老家，回到祖国需要的地方。

三、对未来教育生涯的憧憬

刚上一年级那年，我跟着母亲回老家，那天母亲跟家里的大人一起外出，表姐就带着我去学校跟他们一起上课（因为他们还没放寒假）。他们的一间教室里挤着很多学生，一个长椅坐了四名学生，学生还需要烧炉子取暖，环境非常简陋。老师用本地方言讲着课，学生回答不出问题来，老师还会用脏话骂学生。看到这些，我觉得自己可以到大城市读书真的非常幸运，那位老师的脏话给我幼小的心灵留下了阴影。

大学毕业时，我面试了几个北疆的初中，有机会留在北疆教书，但我还是毫不犹豫地选择回到小县城教书。大家普遍认为北疆比南疆发达，环境好，教育条件也好。在北疆中考五六百分才可以上普通高中，在南疆考五六百分就可以上很好的高中了，尤其是在这个小县城，考三百分都能上高中。造成这种差异的不仅是学生的基础不同，更是各地教育观念和教育资源的不同。当然每个老师都想去好学校好地方教书，但如果所有好的教育资源都聚集在了省会城市，那对南疆孩子来说就是不公平的。要想实现教育公平，就应该先平衡教育资源，需要像我这样的教师回到教育资源缺乏的地区任教。偏远沙漠地区的孩子更应该走出去，我很幸运能跟着父母到大城市受教育，可偏远地区仍然有很多个没有我这么幸运的孩子需要我们这种老师。

未来，我想在自己的领域做出成绩，我选择入职了一所2016年建的新学校。因为在这里有许多可能性。在短暂的工作过程中我已感受到自己与部分老师在文化理念和三观上存在分歧，但是这并不影响我培养三观正确的学生。受教育的曲折经历让我明白，老师作为育人者，在学生的成长过程中起着非常重要的作用。我更加坚定了想当一名好老师的决心，我想像我的初中老师们一样，去改变普通学生的命运，促使学生走上正轨。教师一直是我非常向往的职业，也是比较辛苦的职业，当然没有哪份工作是不辛苦的。在我工作的小县城，社会普遍对教师是比较尊重的，家长也是很尊重老师的。现在大部分家长都想让自己的孩子考上好大学，教育观念在逐渐变好，在高中阶段很少有刁难老师的家长。老师在寒暑假时相对轻松，可以培养兴趣爱好。在教师这条职业道路上，我希望自己可以一直保持初心。

与父母相比，我实现了社会地位的上升流动。这种流动不仅体现在工资上面，也体现在受到高等教育方面，我可能是在亲戚里唯一一个上了211大学的孩子。我父母是小学文化，爷爷奶奶是文盲，在受教育这方面我实现了阶层的上升。我是受过高等教育的师范生，可以把妹妹教育得很好，妹妹很自律，一直是年级第一，也非常受老师们喜爱。她的目标是考上北京大学临床医学专业。我一个人受高等教育全家受益，可以说是实现了初级的阶层跨越。

四、小结

人在一生中会面临很多选择，改变我人生轨迹的两个选择，一个是选择继续上高中，另一个就是选择公费师范生。公费师范教育政策让我受益匪浅，上大学不用交学费住宿费，每个月还有生活补助，减轻了家里的经济负担。公费师范生这个身份让我在实现自己理想的同时，使自己的生活有了保障，我还是比较满意的。我在学校的教育经历让我明白了教育的重要性。比起在大城市任教，我更愿意长期扎根在小县城，在这里我能实现自己的人生价值，更被学生需要、被国家需要、被人民需要。

（2023年1月29日）

孙哲：工作三年，治好了我的精神内耗

一、父辈的职业情况

在我很小的时候，家里的收入主要来自父母打工和种地。首先说种地，家里每年都会在地里种玉米、土豆、黑豆、小米等粮食作物，大部分粮食都只种自家每年消耗的量。我家在山上还有两片红枣树（红枣是我家乡的特产）。小学以前，每年秋收我都会和家里人一块打枣捡枣，能有十几麻袋的产量。母亲去地里干活的时候，我也会去帮忙，比如播种的时候"点子"（将种子放进父母挖好的土坑中），帮忙给地里施肥。

小时候，每年夏天，我家后沟的菜园子里总会发生一些很快乐的事情。打我有记忆起，我家山上的后沟里每家每户都会有一块菜园子，负责给家里供应蔬菜。所以虽然我们家生活在镇子上，但是每年买菜的次数其实很少，基本只在过年的时候买一些。菜园子每年会种植两次，春种夏收的是一些洋柿子（西红柿）、茄子、青椒、豆角等作物，秋天还会种一次白菜、萝卜，腌制后就成为冬季的蔬菜。我们这里的人小时候都是这样生活的，并没有什么差别，唯一的差别就是我们家的菜园子比较小，还是离水池最远的（从水池流出来的水在路上就会消耗很多）。有菜园子的生活是快乐的，水池是地下水涌出形成的，用光后大概要一天时间才能蓄满，所以为了避免出现别家偷偷放水灌溉，水池需要每家每户轮流照看。一般照看的任务就是小孩子负责，有时我们还会在水池旁过夜，能够和小伙伴们玩耍。而后沟因为植被茂盛，也成为我们的避暑胜地。现在想想，小时候真的是非常快乐的。

小学毕业以后我就很少去菜园子了，再后来因为要修高速公路，大家的菜园子都被铲车推平了。上了初中以后，大家的生活好像就有了很大改变。我们家种的地也开始变少，而我变得很少提起我们家还在种地的事情，因为我开始觉得种地很丢人，我想极力掩饰自己家还在种地的现实。这几年，我也很少去地里帮忙。上了高中、大学乃至我工作后，我也很少提及家里还在种地的情况，这在当时一直是我的心结，也是我自卑的一个很重要的原因。如果被问，我会向和我很熟的同学朋友介绍我的家庭情况，但是大多数时候，我会选择掩饰，尤其会掩饰家里还在种地的事实。当然，现在家里仍然在种地，不过只是为了让我的母亲在家里有点事情可做。今年夏天回家，我也开始重新走进农田，和父母一起进行劳作。

关于农村生活，还不得不提的就是养殖业。我的爷爷在我小学的时候去世了，他生前一直通过倒卖牲口谋生。所以我小时候见过牛、驴、羊等动物，还与它们亲密接触过。爷爷去世以后，奶奶对牛棚进行了改造，还散养了一段时间的鸡。在养鸡的夏天，麻雀经常会飞下来在鸡窝附近觅食。在奶奶的教导下，我学会了设置陷阱进行猎麻雀行动，还因为玩耍"迫害"过一些麻雀。对于爷爷，我有两个最深刻的印象，一个是小时候吃馒头，我吃了几口，将剩下的偷偷地扔掉了，被爷爷发现后，他将我训斥了一顿；另一个是学校收5元杂费，当时国家刚更新了最新一代的5元纸币，爷爷给了我5元钱以后，我不小心弄丢了，我当时害怕地告诉了爷爷（当时母亲应该是第一次出现精神分裂症的症状，父亲带着母亲去看病了不在家）。我本以为爷爷会狠狠地教训我一顿，可能少不了挨一顿打，但是爷爷只是从自己的口袋中拿出了自己的钱包，剥开一层布包，再剥开一层塑料纸，然后从几张十元、五元、一元交杂的钱堆中找出了一张最新的5元交给了我。

第二章 救赎者：照进坎坷命运的曙光

进入新世纪以后，只靠种地维持一家人的生活无疑是很难的，如果不出去打工挣钱会成为村子里的笑话。我的父亲是一个好面子的人，他一直有一句我很不喜欢的口头禅——"这样好看"。现在的我，只考虑事物的实用性，很难去认可父亲做的一些打肿脸充胖子的事情。

在我小时候，父亲的就业方式是出门打工，甚至谈不上是农民工，可以说是打散工，哪里有活哪里走，做的也是很重的体力活。小时候我很难理解父亲的辛苦，尽管父亲在那时每个月的收入可能只有一千多块钱。父亲每次回家都会给我带玩具，有一次带回来一辆小黄卡车，我玩了很长时间。那时的我也不会意识到再过十几年，开卡车竟然成了父亲的谋生之路。在这一时期让我印象非常深刻的家庭习惯之一就是节俭。家里虽然很早就有了洗衣机，但是一般只会在冬天使用，其他季节的衣物都是母亲手洗（电费远高于水费）的；如果要买一件东西，总要将小镇所有店都问过，挑最便宜的那家买。这也直接让我养成了勤俭节约的习惯，虽然有时会多花费一些工夫。这时候母亲也有自己的赚钱方式，那就是在集市中（小镇每5天有一集）售卖调货（指调料，如花椒面、茴香面等）。我到现在也不知道母亲那时候靠卖调货能赚多少钱，但我能记得每逢集市的时候，我都会在对面的羊杂碎店买一份2元钱的羊杂碎。那时是我们镇子最辉煌的时候，人口数量达到了顶峰。虽然我们家在小镇的最高处，交通不便，但也有一些乡村里的人因为便宜租赁我们家的窑洞，租金是每月50元。那时很多人家还会在家中盖房子、修缮房屋。当时小镇居民的贫富差距没有很大，大家过得好像都很安逸。

到我小学五六年级的时候，父亲的就业方式转为了跑运输。那时使用的运输工具是比较大的三轮车，父亲会用三轮车拉送煤炭、沙子、石头等建筑材料。父亲还出过交通事故，但是父母从没有对我提过这件事情。因为我的学习比较好，父母亲虽然在学习上帮不上忙，但是他们会努力为我营造最好的学习环境，很少和我说他们所遇到的生活困难。北方的冬天是刺骨的寒冷，为了谋生，父亲会在三轮车中生火炉，有时父亲还会在三轮车上直接过夜。在这段时期，我也坐过父亲的三轮车，最让我难以忍受的是非常吵的嗵嗵的发动机声。这个时候父亲的收入也在随着时代的发展和通货膨胀上涨，不过由于收入不稳定，年收入大概只有4万~5万元。在初三毕业的盛夏，我们家也进行了改造，将院子改为砖铺，将四孔窑洞全部翻新。

母亲的病是间歇性发作的，在初中，由于我的不懂事，我和母亲产生了严重的矛盾。我在那个时候不喜欢我的母亲，现在回想起来，我发现有很多次母亲疾病发作都是因为我。这么多年来，我一直对母亲很不好，甚至是残忍的。我的母亲是非常可怜的受害者，对母亲的这种愧疚是我这一生都难以弥补的，我现在非常后悔。最近两三年，随着家庭经济环境的变化和我心智的成熟，家庭氛围已经有了许多改善。

时间的年轮滚到2013年，我上了高中，走出了浪浪山，去到市重点高中求学，与家里的联系也开始变少，我不知道父亲什么时候考取的B级驾照，也不知道父亲什么时候买了卡车开始跑运输，更不知道母亲这几年过得多么辛苦。对于家里的事情我一概不知，家里人为了我能够好好学习，也很少与我聊家里的事情。但是我能够感受到这几年家庭经济状况是在不断变好的，因为这些年亲戚间的压岁钱也是在不断增加的。

可喜的是，在我高三的时候我的哥哥终于结了婚，家里也拥有了第一辆小轿车，是一辆价值6万多元的比亚迪，到现在已经在我们家服役八九年的时间了。也是在这个时候，我开始逐渐产生对母亲的愧疚，但是由于自身性格和家庭环境的影响，我还是很难与母亲进行交流，很难对母亲说出道歉和表达爱的话语。上高中以后，我基本都是一个人在生活，因此我养成了不想去麻烦别人的性格，遇事也总是自己想办法解决，而不是去寻求他人的帮助。

当我上大学以后，因为是公费师范生，国家为我缴纳了学费和住宿费，并且每个月还会给我600元的补贴，我还能在外面进行兼职。所以我上大学时很少从家里拿钱。因此我这些年的生活基本比较平稳，父亲也在这些年攒下了一些钱，让我能够在今年首付购买一套商品房。大学毕业后我很顺利地入职了榆林市A区教育局下属的一所初中。

二、本人的学习经历

我从幼儿园到初中的11年求学经历，都是在我们镇子完成的，我父母的亲戚绝大多数也都和我们生活在一个镇子。所以16岁以前我几乎没有离开过镇子，到县城和市里的次数屈指可数。在我上高中以前，我们镇子就是我的全世界，我经常会受到亲戚的夸奖，说我聪明、学习好。

我对于幼儿园的记忆是非常少的。小时候，镇子里只有一所幼儿园，和小学挨在一块，里面有四孔窑洞和一个小的游乐场。我每天最开心的事情就是下课和小伙伴们在院子里玩耍，不过我们几乎不被允许到游乐场里玩耍。那时候我们最喜欢的事情就是去找老师批阅作业，如果没有错误，老师会用红笔当场画一个小动物奖励我们。这时候的大家不会很关心成绩，也很天真烂漫。

我上小学一年级的时候，学校还只有一栋教学楼，因此只有三年级以上的同学才能在教学楼学习，低年级的同学只能在窑洞中学习。这时候我也开始意识到不是所有人都出生在小镇，还有部分学生住在村里，他们平时要住在学校的窑洞宿舍里，到周五才有爸爸妈妈来接回家。

我小学时的成绩还是不错的，这种不错主要体现在数学上，基本每次考试我的数学成绩都是班里的前三。但是我的语文成绩很一般。有一次中秋节，老师让以月亮为主题写作文，那晚的月亮是暖黄色的，但是作文交上去以后，老师当堂把我的作文批评了一顿，说月亮应该是白色的，铺满大地。小学最令我痛苦的学科是英语，我在小学时根本学不会英语，但是英语老师又很严格，每次上课前都要考单词，我经常因背不下单词成为老师批评的对象。小学六年级学习音标的时候，我更是不知道我到底学的是什么东西，这个时候我可能连一句完整的英语都说不出来。但是语文和英语成绩不好，好像并不影响我成为好学生。我在小学阶段获得了不少奖状，家里的亲戚和同学也都认为我是学习好的孩子。我读小学的这段时间，镇上的人口数量达到了顶峰，小学和初中的学生人数也达到了最多，再往后，等我上初中时，人口就已经开始逐步外流了。

我就读的初中虽然只是一所乡镇初中，但是名气比较大，连续很多年的中考成绩都比较乐观，所以也有一些家长们很乐意将学生送到这里。初中三年，我的成绩还算不错，每次考试都排在年级三十名左右，因为出现了政史地理化生等副科，能够帮助我弥补在语文和英语成绩上的一部分欠缺。不得不提的是，上了初中以后，我的英语成绩有了明显的提升，至少我能知道自己在学什么了。初一刚开始没几周时，有次班主任（英语老师）在周五最后一节课对我进行单词考查，我一个都没有写出来，放学以后就直接跑去玩了。回家以后，我才得知班主任给家里打了个电话，自那以后，每周末母亲都会督促我背单词。总体来说，初中的三年应该是我目前人生最黑暗的三年。那时的我非常不懂事，不会进行人际交往，大家对我的印象也不是很好。大学以后，随着时间对记忆的淡化，我开始慢慢和自己和解。

之后，我顺利地进入了市重点高中的普通班。高中三年，我的人生第一次得到质的蜕变，不是说这几年的学习让我产生了多少突破，而是那几年间，我第一次走出了乡村，独自在城市里生活。在这里，我对城市有了初步的认识，第一次开始阅读《意林》《青年文摘》等杂志，遇到了对我很好的老师，也结识了一群对我帮助极大的同学和朋友。

我说的市重点高中是榆林中学，一所百年名校。来到这里，我开始了三年的住宿生活。高中三年，我的成绩稳中有进，刚入学的第一次期中考试我考了全班第一，数、理、化和历史的单科成绩都是班级第一，政治是班级第二，语文和英语还是我的拉分项。我根本没想到我会是班级第一，即使是中等班，我应该也不会那么优秀。不过后来我也理解了，这主要是因为不同班级之间的差距很大，即使在班级是第一名，但是在年级上我也只能排到一百七十多名。

高一的日子结束得很快，我还是不太会和同学进行交往，所以人际关系处理得一般。高一结束，很快就到了分文理科的时候，因为对文科更感兴趣，所以即使家里不太支持，我依旧选择了文科。高二和高三两年过得也非常迅速，学习压力在不断攀升，但学校的整体氛围还是比较快乐和愉悦的。这两年里，我逐渐学会如何与人相处，人际交往能力有了很大的提升，我现在关系好的朋友几乎都是在这两年的学习生活中结交的。在这两年的学习中，我有意想要将语文和英语的成绩提升上去，结果却不太理想；数学和文综问题不大，数学还经常能够在班级里名列前茅，文综也能相对轻松地去应对。高考终于结束了，我考了568分。返校的那天，班主任对我说他觉得我没有发挥出自己的正常水平，但其实我对自己的分数还是比较满意的。至于选择公费师范生，好像也没有特别的原因，对我的分数来说，公费师范生就是最好的选择，同时家里也想让我报提前批的公费师范生。

这个夏天，家里人都很高兴，因为家族里终于有了一个大学生。我对未来既充满了向往，也有一些恐惧。在此之前我从来没有去过西安，更不了解西安，只知道它是陕西省的省会，有兵马俑、大雁塔等。我是一个人去大学报到的，后来我还有一些后悔，应该让父母和我一起去，还能带他们玩几天。

大学四年是充实的，是我世界观形成的重要时期，更是我人生的第二次蜕变期。刚上大学的我是懵懂的，也是自卑的，不善于融入新集体，也不会交朋友，仍停留在以前的社交圈。我有8个高中同班同学在陕西师范大学读书，还有一个和我在同一个班级，我和其中的3个同学成了经常聚会的朋友，虽然大家后来都去了不同的城市，但还会偶尔联系。

大学期间，我积极地去兼职。我的第一份兼职是在一个托管班工作，每天下午放学以后负责辅导学生的作业。学生大多是一二年级，至高不过四年级，一个教室大概有20个孩子。我也拉着我的舍友和其他的同学一起做，每天需要两位老师，我甚至还每天排起了班，不过由于太辛苦，工资也不高，做了八九周就没再去了。再后来，我主动加入了一个大学生旅游组织，他们在创业阶段，需要在我们学校发展市场。后来想想，可能也就是因为在起步阶段，不然凭借我当时的能力可能还不能加入这样的创业组织。公司的运行模式简单来说就是，以大学生为消费主体设计并发布旅游线路产品，如周末观赏油菜花、爬山，夏天漂流，冬天滑雪等，节假日还会发布国内旅游长线，如青海湖、平遥古城、川西、西北环线等。公司在西安的高校进行广泛宣传，然后由领队组织带团出行。借着这份兼职，贫穷的我也有机会去了一些地方。这也是我大学期间投入时间最长的兼职，让我有机会结识很多其他学校的朋友，增长了很多见识。我是在厦门市第一中学实习的，这让我能有机会在海边城市生活三个月。

三、本人的职业经历

我是2020年夏天毕业的，至今上班有两年多了。我毕业那年，市教育局共招聘了六七十人，并在上岗前组织了集中培训。以前我从来没有考虑过家里人，但是大学毕业后，我的小目标就是想让家里人，尤其是我的父母过得好一些。这种好不是因为我好所以他们好，而是切切实实让他们的生活质量有质的提升，让他们能够有机会出去旅游。

四、子女的教育规划

我目前未婚未育，我觉得这也是我还想要做出改变的一个重要原因。

对于子女的规划，我既希望他在成长中能够不要太"卷"，尽自己所能地做好就可以，也希望他能够上重点学校。他一定要培养自己的兴趣爱好，要有一份稳定的职业，我希望能够通过我的努力让他轻松一些。

五、小结

相比于我的父辈，我实现了阶层的向上流动。我的父辈从小在土地里生长，现在从事的是重体力劳动。社会阶层的上升主要有两个方面的表现，一是我劳动获得的报酬比他们高，二是我的思想更为自由和开放。

众人皆看他山高，工作三年，治好了我的精神内耗，我也期望未来能用自己的能力进一步改变自己的人生，让父母过上更好的生活。

（2023年1月28日）

第二章 救赎者：照进坎坷命运的曙光

鲍李莉：梦想太难追了，我还追得上吗

一、家庭背景

我出生在一个普通的工人家庭，父母是家乡某钢铁企业的工人，家中的舅舅、叔叔和姑姑也都是这一企业的工人。父亲生于1966年，大专学历。母亲生于1968年，中专学历。他们都是从学校毕业后来到单位工作的，父亲不喜欢工厂里日复一日的枯燥工作，也不甘待在包头这个小城，在我4岁那年从单位辞职外出打拼。母亲一直工作至退休，她说不上喜欢这份工作。因为耳疾，她在单位很少有相伴的同事，一个人天天在偌大的厂房打扫卫生、检查机器。但她也没有说过不喜欢工作，毕竟这是保障我们娘儿俩生活的谋生手段，她一直勤恳工作，从未和我抱怨工作的辛酸。父亲喜欢看电影、打扑克，母亲喜欢看书，两人的生活习惯很多都不契合。我4岁那年，父母离婚，父亲离开家乡外出打拼，曾去过重庆、北京等城市，但没有安定下来在某个城市买房生活。母亲一人抚养我长大，我们一直在包头生活，住在母亲结婚前姥姥姥爷出钱帮母亲购置的房子中。目前母亲已退休，退休金每月近4000元，父亲工资不详。在这个小城中，我同龄人的父母辈大多都是工厂中的工人，因此我们这辈对进工厂有一种天然的排斥，总觉得要比父母强才对。我的父母也希望我可以不进厂，他们觉得工厂的工作是辛苦而且有风险的。不过我选择教师这个行业受父母亲影响不太大，是后天的学习经历影响最深。父亲像不喜欢工厂的工作一样不喜欢教师工作，他认为教师每天的日子都是重复无聊的，而且很难有一番大成就。父亲总希望我出人头地，在北上广安家立业，月入上万不用为生存忧愁，实现阶层的飞跃。母亲和父亲看法不同，她觉得老师在社会中受人尊敬且收入稳定，这是我能力范围内可以实现的，她很支持我的理想。

二、父辈的职业情况

我的爷爷奶奶和姥姥姥爷均是20世纪50年代在国家工业化建设的号召下，离开家乡支援西北开发的学生和军人，我们家也由此扎根在内蒙古包头市。

爷爷年轻时是一名军人，参加过解放战争。转业时恰逢国家第一个五年计划开展，他就被分配到了包头市当时的钢铁企业包头钢铁公司（简称"包钢"）支援建设，从此爷爷离开辽宁沈阳，到包头市安家。

爷爷家曾经是传统的蒙古族，爷爷是我们家里唯一会说蒙语并且保留蒙古族生活习惯的人。但到了父亲这辈，由于很少接触地道的蒙古族人、不使用蒙语，家里渐渐遗失了很多民族传统。爷爷给我印象最深的是他节俭的生活习惯，即使退休后有固定的退休金，他也很少买新衣服，还会每天给自己找事情做。他经常废物利用，有一次捡回了别人家坏掉的竹箱，填补窟窿后铺上旧床单放置到楼门口，为流浪狗提供了一个栖身之所。耳濡目染中，我也有收藏旧物的癖好，工作后花钱时也精打细算，没少被大家叫作"守财奴"。

姥姥和姥爷都是河北农村人，中专学历，毕业后分配到包钢工作，成为家中最早的城里人。姥爷在工作后还上过夜校，拿到了本科学历。因为姥姥姥爷都接受过教育，也体会到了知识改变命运，所以家里非常重视营造学习氛围。姥爷每天上午都要读当天的报纸，傍晚在书房听新闻广播，晚上雷打不动地看完新闻联播和焦点访谈。幼儿园毕业后的暑假，我待在姥爷家，别的小朋友都是在楼下玩耍，我却在姥爷监督下，开学前就背会了九九乘法表。我刚开始学写字的时候字丑，姥爷就给我布置了每天练字的字帖任务。我小学的作文，父母都没有完全看过，但是姥爷几乎每篇都给我当面指导过。中学时候去姥姥家，我会学着姥爷的样子拿起报纸一字一句地读，姥爷看到后还会问我读完某篇文章后的收获。姥爷的言传身教让我从小就牢记学习的重要性，即使现在有很多人说"学习无用，行行出状元"，但我仍坚持学习才有出路。

父母二人对我的影响很不同，甚至截然相反。我父亲是一个自由、敢闯的人，他作为爷爷的长子一直承担着照顾弟弟妹妹的角色。为了减轻家里负担，父亲大专毕业后决定工作，当时工厂对于职工的子女有优待政策，允许职工家中的一个孩子直接到工厂上班。但是人到中年，可能长久以来的重压让他不堪重负，他不顾家里人的反对辞掉体制内的工作，独自一人去过重庆、北京等地闯荡。在见识了一线城市的繁华后，父亲对我望女成凤，很希望我能成为一名同声传译，在依靠自身技术养活自己的同时，不被落后的家乡束缚，去更多大城市见见世面，过比他们更好的生活。和父亲一起时，他总喜欢带我去"见见世面"，我人生中第一次吃自助餐就是父亲带我去的，即使代价是他的信用卡透支。母亲说父亲在寻呼机刚流行时就想办法买到了一个，上班时总把它高高地别在裤腰带上。后来我发现父亲非常关注流行事物，比如2008年，父亲就买了当时流行的MP4作为送给妹妹的生日礼物。在看到姑姑一家出现惊讶好奇的表情时，父亲得意了很久。老实说，小时候的我被父亲规划的美好愿景吸引过，但随着年纪增长，我发现天外有天，总有些优秀的人是我无论如何努力都无法比肩甚至超越的。我没有父亲那么勇敢，于是在高考报名时选择了公费师范生。直到现在，父亲对我的选择依然不认可，他不希望我在小城抱着一份能一眼看到头的工作，过鸡毛蒜皮的生活。偶尔被工作搞得焦头烂额时，我会想起父亲规划的未来，也想一气之下直接离职。但每当我想起父亲的处境，想到他人到中年仍没有自己的房子，有时候还要家里叔叔姑姑接济生活，我又会很快放弃那个冲动的念头。

母亲则是顾家、务实的人，最常跟我说的一句话是"天上不会掉馅饼"。

母亲出生后不久就因为一次药物误用丧失了听力，姥姥姥爷把子女留厂工作的名额给了母亲。身体的残疾让母亲养成了勤劳、好强的性格，虽然她只是一名普通工人，但是上班时无论刮风下雨母亲都是雷打不动地提前40分钟出门，骑自行车早早上班。工作时同事耍滑她也只是瞥一眼，坚持默默做好自己的事。她会跟我说做事要踏实，不要以为有什么捷径窍门，一分耕耘一分收获。小学时候母亲虽然不给我辅导作业，但是她每天回家第一件事就是问我作业有没有完成。晚饭的时候她还会打听我今天每节课新学了什么知识，数学老师有没有批评我错误连篇的作业。小学时候我的数学很差，母亲就根据老师的建议给我制作错题本，每天利用干活的空余时间给我誊抄作业本上的错题。母亲对我学业的重视也让我逐渐养成提前制订学习计划、及时补差的习惯。父母离异后，由于父亲自身收入的不稳定，他没怎么按时给过我生活费，但依靠着母亲的工资和姥姥姥爷的帮助，我也和同龄人没什么差别地长大了。报考专业时我可以选择首都某大学的西语专业，或者公费师范生。母亲和我商量时提到可能家里的经济状况不太能支持我在外留学，公费师范生毕业后起码有保障，而且当老师也是我想做的事，因此最终我选择了公费师范生。

三、本人的学习经历

想当老师的理想跟我从小到大的学习经历密不可分，我接触过好老师，也有不想再回忆起的老师。他们都对我的人生产生了重要影响，现在我也成了一名老师，我会不断回忆、吸取当时他们的做法，努力成为自己期望的老师模样。

当老师的种子可能在幼时就已种下。幼儿园大班的时候，有一次由于贪玩，本该去厕所的我迟迟不动身，最后拉到了裤子里。当时我已经知道拉裤子是丢人的事，所以打算当作无事发生坚持到放学。幼儿园老师可能是闻到了奇怪的味道，猜到了我的窘况，她拉着我到了厕所，和蔼地对我说："没关系，脱下来老师帮你洗。"又从自己的柜子里拿了一条自己的裤子让我套上。老师没有嫌弃我又脏又臭的裤子，一边卖力地洗一边告诉我以后不能拉在裤子上了，羞羞脸。那时，我觉得那是世界上最温暖的劝告，从那时起，我就认为老师是除了妈妈最伟大的人，但是那时的我并没有立下成为一名教师的决心。

小学上学第一天的第一节课是数学课，数学老师是一名不苟言笑的女老师，她进班后大喊："闭嘴，不要让我听到有人说话。"我当时在问同桌数学书是哪一本，老师看到我和同桌低语，不由分说地把我揪到了讲台上，命令我蹲下，随后警告全班："再有人说话，就和她一样"。羞耻感瞬间涌上心头，本想跟老师解释没有说闲话的我闭紧了嘴，努力把自己缩小躲在讲台的角落里。这场误会导致我小学时非常讨厌数学，成绩也一直不好，对老师这个职业的喜欢也消失不见。

我的小学班主任是一位有资历的语文老师。她上课时除了单纯讲解课文，还经常旁征博引，结合时事教导我们该如何做人。我还记得老师说起"希望你们了解伟大祖国的国学，成为一名合格的中国人"时闪闪发亮的眼睛。语文老师富有吸引力的引导让我从小表现出对阅读和写作浓厚的兴趣，那时我一期不落地订阅了《儿童文摘》，小学高年级还尝试过写诗歌和散文想投稿发表。我最有写作欲望的时候就是小学，小学也是我阅读量最大的时期。小学毕业考语文成绩全校第二的正向反馈也让我立下了第一个理想职业：成为一名作家。

初中按片区分配，我去了一所中下等学校，我的入学成绩在全班排名前三，不知天高地厚的我在刚上初中时的自我介绍中说我以后要考上北京大学中文系，成为一名作家。

我的初中生源质量参差不齐，总体以务工子女为主，所以学校的管理推崇的是棍棒教育。初中班主任是我转变人生理想的原因，她虽然个子不高、瘦瘦小小，但是经常手握钢尺游走在班里。挨手板已经是很轻的惩罚了，有的男生还被用钢尺抽过脸和肚皮，留下了触目惊心的红痕。她打人时总是带着得意的笑，那个笑容成了我初中时的梦魇。我不止一次哭着求妈妈别送我去学校，最后还是眼泪汪汪地去上学了。她不仅对我们如此管理，对待家长也是毫不客气。家长会时，她总是批评家长们不会教育孩子，导致我们有很多坏毛病。她在管教我们的时候要求家长无条件支持、配合她，不准对她产生质疑。当时的大环境是很尊重老师的，所以我们的父母都是唯老师的话是从，只配合班主任关注我们的学习成绩，没有考虑到我们当时心里受到的伤害。

班主任要求我们每周写周记交代自己一周的学习和生活，并在班里寻找、培养她的小帮手，进而掌控我们的动向。我初中最好的朋友A在入学不久注意到了班里一位高高帅帅的男同学，她在周记里倾诉了对他的欣赏。班主任在看到周记后当着全班朗读了A的周记，还辱骂A作为女生"不知羞耻"。当时懵懵懂懂的我们并不知道A错在哪里，但是老师说她不知羞耻，同学们就都牢牢记住了这个定论。很长一段时间A在班里都交不到朋友，后来她藏起了对这位男同学的倾慕。多年后我们聊起此事，都很痛恨老师对我们不正确的引导。学生时代男女生之间相互欣赏是很正常的事，不应该被侮辱人格，这也导致我们班很多人不知道该如何和异性同学正常交往。

班主任是数学老师，所以对于我一直瘸腿的数学科目很不满意，第一次月考后直接质问我："你小学毕业这么好的成绩是自己考的吗？"某天我背不出数学公式被惩罚打扫教室，打扫完后她来检查，借着楼道里微弱的灯光，她瞥我一眼轻蔑地说了一句："像你这样学习不好的，只能嫁人了。长得还不好看，没什么出路了。"那天回家我哭了一路，回家告诉母亲后，母亲也气得红了眼眶，那晚之后我发誓一定要好好学习，我要成为像她一样强大，但比她温柔的老师，证明给她看。

我不是聪明的人，为了提高数学成绩，我采用了题海战术，并让妈妈给我找了课外辅导班，这样的学习习惯我也一直保持到了高中。我很感谢中学时努力不觉得辛苦的自己，才让自己以后到了好的高中和大学，开阔了眼界，认识了更多优秀的人。

毕业多年，初中同学们很多都不愿再回去看望她，大家说起原因竟都和我有类似的想法，学生时被轻易否定，长大后即使试图说服自己那是老师的激将法，也不能轻易原谅老师当初的伤害。

中考凭借分招的政策，我进入了一所好高中。高中汇聚了市里众多优秀的教师，无论是班主任还是科任老师都是业务扎实且师德优秀的好老师。我慢慢感受到了正常的学校生活是什么样的，老师教育我们时也从未动用过体罚等方式。

我的高中历史老师是一个非常优秀的老师，她让我真正知道了自己想要努力的方向。不同于照本宣科的历史老师，她总有精彩不断的故事讲给我们听，在故事中我们潜移默化地接受了新知识，可以说我就是从这个时候开始对历史产生了兴趣。让我印象最深的是老师介绍抗战时期的历史时，提到当时国难当头，很多人对民族文化失去信心，钱穆先生在此背景下创作了《国史大纲》。老师眼含热泪哽咽着喉咙重复先生的名句"所谓对其本国以往历史略有所知者，尤必附随一种对其本国以往历史之温情与敬意"，那一瞬间我不仅感受到了先辈对国家民族文化的热爱，还有老师赤诚的爱国心。还有一件小事也让我念念不忘，放假前我们询问老师她每天的计划安排时，老师幸福地开口："工作，除了工作其他时间都在享受生活。"她让我知道什么是"学高为师，身正为范"。一个好的老师除了帮助学生理解知识、掌握方法，最深远的影响是塑造正确的三观，让学生学会生活。

高中毕业时我给老师写信告诉她，因为她的照耀，我找到了自己今后努力的方向——当个温暖的人，珍惜当下每一天。老师还鼓励我青出于蓝而胜于蓝，我们以后一定是国家的希望、民族的脊梁。

选择了公费师范生后，因为前途有所保障，我逐渐松懈了对自己的要求。大学的学习更多在于平时的自主学习，但厚厚的古籍和艰涩难懂的文言文让我提不起兴趣，我成了平时"摸鱼"、考前突击的学生。在学校中我们虽然学习了师范生技能，但理论知识很少有机会用于实践，直到大三，我才尝试设计并磕磕巴巴地讲完了一节课，业务能力比较生疏。

大学期间，武汉这座大城市的繁华让我深深着迷，我利用课余时间跑到校外游览玩乐，感受发达城市便利的生活。也会有想违约不回家乡的念头，但是想到孤单的母亲、高昂的违约金，还有大城市快速的生活节奏和高昂的生活成本，我又迅速打消了念头。

四、本人的职业经历

在大四实习前，我对成为一名老师还是惶恐多于高兴的，虽然我中学以来的理想一直是老师，也想当个好老师。但是自身学业不精让我害怕误人子弟，成为我讨厌的那种被学生在背后唾骂的老师。

实习时我回到了我的高中，我不知道这是好事还是坏事。尽管高中时我遇到了优秀的老师和同学，但是高中生活也有不愉快的记忆。由于家庭条件的差异，我曾经被卷入过校园欺凌，从那以后我很排斥回到高中，也害怕再遇到校园欺凌，不知该怎么处理。我把这次实习当作给自己的最后一次机会，如果我跨过了自己心里的坎，我将一直坚持并努力成为一名好老师。

我很感激自己当时勇敢的决定，这次实习是一次治愈之旅。实习时我继续跟着高中班主任和历史老师学习，高中班主任所带的班是清北班，学生们优异的成绩让我不敢走上讲台讲课。我的第一堂课安排在实习的第二个月，第一堂课的前一天是个周日，我来到学校，在空荡荡的教室里一遍遍演练着自己的稿子、一笔一画地写下粉笔字。突然有几个来学校打球的学生打开后门蹿了进来，他们疑惑于我奇怪的举动，我慌张地把他们撵了出去。他们趴在后门看着我，预演进行不下去了，我匆忙离开了学校。第二天上课的时候，由于紧张，我明显感到头脑空白，说话上句不连下句，看着一屋子听课的老师越来越喘不

第二章 救赎者：照进坎坷命运的曦光

上来气。学生们积极地和我互动，小组讨论时他们悄悄给我打气："老师你可真棒，我最爱上你的历史课""这道题我昨天预习过了，你一会儿叫我肯定能说对"……我逐渐找回了节奏，完成了第一节课。那不是一节成功的课，但是我坚定初心的一节课。实习过程中这些善良温柔学生的鼓励让我迈过了心里的坎，我不想辜负他们的期望，决心努力成为他们口中名副其实的好老师。

我希望能留在我的高中，但是应聘时激烈的竞争让我没有如愿。我毕业那年招历史学科的学校不多，除了我的高中，我只有另一个学校可以选择，即是我现在的单位。当时我去的是第一场招聘，如果我更有耐心，其实还可以等到第二场，那时会有更多学校参加。但是我当时担心自己在秋招前没有一份确定的工作，会被分配到偏僻的乡镇，所以没怎么犹豫就签约了。

我所在的学校是一所民族学校，在工作之前我从未听说过这所学校，甚至以为我还需要学习蒙语才能开始工作。来单位报道后，我知道了学校分民族语言授课班和汉语授课班，我是汉语授课班的老师，学生也是和我一样接受汉语教育的学生。由于学校地理位置偏僻，在飞机场附近，学校重在发展民族语言授课班，汉语授课班的师资和生源比较差。学校的重心在于民族团结教育，成绩并不是我们的亮点。

学生们的成绩大多在中考出档线边缘，他们的父母大多是进城务工人员。和我初中比较像但是也不太像，我们的父母都很重视学习，但是我的学生他们很多都不是独生子女，父母把更多的精力留给了家中的老小，作为长子的他们学习好坏不重要，身心健康成长是第一要务。所以当我一开始强调学生的成绩、排名时，我会发现家长并不在乎，他们关心的反而是学校暖气不热、食堂饭菜管几顿的问题。学生不写作业、上课打瞌睡是常态，请家长来沟通，也会因为路途遥远、交通不便或者路费昂贵等原因无法实现，学生只能由老师来管，老师既是老师也是"父母"。学生很多都有心理问题，但是归结原因大部分是原生家庭的影响，我们作为老师也比较无力。这种落差让我沉浸在不满和痛苦中，我意识到自己的所谓梦想可能都是幻想，并不能实现，我成为不了自己希望的好老师。工作第二年时，我产生过离职的念头，但是母亲和家里的亲戚跟我说不管去哪里工作都会有不满意，要学会自己调节情绪。我只好默默压下念头，但是我从没有放弃改变现状的想法。

现在是我工作的第三年，我打算以一种迂回的方式改变现状。梦想很难追，可是我还不打算放弃。我积极参与学校和市里举办的教学交流活动，认真钻研课标备课，加班监督、辅导学生，除了周日休息，其他时间都用于工作。我想通过这些努力让自己变得优秀，被别人看到，等到伯乐的赏识去往更高的平台。专业成长方面，我双管齐下，在教学上既听师傅的课也邀请师傅和教研组的老师来听我的汇报课，以期改进教学。在教研上，我订阅了专业领域的杂志每个月定量阅读，每年制订计划尝试写论文或者自己改进后的课例。作为教师，教学能力是第一位的，这本身就是一个传道授业解惑的职业。但是教书不仅仅是教书，还要育人，教师一定要有端正的师德师风和正确的三观，才不负立德树人的使命。教师还要有不断学习的能力，在教研教学上不断进步，只有这样才能成为学生爱戴的老师。

如果从阶层流动来看，我目前并没有实现上升流动，反而是向下流动。我到了教学条件更弱的学校，接触的是自我管理能力差的学生和不重视学习的家庭，我的目标就是让学生毕业后能有益于社会。

我觉得教师是很重要的角色，他们很可能影响一个学生的人生或者一个家庭的未来，比如我就是在高中老师的影响下选择了今后的职业方向，所以我一直希望自己能成为一位好老师，给学生种下梦想的种子或者给学生正确的人生指引，以身作则成为学生学习和生活的榜样。

五、子女的发展规划

目前我未婚，未来我觉得我会是"鸡娃"的妈妈。我没有去往大城市实现更丰富的人生价值，我希望我的子女可以超越我，离开家乡，在更大的平台从事喜欢的工作。我可能会给他们从小就安排各种辅导班，从起跑就鼓励他们加倍努力。我的工作让我很难有大量时间陪伴孩子，但是我会和孩子约定固定的亲子时间，全家一起陪她玩耍或者学习。我觉得陪伴是孩子健康成长甚至未来自信自爱最重要的基础，童年父爱的缺失让我不想我的孩子重蹈我的覆辙。

六、小结

我通过自己的努力学习成了一名大学生，有了一份风险较小的工作。相比于我的父辈，这是我的进步。可是，严格意义上来说我和我的父辈也没什么不同。如果家庭圆满或者母亲健康，我在高考时可能会有更多选择。

公费师范生政策从我高中毕业那年一直到现在在内蒙古自治区的招生分数都是水涨船高，大家都满足于较低的学费压力和毕业有稳定工作的保障。这个政策，我个人觉得对于地区发展是比较好的，能考上公费师范生的人学习能力通常比较强，他们在毕业后回到老边穷地区工作，能有效提高当地教学的质量。对于个人发展的影响则因人而异，公费师范生如果有较强的自控力，大学期间就会精进自己的技能，毕业后也会不断进步从而实现理想；如果自制力比较差，可能会出现碌碌无为回到家乡对付生活的情况，个人没有太大长进。对我来说，公费师范生实现了我当老师的理想，而且一定程度上减轻了我上学和工作后的经济负担。

我的堂姐、表妹，或者身边的朋友不是已经工作就是还在大学读书，即使是已工作的堂姐和朋友们，我们也没觉得互相有什么不同，大家都是"打工人"。我们是工薪阶层的孩子，现在也是工薪阶层中的一员。但是他们在知道了我的不开心之后，也希望我能如愿早日追上我的梦想。

（2023年1月29日）

第三章
逆袭者：我不是"小镇做题家"

第三章 逆袭者：我不是"小镇做题家"

李梦琳：迷茫与收获

一、学习经历

学生们常常会开玩笑地说我在他们家里安装了监控，因为我比较了解他们的想法和日常。其实这是因为我工作的时间不长，回到家乡内蒙古呼和浩特没几年，学生时代的好多记忆依旧比较清晰，尤其是在看到学生们也在经历着我的过往时，甚至能回想起之前的好多细节。

到目前为止，我属于在重大选择上没什么波折的一类人，虽说会有遗憾，但也算比较顺利。作为家里的独生女，加上父母的观念跟上了时代的步伐，我可以说是集万千宠爱于一身，从没受过什么委屈。我的小学选择不涉及择校问题，但教学质量也只能用"普通"来形容。六年级时，我无意中参加了一所普通中学的考试，被提前录取，不需要参加小升初派位考试。那时候家里人可能也没有要上一所好学校的意识，觉得在哪读书都一样。

事实也能证明，我确实不怎么需要父母操心，尤其是在学习上。回顾小学和初中的经历，我的成绩基本稳居年级第一，每次考试每科都接近满分。所以刚工作时我无法理解学生们为什么会为自己得到一个刚及格的分数而开心。之前的我，考过试就能精确锁定哪道题有问题，以此来估算分数。同学们常常把我的答案当作标准答案来核对。母亲经常提起我三四岁时因为写不好英语字母而大哭不止的事情。我也依稀记得在幼儿园老师听写生字，我因为一个"鱼"

字没写标准（而且老师好像根本没注意到）而懊恼不已，担心得饭都吃不下。

　　自觉主动地去完成好对我来说唯一的任务，在当时的我看来，理所当然，不需要家长的督促和理想的支撑。这样一种没有明确目的的迷茫状态一直持续到我工作后，当然，迷茫的内容是有所变化的。

　　学习坦途上的第一次打击，发生在初三的一模考试。当时的政策是根据一模成绩盲报中考志愿，可是我没考好，上不了一直以来的目标：二中。只能上市里排第二的附中。哭了好久的我丧失了信心，甚至连附中都不敢报，最终为了保险，填报了市里排第三的呼市一中。中考出成绩之后我又为自己的胆小后悔了好一阵，因为我的成绩是达到了二中的分数线的。开学前夕，我接到了同样考到一中的同学的电话："听说分班结果要出来了，真希望咱们在同一个班级啊。"我和父母才反应过来这也是一件重要的事情，只是被我们忽略了。父母赶快托人打听情况，很快得到了回复："放心吧，成绩好，上了二中线，会直接被分进最好的班。"像是一杯挂耳突然被加了糖，报志愿的遗憾得到了略微的弥补：是啊，如果报了二中，一定会被分到普通班，师资和学校的重视度不一定比得上一中的重点班。

　　"留下一条路等改日再见！

　　"但我知道路径延绵无尽头，

　　"恐怕我难以再回返。"

　　在迷茫中迈入呼市一中的校门，对高考没有任何概念的我开始了高中生活。我在高中的成绩没有像之前那么耀眼了，不过也还好，在九百多名文科学生中排在二十名左右。这下彻底打破了我小时候对于"考清华"的幻想。这个幻想来自姑姑家一位清华毕业的哥哥，他让曾经的我以为，考上清华是一件没那么困难的事情。当年的哥哥是以市状元的身份考进的清华，他在那里认识了同样为河南焦作状元的妻子，他们后来一起定居美国，女儿也上了美国的名校。

第三章 逆袭者：我不是"小镇做题家"

"他小的时候就会和父亲要来办公室的钥匙，休息日去那里学习，为的是不被人打扰；他高考的时候还发着烧呢，刚刚输完液就去了考场，生病也没影响人家发挥；他的笔记里写着每一次考试的失误和日后如何改进，人家就是善于总结也有毅力的人……"直到现在，母亲都时不时地和我讲起这位学霸哥哥的学习经历，每一次讲她都兴致勃勃，好像她是第一次讲，我也是第一次听。他成了我们家最鲜活的学习榜样。

"你是不是去邻居家看电视了？"妈妈问我。我一边慌乱地否认，一边纳闷：我明明很早就看完电视回家了，怎么还是被发现了？"还说没有，你刚刚在哼《还珠格格》的歌曲……我和你爸都没什么本事，我下岗这些年，四处打零工，说不准哪天就没工作了……你爸本来是老中专生，现在也没再工作了，每天早出晚归去和别人做工程，太辛苦了，而且不长久。还是得好好学习，起码能工作稳定，不用为哪天突然没有收入发愁。你看那个哥哥，人家考了好的大学，现在在美国……"这是发生在我小学时的事，常常听着这样嘱咐的我，把这些话刻在了心里，但从未对这些话有过真正的思考，只是按部就班地过着日复一日的生活。可能因为我家虽不富裕，但也不太紧张，或者说从未让我感觉到经济上的压力，所以，我对于日后的工作、赚钱没有概念。这样的单调生活直到我大学毕业重新回到家才结束。

我对于小时候在家看电视的记忆停留在四五岁时，那时每天从幼儿园回家都能看动画片。突然有一天，电视不争气地坏了，母亲却没有要维修或者换新的意思。"我问你哥哥该怎么培养孩子，他只说了三个字：'做榜样！'咱家电视刚好坏了，咱们干脆都不看了，我们读书看报陪着你学习，也给你做榜样。"拜这位哥哥所赐，我家开启了长达十几年的"无声"生活：我写作业，爸妈悄无声息。在没有智能手机的年代，吃饭时听广播就是我家唯一的娱乐了。一年到头唯一的放松时间就是除夕，我可以大大方方地去有电视的姥姥家玩一天，拖一拖初一也可以赖着。

117

后来，家里有亲人在我初中时考入了对外经济贸易大学，当时他的自治区排名是七十多名，是比较好的成绩了。在这样的铺垫下，学习似乎成了我唯一的出路，或者说，我压根不知道还有别的路可走。

使我迈入陕西师范大学的校门，成为一名公费师范生的原因，要追溯到我的高中时期。

文理分科之后的数学课堂上，当时的数学老师很喜欢和我们分享各种事情，有一天他提到了免师政策："给大家提供一个选择，可以考虑一下，我觉得不亏。免费师范招生属于提前批，到时候出了高考成绩，有兴趣的同学可以试一试，如果录不上也不影响后面的一本录取。"对于好的老师说的话，我是百分百相信的。

我从小对老师这一职业的印象就比较好，在学生时期也遇到过几位好老师。高三一模成绩出来之后，我们联系了一家报志愿的机构，分析的结果竟然也是去读免费师范。这让本来就没有更多打算的我更坚定了这个想法。我甚至连其他学校和专业都没有了解，就定下了这六所部属院校，等着高考成绩出来再具体看能上哪所。

二、工作经历

就这样，高考成绩出来后，我以高于一本线五十多分的成绩，顺利进入了陕西师范大学。毕业季如约而至，我选择了初中时一直向往的学校工作。大概在两年后，我慢慢地把工作理顺了。

后来认识了我现在的老公，我们周末会出去逛逛、看电影，节假日则尽可能出门旅游，其他时间就是在家里看球、看书、做饭。

一切好像都比之前好了，工作也顺利了许多。由于呼市的"阳光分班"政策，我的第二届学生整体素质有了提高，学生的性格也很开朗，上课有时候成了一种享受。由于已经熟悉了工作环境，我能快速处理杂事，教学成绩有了提高，得到了学生和家长们的认可。之前从没机会拿奖的我，现在也能偶尔得个小荣誉。每次学生在课堂上思考、课下视我如朋友般聊天时，"教育工作者"这几个字就会浮现在我眼前，这可能就是这份工作的意义。每次我获得荣誉，学生在台下大声喝彩时，我都能感受到这份职业带给我的幸福。

三、子女规划

如果我有了孩子，我会尽量拓宽自己的眼界，也带他多看看世界，帮助他多了解自己，也许他除了学习还有别的路可选，我要让他知道，他还能做什么，至少不要误以为他别无选择。

（2023年1月19日）

任曦月：从乡村到城市，从荆棘遍布到一路生花

一、父辈职业情况

在我人生的成长历程当中，最亲近的家人以及对我影响最大的家人是我的爷爷、奶奶和父母，本篇自述我就针对他们的职业情况进行阐述。

我的奶奶是一个完全没有上过学的人，她从来没有离开过家，也没有出过远门。还没有嫁给爷爷的时候，就守着自己的娘家；嫁给爷爷后，也从来没有离开过家。父母告诉我，奶奶连村里赶集都很少去，一辈子可能就去过两三次。在我的记忆里，奶奶的性格非常温柔；但在我初中的时候，妈妈告诉我，奶奶年轻点的时候，性格还是有点固执和泼辣的，可能是后面年纪大了，身体不好，性格就温柔了不少。小时候，在老家和爷爷奶奶生活的那几年，奶奶总是把好吃的、好玩的都给我，总是"乖孙、乖孙"地喊我。当然，在我不听话的时候，她也会非常严厉地教训我，她常常会很大力地捏我的脸蛋儿。在我有记忆以来，奶奶的背就是驼的。我妈后来告诉我，奶奶是因为生病才驼背的，我只有一岁多点的时候，她还能直着背，背着我去村里的邻居家玩儿。奶奶因为没什么文化和见识，也没有什么大的主见，所以家里的大事小事都是爷爷说了算。但在我看来，尽管奶奶没有文化，一辈子没有见过什么大世面，但是她身上具有善良、勤劳、明辨是非等美好品质，我曾在她身上感受到深深的爱和温暖。奶奶在我初一的时候就去世了，她在最后的时间患上了阿尔兹海默病，

在意识模糊的同时身体机能也退化了,最后永远地闭上了眼睛。

  我的爷爷是有正式工作的,他是Y镇水利站的一名正式员工,是有编制的。在我有记忆的时候,爷爷就已经退休了,一直生活在老家,每个月还有一千多元的退休工资,但生活依旧非常拮据。我妈告诉我,一千块钱里要拿出三百块钱供大伯(爸爸的哥哥)家的女儿读大学,剩下的还不够他自己和奶奶用。我初中的时候,爷爷就去世了,那时候,我才从大人们那里了解到爷爷年轻时候的上学经历:爷爷家一共有三兄妹,他是唯一的儿子。在那个年代,爷爷作为家里唯一的儿子,是非常受宠的,所以他有更多的机会去上学。爷爷从小学习成绩就很好,在结婚有了五个孩子之后还去读了四川的一所工程学院。但是,还没有攻读完学业,曾祖父就求人帮忙写信骗他,说家里的人吃不起饭,饿的饿死,病的病死,只剩奶奶一个人了,需要他赶快回家去。爷爷一听说这样的情况,就马不停蹄地赶了回来,从此一生就被困在了家乡。凭借自己的学历以及能力,爷爷在镇上谋到了一份稳定的、有编制的工作。从此,奶奶就在老家照顾孩子和操持农活,爷爷就在镇上工作,一个月回去一次或者农活忙的时候回去,这是一种非常典型的男主外、女主内的家庭模式。

  爷爷退休后就和奶奶定居在老家,做一些农活。爷爷的手非常巧,那时候他常常会用院子里的竹子编一些箩筐和背篼,拿去集市上卖。爷爷是一个很勤快的人,家里的老房子和地里的庄稼被他弄得有条有理、规规整整。我和他们在老家生活了5年,5岁之后就和父母去到镇上生活,一年回去两三次。小学四五年级的时候,我爸妈曾想让爷爷离开老家,带着奶奶和我们一起去镇上生活,但他严肃地拒绝了。当时他说了一句话,我印象非常深刻。他说:"兔儿窝边转。"他希望"落叶归根",不想去外面的世界看看了。或者说,他的思想里面还是有着老一辈的传统性。比如,一直困扰着他的一件事就是家里没有亲生的男孙。因为大伯和大伯娘没有生育能力,唯一的堂哥是抱养的。我呢,并不是男孩子。虽然这是他内心的一个疙瘩,但是这并没有影响爷爷对我的关爱。

在老家生活的那几年，爷爷对我的积极影响非常大，无论是性格养成还是学习启蒙方面都有着非常大的正面影响。印象最深刻的是在冬天的每一个早晨，爷爷都会在火炉上为我烤一小截农家香肠，肥瘦相间、滋滋冒油，现在想起来还是会很馋；爷爷还会给我炒一份酱油饭，一点猪油、酱油、白菜和米饭大火翻炒几分钟，这就是我最喜欢的早餐。冬天的每一个晚上，爷爷奶奶都会用玻璃的容器装热水，在睡觉的时候用来暖脚，他们常常给我用最大的那个。有一天早晨，在我醒来的时候，爷爷奶奶已经起床了，我只好自己尝试穿衣服，那应该是我第一次自己穿好衣服。走到爷爷奶奶面前时，他俩夸我夸得合不拢嘴："我们乖孙长大了哟，会自己穿衣服了哦！"那可能是我第一次感受到夸赞带来的成就感，所以至今都难以忘怀。我妈还告诉我，我只有几个月大的时候，爷爷经常给我洗尿片；小时候，我妈总是会把我逗哭，然后爷爷就会大声吼她不懂事。上了小学后，我每年回去都要汇报一下自己的考试成绩，考得好的话爷爷就会给我红包奖励。在爷爷去世以后，我连续一个月每天都会梦见他，每一次他都会说："要好好学习哦，一定要好好学习哦。"每一次在梦里，我都会坚定地回答他说"好"，那种内心坚定的力量感是醒后都真实可感的！

另外还有一件事让我印象很深刻。我读五年级的时候，我爸妈已经在县城买了房，方便我读高中的时候居住。但是他俩不敢告诉我爷爷。是爷爷看我爸经常回家砍木材（用作装修），产生了怀疑，最后才说破。我爷爷因为这件事生气了半个月，因为他的计划是让我爸妈在村口的那块田里修一栋砖房。年轻一代的事没有办法完全按照老一辈的意思来，爷爷最后只好无奈接受，不再表态，这是老一辈对新一代新思想的妥协。

在我刚上初一的时候，爷爷被确诊为膀胱癌晚期。这一次他终于妥协，被爸爸接到镇上看病，但我们都没有告诉他病情。然而，真正留给他的时间不多了。尽管在病痛折磨中，他很难吃下东西，但是他每天都在鼓起劲多吃一点、多吃一点。有一个邻居很迷信,爷爷就像是抓住了最后一根稻草,也跟着信奉起来,他觉得一定可以通过信奉的东西得到解脱。但是,一天天虚弱下去的身体让他逐渐萎靡。这时候奶奶也患上了阿尔兹海默病,意识开始不清晰,记忆力减退。爸爸把爷爷奶奶都接到镇上进行照顾,奶奶意识混乱,爱大喊大叫,睡觉也不好好盖被子。爷爷坐在床边,无力地替奶奶拉着被子,又被奶奶掀开,如此反复。有一次爷爷不耐烦了,愤怒地对奶奶说道:"早知道是这样,当初我就应该狠心留在四川不回来,我真的是要比你先死,真的是报应……"当时听到这些话,我被惊呆了,因为爷爷从来没有这样愤怒过。长大后,我在慢慢思考:如果当初爷爷没有回来,那他的人生又会怎样呢?我想一定不是被困在乡镇农村,过着郁闷、不甘的生活。有了更高的学历,他就有能力带着全家过更好的生活;提升了文化,他不会老来如此传统保守,一辈子守着几个山头、几亩田;经受过更好的教育,他对子女的教育理念会更加先进,整个家族会更好地发展。但这些都是如果,我们的生活没有如果,人生就是在不断地作出选择,总有一些选择会对人生产生极大的影响。

爸爸趁着爷爷的病情还没有特别严重,带爷爷去探望一位住在另一个县城的姑婆(爷爷的妹妹,我叫姑婆),他们在姑婆家住了几天。爸爸是带着爷爷散散心,也是带着他在病重之前和自己的妹妹相聚。回来爸爸开玩笑说,爷爷住了几天就忍不住夸县城里面的生活真是好啊。爷爷对爸妈在县城里面买房这件事完全释然了,他也愿意接受县城里的生活了。但是,一切都来不及了。爷爷在五个月后去世了,结束了他充满遗憾的一生。爷爷在我眼中是一个理性、睿智和有自己想法的人,虽然他的思想是非常保守、传统的老一代思想,但是他对我的教育和关爱,我永远不会忘记。他的一生充满各种机缘巧合,他是有能力走出农村却又因为机缘被困于农村的一个人。他从农村来,最终又归于农村的一片净土。

我爸读完初中就没继续上学了,后来去当了三年兵。退伍之后,爷爷为他

第三章 逆袭者：我不是"小镇做题家"

谋了一个镇上水利站的工作，主要职责是管理镇上的居民用水、水费、水管维修等。但这份工作是临时工。之后，我爸去当过城管，在村里的居委会待过，后来又去了镇上的派出所当辅警。但这些工作都不是正式的。小时候，我经常从爸妈嘴里听到的话就是"转正"。慢慢地，我也开始有了期待我爸工作转正的意识，好像我爸的工作转正了，我们家就会变得很好，爸妈就不会吵架了。有时候，看见院子里停着一辆轿车，我就会想这会不会是有人来通知我爸他的工作转正了呢。

在我爸自己看来，他的人生是失败的。因为他没有一份正式的工作，只能做着薪资很低的临时工作。他怪过我爷爷在他读书的过程中没有好好引导，导致他没有努力学习的意识；怪我爷爷在他退伍之后就忙着给他安排结婚生子，没有让他谋得好一点的工作。但怪来怪去都是没有用的，现实生活就是如此，怪不了谁。他知道自己的不足，所以他也非常理解我妈的不容易，在他们因为房贷、车贷以及各种经济问题吵架的时候，我爸总会选择隐忍和逃避。他不希望我的人生和他一样，因此从小他对我的学习要求就非常严格。我年龄越小的时候越严格。没有到打骂的程度，但是会有很多的要求，如果我达不到这些要求，他就会语重心长地教育我。我是一个自尊心很强的小孩，我爸平时随便说我一下，我的内心就会很受伤。

我爸经常跟我讲的几句话就是：人生苦过前面的十二年（从小学到高中），后面的几十年就会很幸福；一道题被设计出来，那就一定有人做得出来，那个人为什么不是你呢；"少壮不努力，老大徒伤悲"，我自己就是最好的例子；一定要好好读书，家里砸锅卖铁都会供你读书的（这句话有些夸张了）。听到这些话，我也明晰了学习对自己的重要性，下定决心要好好学习。

大一的时候，我和我爸谈过一次心。他说，他真的非常欣慰我考上了公费师范生；他吃了工作不稳定、工资低的苦，就想着我一定要有一个稳定的工作；他没能实现自己的梦想，但我帮他实现了。他觉得，我是他人生的骄傲，

扎根乡土与向阳生长：定向西部地区培养的公费师范生口述史研究

我比他要强很多，这样想来，他自己这几十年来的风风雨雨都算不上什么了。听到这些话，我五味杂陈，但更多的是庆幸自己做到了。

工作之后我也问过他，为什么不选择出去打工呢？为什么一定要待在镇上做着工资这么低的工作呢？我爸的回答是因为要照料家里，主要是要把我照顾好。突然之间，我好像又能理解他了。我身边有很多留守长大的同龄人，被爸爸妈妈交给爷爷奶奶或者其他亲戚照顾，由于缺少父母教育和引导，他们的生活习惯和学习习惯都不好，最终大多早早辍学，早早结婚生子了。

我的妈妈只有小学文化，没有稳定工作。她的家里有六兄妹，外公外婆没有办法供所有人读书。我妈是幸运的，她是家里最小的女儿，上过几天学，像大姑和二姑就完全没有上过学。在我的印象中，我妈在镇上的时候采过茶，自己做过毛线编织拖鞋拿去集上卖，在当地的茶厂当过员工；到了县城后，去政府食堂上过班，做过超市销售员。我妈去过最远的地方就是省会城市，她在那里一个事业单位的食堂上过一年班。我妈是一个做事非常干练的人，甚至有点完美主义倾向，她会把每一件事都做得非常好。采茶的时候，她往往是采得最快的；在茶厂上班时也曾被评为优秀员工。我妈非常勤俭节约，从来不乱花钱，从来不打牌和打麻将，衣服穿了五六年还在穿，去买东西一定会讲价。直到我读大学时，我妈才告诉我这是家里的经济情况造成的，她没有多余的钱去消费，但凡我爸有能力一点，家里富裕一点，她就不会是这样，她也是懂得玩乐的人。从小学到大学，我妈对我的物资管理都是很严格的，她总是告诉我钱要花，东西要买，但是买来的东西必须要实用。我现在的消费观深受我妈的影响，我不喜欢花钱，只喜欢存钱。家中也被她整理得井井有条，她甚至有点洁癖，我在家掉了一根头发丝都会被她唠叨，地是每天都拖的，厕所每周打扫一次。遗憾的是，这一方面我妈并没有影响到我，我并不喜欢做家务。

虽然我妈没有受过太多的教育，但是她对我的教育还是有一套的。即使我是家里的独生女，她也从来不会溺爱我。她要求我独立，幼儿园只送过我一

第三章 逆袭者：我不是"小镇做题家"

天，后面就是我自己去上幼儿园；她去坡上采茶的时候也会带上我；她要求我自己力所能及的事情必须自己做；学习必须认真。用现在的一个词来形容我妈就是"虎妈"。所以，我现在独立有担当的性格有她的一份功劳。严厉归严厉，生活中我妈还是把我照顾得很好。

但是，在我的记忆里面，从我小学到高中，我妈都不是很快乐，她很少笑。她在生活中脾气非常暴躁，经常很凶地吼我。有时候，不论我做什么事，她总是会打击我。有一次回老家，作为小孩儿，我非常期待以至于表现得非常激动，在家里蹦蹦跳跳，我妈突然板着脸说："有什么好高兴的！"我突然不敢再像之前那样开心了，更不敢把开心表现出来了。在她面前，我很害怕做错事情，所以我的性格很敏感和悲观，很会看别人的脸色和觉察氛围的改变。我妈对我爸更是这样，她评价我爸时用得最多的词是"窝囊废"，小时候的我不太能够理解这个词。面对这种情况，我爸一般采取的策略是逃避或者忽视。

小学的时候，我非常害怕周末，因为他俩在家绝对会争吵，我妈的每一句话都有攻击性，家里的氛围会变得非常压抑。无奈之下，我爸只好待在邻居家，吃饭的时候才回来。吃饭时我就会祈祷我爸吃了饭赶紧出门，最好不要回来了，因为那种氛围让我非常恐惧、无力和愤怒。后来我产生了条件反射，不管我妈是否在家，只要我爸一回来我就会紧张和恐惧。高中的时候，每次我妈下班踏进家门，都会板着一张脸，双眼非常疲惫无神。这时，我也会感到非常压抑、无力和无奈。从小我还特别不喜欢我爸妈在我面前谈钱，但是他俩又经常在我面前谈钱。谈钱的时候，我觉得他俩不是夫妻，而是仇人，我妈是咄咄逼人的质问方，我爸就是唯唯诺诺的"罪犯"。除此之外，我还会觉得我们家快穷到支撑不下去了。我小时候经常很困惑地问我妈，我们家真的很穷吗？真的快揭不开锅了吗？

我在上大学之前是没有办法理解我妈的，但越长大越发现我妈在改变，她至少爱笑了，对我的态度也好了很多。这一切的改变源于我考上了华中师范大学的公费师范生专业。原来，我妈的脾气暴躁，是因为我爸没有一份正式的、稳定的工作。虽然，家里算不上极其的贫困，但还是十分拮据，因为他俩都没有很稳定的收入。这种不安全感常年困扰着她，那些怪脾气只不过是这种不安全感的外化。大三的时候，我妈给我讲过一件事：过去在镇上的时候，她认识了一位阿姨，刚开始往来还比较频繁。有一天，我妈陪那位阿姨去银行取钱，取了5000元，在当时是一笔不小的钱。那位阿姨说，那是她丈夫单位发的奖金，并反问了我妈一句："你老公单位没有吗？"我妈瞬间觉得尴尬，她察觉到了人与人之间的差距，自觉落后于他人，后来就减少了和那位阿姨的来往。我妈和我爸一样，在她看来，一份正式的职业是一种保障，是一种高社会地位的象征，更是一种尊严。

二、本人的学习经历

我的学习经历没有遭遇和物质上相同的困境，虽然家里没有富余来供我随意地吃、穿、玩，但是基本的生活费用父母还是能够满足我的。现在看来，我的整个学生生涯更多的是自己内心修炼成长的过程。外界看到的不过是年复一年平淡的学习生活，但是自己内心和情绪上的波动只有自己能够真真切切感受到。

其实我的学习启蒙在进入幼儿园之前就开始了。我5岁之前，在老家和爷爷奶奶生活在一起。4岁的时候，爷爷开始教我握笔，让我在本子上涂涂画画，我就爱上了这样的创作活动。刚开始只在本子上涂涂画画，后来爷爷在土里帮我捡了一块泥土（质地类似粉笔的泥土），我就开始用泥土在家里的木墙上涂涂画画，如今那些模糊的印记还留在老房子的木墙上。我觉得这为我之后对画画产生兴趣打下了基础。那时候家里没有课外书，只有爷爷买的几本讲算命的书，薄薄的，上面还有图画。我只看图画，字完全看不懂。那是书籍最初在我脑海里的印象。小时候，还有一个物件让我非常喜欢。那是不知道哪里得来的一个硬壳的笔记本，里面的纸是泛黄的。妈妈在上面画满了各种简笔画，有花有草有树，那时候的我觉得这个本子真是美极了。爸妈从镇上回去，也会带很多学习用品给我，比如挂在墙壁上的学习挂画，有学拼音的，还有学数字的；还有一些绘本，我自己也能看；还有一个磁吸的画板，我当时觉得很神奇，画上图案后，只要把下面的开关拉一下，画就被擦掉了。现在想起来，这些启蒙对我的影响非常大，对我之后学习习惯的养成有非常大的正面影响。现在去看，我的学习启蒙程度比村里的其他同龄小孩高得多，再把我们后面的学习生涯发展对比一下，会发现学习启蒙真的太重要了。因为其他伙伴大多数只读到了初中或者高中就辍学去打工了，或者只读了大专。

我对两年的幼儿园生活没有什么特别的印象，父母这时候对我的学习也没有什么要求。7岁开始上小学后，主要就是我爸在管我的学习。我爸觉得自己就是因为年轻的时候没有好好学习、没有学历才没有一个稳定工作的。他就是典型的"望女成凤"式家长，希望自己没实现的理想能由子女实现。从小到大，我一直是一个很懂事的女孩子，非常听话，对这样的观念并不排斥。长大一点，能独立思考后，我也理解父母是以过来人的身份告诉你哪种生活会更好的，这是他们几十年来积累的经验，是经得起实践考验的。而出生于一个普通家庭的孩子，出路和选择本来就不多，最可行的一条路就是努力学习，考上大学。

有了"望女成凤"的心态后，在我一、二年级时，我爸对我的学习要求就特别严格。那个时候，我放学回家还要做额外的试卷，做完他还要帮我批改，错误的地方必须要弄明白才能够去睡觉。四年级的时候，有一次我作业写到了一半，想出去找院里的小伙伴玩，就留了一张纸条：我出去玩15分钟再回来写作业。我出去不到5分钟，我爸就找到我并把我揪回了家。我当时就觉得自己犯下了弥天大错，以后再也不敢不完成作业就出去玩了。

四年级的一次的数学考试中，我考了82分，告诉我爸后，他问了一下其他同学的分数，那几位同学考得都比我高，他就对我说了一句："人家考那么高，你考这么一点，你怎么对得起你妈哦。"我瞬间流下了眼泪，那是我第一次感受到学习压力，也是第一次感受到分数会对我产生如此大的影响。从那以后，我更加努力地学习。同时，那句话也让我产生了一个新的意识——竞争意识。之前，我完全没有想过和别人比较，从那以后，我开始关注别人的成绩，开始和别人进行比较。每当取得了好分数或者考得比别人高一点我都会想：这下我爸开心了吧，会认可我了吧。当然，我爸也的确会在我获得好成绩的时候夸赞我。

五年级之后，我爸对我的管教变宽松了。因为在低年级的时候，我已经在他的引导下养成了非常好的学习习惯，每天都会在学校认真学习，回家按时完成作业。慢慢地，他对我的学习成绩没有特别严格的要求了，但在他的引导下，我对自己的要求变得很高，我已经把我爸对我的要求转换为自我要求，我想要每一次的考试成绩都是第一名。尽管没有了外界的监督，但是我依旧觉得好成绩能够让爸妈开心一点，也可以证明自己很强。

五年级时发生的一件事情进一步强化了我在学习上的"竞争意识"。小学时，我读的班级中有很多小团体（自然而然形成的，良性小团体）。我也有我自己的小团体，和我玩得来的四五个小伙伴都是和我一样住在镇上的孩子，我们家里的经济条件都差不多，也都属于特别受老师喜欢的学生，成绩好、有礼貌。我们这个小团体在学校里是很耀眼的存在，很受老师的喜欢，同年级的人都知道我们的名字；学校有什么艺术活动，一定是我们几个人去参加。小学的时候我很喜欢画画，班级里面要出什么黑板报、艺术墙，都是我去设计。那时候会觉得自己被需要了，会产生很强的价值感。当时我的心态还是挺骄傲的，甚至有点傲气。

小学时光，我就是和这样一些小伙伴打打闹闹过来的，除了她们，我从来不和班上其他同学来往，久而久之，我都不知道怎么和其他人交往了。所以我很依赖她们几个。小团体里，我和小梅、小雨的学习成绩是更靠前的，每次考试，

第三章 逆袭者：我不是"小镇做题家"

我们仨基本都是年级第一、第二和第三。我爸打听别人成绩，基本上就是在打听她俩的。所以，她俩被我视为学习上最强劲的对手。有一天，我和小梅放学后一起打扫卫生，打扫完之后，其他同学都已经走了，我们就留在教室聊天，聊着聊着我们就聊到了小雨，开始吐槽她的一些鸡毛蒜皮的小事。我和小梅达成了一定的共识，小雨平时的某一些行为是不对的，我们约定下一次数学考试一定要超过小雨。那一刻，我觉得我找到了更有共鸣的伙伴，不知道小梅是怎么想的，但从那天起，我学习的目标好像就变成了超越小雨。那样一种"超越"的意识带着一点报复的意味，因为小雨平时的很多行为是我很不喜欢的。

从那天起，我就在不断地强化"假想敌"意识，强化这样一种"竞争意识"。我学习的劲头的确是越来越足了，成绩也越来越稳定。我很沾沾自喜，通过暗地里的较劲和努力，我实现了超越小雨的目标，同时也让爸妈开心了，一举两得。但随着这样一种"竞争意识"的强化，我的思维认知呈现出很多有意思的状态。比如，我只能接受别人夸赞我，无法接受别人的批评，别人一说我的不好，我就会很伤心；要是其他小伙伴被夸赞，我就会嫉妒；但凡小伙伴显得比我优秀一点，我就会嫉妒，内心想：有什么了不起的；最严重的是，我所有的价值感和成就感都建立在和别人的比较之中，我会不自觉地去找自己比别人强的地方，找别人不如我的地方，对别人进行贬低，从而获得价值感。我觉得当时这种意识已经达到了极端的状态。我爸妈没有察觉到我心里的想法，我们很少深入地聊天，他们觉得我挺优秀的，只要我的学习成绩好，就万事大吉了。

记得五年级的时候，学校举行一个作文比赛，小雨获得了一等奖，我没有获奖。我当时直接就在教室里哭了，小伙伴们还过来安慰我。一个小伙伴说："没有关系，你看我也没有得奖，下次努力不就行了。"我当时还嫌弃她不懂我哭的真正原因是没能超越小雨。但总体来说，这种"竞争意识"在五、六年级运作得挺好的，因为我的确通过自己的努力基本做到了在成绩上超越小雨。

但一上初中，我的这套认知模式就没有办法再运行下去了，我的精神世界崩溃了。

小学毕业之后，小雨和小梅分别去了两个县城读初中，而我就留在了镇上。虽然小学毕业了，小伙伴们都去了不同地方，但是那种强大的竞争意识还在我的认知里面。在初一入学之前，我给自己列了一个目标清单，现在想来那些目标过于苛刻，除了要求自己学习更加刻苦外，还对自己的言行举止进行了要求，总之就是自己把自己约束得特别紧。

到了初中，到了新班级。首先让我觉得恐惧和无措的就是人际交往，因为小学我只和那一帮伙伴玩儿，我真的不知道怎么和其他人交往。随着对新环境逐渐适应，我的社交能力有所提升，但我依旧会觉得很孤独，因为找不到很说得来和交心的朋友了。开学之前拟定的那个计划，在开学前几天运行得还挺好的，我每天都要求自己认真听课、认真写作业，言行举止也严格要求，随时审视自己，把自我要求提到最高。

在小学的时候，我从来没有睡午觉的习惯，初中的学习时间更长，学校要求学生午休。我是走读生，每天中午回家午休，但是我认为中午不拿来写作业就是一种浪费，于是我会用午休时间来写卷子。这就导致我下午上课时头很疼，注意力没有办法集中。其实，这是一个非常自然的反应，没有休息好自然就会注意力不集中，调整一下睡眠就好了。但是，在那个时候，我的这样一种状态在自己的认知里面掀起了轩然大波。我觉得，我的表现是对自我目标的严重背离，我完全不能接受，我只能接受"优秀"的自己。"我不行了""我不好了""我不优秀了"……这样一些负面的声音每天充斥我的大脑。我陷入一种恶性循环当中：我每天脑袋昏昏沉沉的，状态非常不好，导致我很紧张、很焦虑；越焦虑我就越休息不好，越休息不好，我的状态就越差。这种恶性循环击垮了我的认知世界。小学时期的自信甚至是自负荡然无存，我突然变得极其自卑和消极。我对自己产生了非常严重的自我怀疑：我之前的很多想法是不是不太正确？那样的竞争意识是否有意义？那些目标是否有意义？而且我觉得自己比不过别人了，别人都很好，自己就很差劲。那时候，我突然觉得自己没有了思维，像一个空壳，感到学习没有意义，不想去学校；身边没有聊得来的伙伴，觉得非常孤独。这种状态让我非常痛苦，我想那时我应该有轻度的抑郁和焦虑了。心理上的问题导致我生理上也出现了问题，我从初一开始，每天都会失眠，有时候半夜四点就醒了；我的手脚会冒虚汗，会心悸；上课注意力没有办法集中，无法集中注意力读出一行完整的字；一到学校就会极度紧张和烦躁。这样的情况从初一到初三差不多一直存在，只是轻重程度会变化。

我初一的时候一直没有告诉爸妈这件事，也不敢告诉他们。是初二有一天晚上，我妈和我睡一个房间，她发现我的脚底全是汗，就问我怎么回事，我才把我的情况讲给他们。他们当时很紧张，带我去县城里面的医院看了一下，医生开了几种药来调节我的神经衰弱。但是这并没有解决我心理上的根本问题。有一天，我去上学之前留了一张纸条给他们：我的精神真的很难受，如果再不带我去看心理医生，后果自负。放学回家后，我爸拿着纸条把我教训了一顿，说我让他们不省心。我妈在一旁也叹着气，还不忘埋怨我爸没有教好我。听了这话，我真的非常难过，我觉得我让他们失望了，也给他们添麻烦了。从此以后，我再也不给他们讲这样的事了。我选择自己偷偷去网上查方法调节，存零花钱偷偷买安神补脑液喝，我还偷偷买过"脑白金"来吃。

当内在认知混乱的时候，精神内耗也会非常严重，处理起外界的事务就会很容易疲惫。所以，在当时拧巴、紧张和焦虑的状态下，我的学习状态非常差，每天都觉得脑子昏昏沉沉的。我提出过转学，但我爸不让。我想堕落，想每科只考几分，然后退学，最后也还是不敢。我是以全校第一名的名次考入初中学校的，中间因为状态起伏，成绩也有不小的浮动，最低一次是第二十名，有一次地理只考了二十几分。在外人看来我的成绩还是不错的，只有我知道这不是自己真正的水平。我的状态没有办法马上调整过来，心有力而气不足，这更让我自卑了。自卑的情绪也让我不喜欢人际交往，我在初中非常孤僻。那波动的成绩也是我拼命保住的，别人可以很高效、轻松地完成学习任务，我就会特别累。但是我害怕我完全放弃后，我爸妈会特别难过，或许他俩又要吵架。所以，不管每天情绪多么消极低落，我还是坚持做好学习的事，在心里为自己加油。在这个过程中，我也在不断反思自己的认知到底哪里出现了问题，并试着重新去建设。

就以这样的状态，我终于熬到了初三。因为学习基础比较好和长期坚持学习，我最后取得了全镇第一的中考成绩，但我始终开心不起来。凭借这样的成绩，我被分到了县城一中最好的班级，高中三年的生活就此拉开序幕。

如果要用一个词来形容我的高中生活，我觉得这个词应该是——窒息。因为我还是初中时拧巴、焦虑的状态，精神内耗非常严重，每天昏昏沉沉，消极自卑，而高中的学业压力进一步加大，在优秀班级里面学霸大有人在，竞争非常大（我以全镇第一的中考成绩进到班里只能排在全班的中间）。在这样的客观环境里面，我的自卑、消极、敏感、痛苦、焦虑和抑郁不断被加深。高中我依旧走读，我家离学校步行需要15~17分钟，这让我每天更加休息不好，我家又在马路旁边，每天中午我都睡不好，身体状态非常糟糕。在家休息的时候，我的身体完全动不了，没有办法主宰自己的身体使我更焦虑了，只能靠用遥控器一遍又一遍、不停地换电视节目缓解焦虑。这些我都不敢告诉我爸妈，因为才从镇上搬上来，我妈在县里还没有找到工作，她也非常焦虑，情绪非常不稳定。我不想再给他们添麻烦了。

记得高一开学第二周，在语文课上，老师突然抽背一篇文言文，抽到了我。不幸的是，因为精神状态非常差，我都没有看过那篇文章。我只好尴尬地说自己不会。老师做出无奈的表情，请了另外一位女生（这位女同学的学习成绩非常好，高考是县城的文科状元，考上了清华大学），那位女生背得行云流水，声情并茂。我一方面觉得很羞愧，另一方面觉得有心无力和恐慌，和优秀

第三章 逆袭者：我不是"小镇做题家"

的同学一对比，我更自卑了。自卑到我近距离接触到班里很优秀的人，我就会恐慌、退缩，不敢与他们正面进行交流。看到别人，我总觉得别人什么都比我厉害，什么都比我强，我自己就是一个什么都不行的人。同时我每天坐在教室里的状态也十分糟糕，总是非常紧张、注意力不集中、心情压抑。

高一上学期的一次半期考试后，全班成绩排名被贴在黑板旁边。上数学课自习的时候，数学老师看了一眼数学成绩，然后说："班级里面还有几位同学的成绩是两位数哦（数学总分是150分），某某、某某和某某，要注意了哦。"当听到我的名字的时候，我觉得自己的心脏都骤停了一下，我从来没有被当众点名批评过。我真的是欲哭无泪，我也想注意一下然后得到提升，但是这状态就是调整不好。

内在精神的混乱和消极，让我对学业十分力不从心。高中的节奏非常快，我没有办法停下来好好整理、调整自己的状态，我只能被外界追着走。那种无力和自卑感贯穿我的整个高中，甚至在大学期间和工作以后，我都会梦见自己回到了高中，别人是很厉害的学霸，随便一个知识一下就能学会，而我怎么都学不懂、做不好，那种心力不足的感受怎么都挣脱不了，整个梦里充满了恐慌和焦虑，直到醒来觉察到自己已经高考完了，才能平静下来。

这样的状态导致我在学校的成绩浮动非常大，甚至到了班级倒数。我慢慢发现，因为注意力难以集中，逻辑思维完全丧失，我的理科完全学不动了。物理只能考30分，化学40分，生物30分，三科的总成绩加起来才有100分。高二分班时，我深知我要是去学理科，必"死"无疑，因此选择了文科。学了文科之后，我觉得轻松了一点，文科只要去背就好了。虽然我背了又忘，背了又忘，但我坚持一直背、一直背，成绩还是能够排到班级的前二十名。

到了高三，我得到一个机会寄住在朋友家，她家就在学校里面，我终于有更多的时间来休息了。高三是非常关键的一年，我拖着疲惫的身心拼尽全力保住的成绩也只是全校中上等。我还是会盲目自卑，我觉得我高考可能只能考得上一个师范学院。高三真的非常累，于我更累，但临近结束时我看到了不一样的希望，"结束了就好了，结束了就好了"，我凭着一股不知道从哪里来的韧劲鼓励自己。

经历了反复的复习和各种模拟考，我终于迎来了高考。在高考中，我有点超常发挥，文综考出了有史以来最好的成绩，总分也是有史以来最高的——583分，排在全校第8名。2017年我所在省份文科的一本分数线是545分，华中师范大学2017年招生文科录取分数线为615分。正常情况下，我这样的分数最多上一所省一本院校。当年，我们学校文科第一名是700多分，考的是清华；第二名是600分，考的是一所省一本的师范大学；一位590分的同学上的是湖北的一所一本院校。但我上的大学是我们学校第二好的，第一好的就是清华。

以我那样的成绩，华中师范大学这样的211院校，我做梦都是不敢想的。我能够考上华中师范大学的重要原因是我参加了华中师范大学的"高校专项"招生政策。当年，我们省通过高校专项进入华中师范大学文学院的只有三个人，我是其中一个。"高校专项计划"和"地方专项计划""国家专项计划"一样，都是国家为了更好地促进教育公平，让更多的农村学生上大学而出台的高考优惠政策。"国家专项计划"更适合农村尖子生冲刺985院校，而我这种中上等的学生更适合参加"高校专项计划"，冲刺一下211院校。

我发现高考的时候，我身边很多同学对这些高考政策是不怎么了解的，包括我自己也不了解。当时班级里只有六位同学参加高考专项计划，准备到一半就放弃的有四位。因为在他们看来，准备的过程太烦琐了，还不一定能成功。最后那四位同学上的都是普通的省一本院校。还有另外一位和我坚持准备的同学没能通过面试，最后上了一所二本院校。

而至于我，为什么要坚持参加高校专项计划？为什么会报考华中师范大学文学院？为什么会报考公费师范生专业？回想起来，一切都是稀里糊涂的，因为我对高考政策一点都不了解，对一些院校和专业的认识是一片空白，我也从来没有想过我以后要当一名教师。当时只会埋头苦读，对这些信息并不了解，从父母那里无法了解，因为他们自己都不了解。自己也没有主动去向老师咨询的意识，一切都靠自己摸索。

还记得2017年华中师范大学的高校专项政策是需要通过高一、高二成绩的初审，然后还要通过远程线上面试，通过后，你的高考成绩只要上省一本线就可以入学。我当时是稀里糊涂地选了华中师范大学的汉语言文学的公师专业，稀里糊涂地通过了华中师范大学的初审，又以一点点的优势通过了线上面试。我在收到录取通知书之后，才真正去了解这所学校和公费师范生专业。回望我的高考之路，我始终觉得非常"魔幻"，同时有些后怕，如果有一步走错了，我就没有办法以一个一本成绩上一所211的大学，我的人生也将完全不一样。我觉得我真的很幸运！

三年的努力和坚持终于收获了一个意料之外的好结果。高考结束后，我自己的身体和精神状态并没有一下就好起来，我依旧感到非常压抑、焦虑，整个人像是被丢入了一个情绪黑洞，挣脱不出来。而我终于在大学四年把自己调整了过来。对于我来说，在华中师范大学的四年是我人生按下暂停键，进行精神疗愈和自我梳理的四年。我就读的文学专业，如果对自己没有太高的要求，课程压力并不大；我又是一名公费师范生，就业压力也不大。我获得了很多时间去思考和琢磨自己，去重新输入一些新的好的认知，重组认知系统。我也会看一些文学类书籍、心理类书籍来帮助自己进行调整；我还去过几次学校的心理咨询室，寻求专业人士的帮助。自我调整并不是很容易的，迈出第一步是很难的。通过慢慢调整，我的心理状态逐年好了起来。我不再经常和别人比较，也不要什么都争第一、都争最好，而是试着去发现我自己的兴趣爱好，让自己的内心慢慢有了力量。

在我花大量精力去观照自己内在状态的时候，我没有办法把学业完成得很好。在大学，我沦为一个彻头彻尾的学渣。期末成绩一般都排在后面，从来没有拿过奖学金，英语还挂过科。大一、大二的专业课学习，我也是学得浑浑噩噩。对文学这个专业，我没有做一点前置了解，我不知道怎么去学。期末考试的时候就背一背老师给出的重点，争取及格，这就是我专业课学习的状态。我在大一、大二没有思考过学习专业课对我以后的就业会有什么帮助，也没有思考过我具体去哪一类学校就业。虽然上过职业规划课，但是自己依旧没有规划的意识。但在大学，我的紧张感和自卑感有所缓解。因为在大学里面，不会只根据学习成绩来评价一个人。直到大三开始考教资和开始上教师技能课程，我才反应过来：我原来还是需要找工作的呀！因为有了这样一个客观压力，也因为自己的状态好了很多，我开始认真学习教师技能方面的内容，开始找毕业的学长学姐咨询面试技巧等。

大四上学期开始实习和找工作，通过大三一年的准备，我面试上了一所很适合自己的初中。至此，我人生中长达十六年的在校学生生涯画上了一个句号。尽管在过程中，我曾在心理泥沼中挣扎；但是，在每一次的转折处，我都尽力抓住机会，最后还是取得了让自己满意也让家人满意的结果；与此同时，我在坚持和自我疗愈的过程中也得到了内在的成长。

三、本人的职业经历

我就职的学校是一所全国知名高中的实验初中，是当地教育局重点打造的一所学校。这所学校是新学校，我入职的时候，这所学校才建立两年。虽然还没有出中考成绩，但受高中部的影响，学校的社会评价还是很高的。

回想我求职的经历，我觉得是比较顺利的，主要是"公费师范生"这个身份为我拓宽了路。我们省非常重视公费师范生，省会和很多地级市的初高中只招聘公费师范生和985、211的研究生，比如我签约的学校就是这样。甚至有一些好的学校，只招聘公费师范生。毕业之后，我就可以直接到我签约的那所学校任教，而我几个就读省属师范的高中同学还在考研究生来提升自己的学历，或者去一些乡镇学校当代课老师，一边工作，一边考编。和他们相比，我觉得我拥有了一个更好的起点，这个起点让我的就业更加顺利。

在实习和工作之前，其实我没有深入了解过教师这个职业。从小，我也没有想过自己要做教师，从来没有职业规划的意识。当真正工作之后，我发现自己是适合做老师的，我也喜欢做老师，我能够从教学的过程中获得成就感。所以，我应该一辈子都会从事教师这个行业。

入职工作一年多，我觉得在找工作的时候我义无反顾签下这所学校是正确的。当时，我还有另外一种选择，我还可以去省会城市面试一下，但是我没去。因为市区离我家更近，我是家里唯一的孩子，照顾父母会更加方便（但我不愿意回县城，不想离父母太近，我想要自己的生活空间）。另外，在选择学校的时候，我也有两个选择，一个是我实习的高中，另一个就是我最终任教的初中。我还是很快决定选择这所初中。因为我实习的高中在市区所有高中里排在中间位置。我们的大学就业指导老师上课的时候说过一句话："要么去最好的高中，要么去最好的初中。"因为这句话，我选择了这所初中。

我们学校的整体工作氛围很不错。我们学校的教师大致分为两部分，第一部分是凭着出色的教学竞赛成绩（优质课市级一等奖、基本功大赛一等奖等）从乡镇、县区调到我们学校的老教师；第二部分就是年轻的公费师范生。大部分老师都兢兢业业对待工作，努力提升自己的业务水平；当然也有安于现状的，在老教师里面有，在入职不久的新教师里面也有。作为一名新教师，我不想"摆烂"，这种态度与我的成长经历有很大关系，我觉得自己能够考上华中师范大学的公师专业真的是非常幸运的，应当好好珍惜工作机会；另外，在学生阶段，我因为心理问题没有办法拿出最好的状态去学习，这一直使我非常遗憾。因此，我有点补偿性心理，想在工作上好好努力；还有就是，我始终觉得自己的家庭经济情况并不是很好，我身边有很多同事一毕业，爸妈就帮着买车买房，而我的父母在物质层面不能帮助到我，我必须要通过自己的奋斗和努力。

在一年多的教学生涯中，我度过了适应阶段、倦怠阶段和重塑阶段。适应阶段是入职的第一个学期，我自由且有着一腔热情，但对工作中的各个方面都很陌生，自己的教学没有形成系统，没有自己的学科教学理念。在教学中，只能通过听教学组长的安排或者模仿有经验的老师来完成工作，只知道要去做什么而不知道为什么要这么做。倦怠阶段是第二个学期，工作中的很多东西我都已经熟悉了，只要按部就班去完成这些事务就好，一切看起来都很轻松和顺利，但我的心里没有什么激情，甚至觉得很多任务没什么意义。第三个阶段是重塑阶段，入职的第三个学期，我渐渐把目光从外界事务转移到自己身上。我不再满足于每天完成学校安排的相关事务，我还想形成自己教学提升系统，通过不断学习来提升自己，渐渐形成自己的教学风格。在这个阶段中，我的教学师傅对我的影响非常大。他是一名文学功底深厚、教学技能纯熟而且才华四溢的语文老师，教学非常有自己的风格。我非常崇拜他，他刚获得我们省2022年优质课大赛的省赛一等奖。每次和他交流，我都在想我要是能在多年以后成为这样的语文教师该多好啊，他就是我努力的榜样和方向，我就想成为他这样的语文教师。他在一定程度上鼓舞了我，让我努力在繁忙的教学事务外坚持看书和思考，努力提升自己的教学业务能力。我希望我终有一天能像他一样优秀，能够拿到各种大奖，获得职业晋升和别人的肯定。

四、子女的发展规划

我目前没有结婚，没有小孩，但对于小孩的教育有过自己的设想。我未来如果有小孩，也一定会让他走高考这条路。首先，我能够为小孩提供比上一辈更好的教育引导和陪伴，我从事教育行业，了解到的教育方法更多，在教育小孩的时候会考虑得更多、更细致，让小孩在身心健康发展的同时，各方面能力都得到提升。其次，我能够为孩子提供一个舒适、安静的学习环境，因为我受过长期的文化教育，树立了终身学习的理念，能够陪着孩子一起学习。最后，我能为孩子提供更丰富的学习资源，比如书籍、兴趣爱好培养、升学信息、择校机会和就业信息等（在乡镇没有兴趣爱好班，也没有书店）。我打算让我的孩子初中就读我自己的学校，高中就读我男朋友所在的高中。至于大学和专业，就看孩子自己的想法，如果孩子有出国学习的想法，我也想尽力支持。希望在我们这一代人的努力下，我的孩子有更强的能力、更高的平台和更多的选择权。

五、小结

对我而言，我的人生发展关键词是"努力"与"机遇"。"公费师范生"政策就是我人生中非常重要的机遇。作为一名公费师范生，读大学期间会被免除学费和住宿费，每月还有补助，这为家里节省了很大一笔开销，为父母减轻了负担；毕业之后直接就业，父母不操心；工作稳定，父母认可，自己适应且喜欢，还能从中获得价值感。我的人生因为公费师范生政策从学生年代的压抑、抑郁变得幸福、轻松，我就像穿越了一片荆棘，最终走向了幸福的花海。但生活还在继续，我深知未来定不是坦途，但人生至此，我觉得我已经足够幸运！

（2023年1月20日）

张威：成为公费师范生不是偶然而是幸运

一、学习经历

其实，对于我来说成为一名公费师范生并不是一种偶然，多少是有一点幸运在里面的。我的父母都是高中教师，受父母的职业影响，我从小就是在学校这个环境中长大的，对于教师这个职业既不排斥也谈不上多喜欢。我从小比较听话，对于父母建议的职业规划一般会选择遵从。而我父母从我上高中开始就一直关注着公费师范生的政策，所以我成为一名公费师范生不是一种偶然，前期也是做了充分了解的。在我报考的时候这个政策还不叫"公费师范生"，而是叫"免费师范生"，我们刚入学时签订的合同要求我们必须工作满10年才能离开教师这个岗位，但是在我们上大二的时候又重新签订了一份合同，其中就提及我们由免费师范生改为公费师范生了，而且工作要求也由10年改为6年，其他的政策在我的印象中就没有什么太大的变化了。

父母对相关政策的持续关注，以及他们同事家的孩子报考免费师范生并顺利找到满意工作的例子，使得我父母对于招收免费师范生的学校很有好感。加上我高中的成绩很不错，父母对我报考免费师范生是抱有很大期望的。但是一切都是在变化着的，高中入学时优秀不代表你会一直优秀，自从高三开始文科综合后，我的成绩就变得忽上忽下。好在最后是够幸运，高考的成绩还能让我报上免费师范生。我的父母都是高中文科老师，在我们那个还文理分科的年代，我父母希望我能选择文科，毕竟他们能提供给我一定的帮助和指导。其实我初中的文理科成绩差不多，甚至理科成绩要好于文科，可是我的父母认为我的综合潜力不太适合学理科，所以在文理分科的时候极力劝说我选择文科。听话的我尊重了父母的建议，毕竟我知道他们是为我好。事实证明，听父母的话选文科以及报考免费师范生都是正确的选择。但是青春期的叛逆在我高三的时候体现得特别明显，上课注意力不集中、厌倦考试、总想着逃学等一系列表现使得我的成绩由"万年老二"下滑了很多。所以我的高考成绩并不是很理想，父母不建议我复读，因此我决定努力去研究报考政策，争取报到自己想要去的学校。

2017年报考时的景象直到现在我还历历在目。因为我所在的地方是贫困旗县（2021年已经脱贫了），国家有面向贫困旗县招生的国家专项政策，父母建议我提前去报国家专项。怀着激动忐忑的心情，我开启了报考的第一天，最开始的时候北京师范大学还是可以进去的，并且我想去的汉语言专业还是可以报上去的。但是等到大部分人上线以后，我连北京师范大学的录取线都不够了。所以我又尝试了其他几所师范院校。我的分数在分数段中偏后，我能报得上的专业并不是我非常喜欢的专业，但我不喜欢的专业竞争也十分激烈。我现在还记得当时我在最后选择了西南大学的马克思主义哲学专业，马上就要截止了，还剩1分钟不到，我已经做好去重庆上大学的准备了，没想到就在这关键的时刻，我居然被一个比我分数高的人挤出来了，真是让人哭笑不得。白白跟着报考了一天，硬是没报上。

在第二次报考的时候，为了保险起见，老师找了上一届文科班的学姐来帮我操作电脑并进行指点。这位学姐是东北师范大学的在校学生，也正是这位学姐的影响使得我最后选择了这所学校。其实在第二次报考的时候我还是很想报到北京各大高校，北京毕竟是国家首都，文化氛围浓厚，但其他学校都不是免费师范类，去北京只能是一个美好愿望。而妈妈认为一直没离开家的女孩子，出门在外得有人依靠，她想让我去东北师范大学读书，因为这所学校在长春，而我的一个表舅也在长春。不过事实证明，上大学之后我还是只能依靠自己。我终于成为东北师范大学2017级的一名新生了。其实也是真的没得选，以我的成绩最终能成功报考免费师范生，很大程度上是因为东北师范大学招收的是小学教育专业。在报考的时候，有一个和我的分数一样的同学，他也想报考免费师范生，因为他有个亲戚就是东北师范大学的一名免费师范生，但是由于招收的是小学教育专业，他犹豫了。东北师范大学在我们地区只招收1名小学教育专业的学生，所以说我真的是非常幸运的。在最后出结果的时候，我真的是格外紧张，很怕这一个名额也被人抢走。当时我们也预感到了，如果这次我再没有报成功，那我可能就和免费师范生无缘了，甚至再也没有机会成为一名教师了。当时如果报不上免费师范生，我肯定也不会选择其他的省属师范院校，而我妈给我的选择是要么报考免费师范生要么选择一所学校的汉语言专业就读。我分数相同的那位同学最终决定去另一所学校读汉语言专业，我们悬着的心终于放了下来，报考免师之路如愿以偿。

我是在父母的陪伴下长大的，读大学是我第一次离家那么远，而且我以前从来没有住校经历，因此在外读大学对我来说也是一个挑战。我的求学经历可以说一直是机遇与挑战并存。因为在我的大家庭中，妈妈这边的亲戚几乎都是老师，我就读的小学，就是我老姨任教的小学。虽然我小学的成绩不是非常优秀，但还是得到了老姨的照顾，在我的印象中我一直不算一个聪明的孩子，只能用努力来形容。但是经历了种种以后，我也发现了我不是不聪明，而是有时候太任性，好在我能及时调整自己，很有上进心，能找对方法尽快追赶上去。我初中在妈妈任教的学校就读，很多老师是看着我长大的，我得到了他们很多的照顾。所以我在初中时真的是在用心学习，这也为我高中的学习打下了坚实的基础。高中时期，由于我的任性以及青春期叛逆，我没有取得理想的高考成绩，最值得我骄傲的就是我报考的时候做对了选择，选择了东北师范大学，很

扎根乡土与向阳生长：定向西部地区培养的公费师范生口述史研究

幸运地成为一名公费师范生。

大学的学习在一定程度上改变了我对于这个小学教育专业的看法。因为东北师范大学的小学教育是不分学科的，是全科教育，所以在上大学的时候，我们学的几乎是小学所有学科的内容，既包括语文、数学、英语这些主科，也包括音乐、美术、道德与法治等一系列课程。这种课程安排在一定程度上使我们得到了全面发展，对于小学的各个学科也有了深入了解，同时也使我爱上了这个专业。可能是性格使然，我觉得自己还挺适合教孩子的。刚进入大学时，我唯一的想法是好好学习自己的专业课，尽最大的努力在大学继续保持优异的成绩。通过自己的不懈努力，功夫不负有心人，我的成绩从入班时的比较靠后，到在小学教育公费师范生专业中稳居第一。

丰富多彩的大学生活，让我的青春有了亮丽的色彩，也让我拥有了值得纪念的大学生活。我们寝室一共6个人，真的可以说是来自天南海北。有贵州的、安徽的、辽宁的、陕西的甚至还有西藏的，因为我们大学安排寝室的时候有要求，6个人不能来自同一个省份，所以我就拥有了5个来自不同省份的舍友。大学四年，因为我们每个人都比较独立，我们的寝室氛围也是非常不错的。我很喜欢和他们在一起时的氛围，需要依靠的时候他们会帮你取暖，需要自由的时候他们也会给你自由。大学四年，真的很感谢舍友们的包容和理解，是他们使我的大学生活变得十分难忘。在刚刚入住这个寝室的时候，我就问过大家为什么要考免费师范生，大家的原因各不相同。有的是因为家庭原因，免费师范生不用交学费还有补助，有的是为了有稳定的工作。而且在不同的省份，免费师范生的热度是不一样的，别看在我的家乡有很多人想要报考，但是在南方的一些地方，免费师范生并不是一个热门的选择。而且小学教育这个专业也不是大家的第一选择，很多同学是被调剂过来的。可能在当时小学教育并不是一个热门专业，但是随着两孩政策的放开，小学教育专业也渐渐成为热门。在我的下一届，很多高分的理科生也报考了这一专业。

二、工作经历

从一开始报考到如今毕业后参加工作，我一直没有后悔选择这个专业。在大学有机会换专业的时候，我也没有动摇过。从始至终，我都坚定自己的选择，虽然我爸妈也曾劝说过让我大学试着转一转专业，去汉语言或者英语专业试一试，然而在深入小学真正地接触到天真无邪的小孩子后，我爱上了这个专业，也真心希望能通过自己的努力为家乡的基础教育贡献自己的力量。所以在毕业找工作时，我的第一选择是回来。没有选择大城市而是按照合同回到自己的家乡工作，我也没有后悔过。因为在这里有我最爱的家人，身边也是熟悉的环境。工作以后，我最大的感受是知识真的可以改变命运。我是来自小县城的孩子，但能通过自己的努力来到市里工作，我认为自己的一切付出都是值得的。

和周围的同龄人相比，我和我的对象都是工作比较早的。很多人选择在大学毕业后保研或考研，在我们已经工作一年半以后，我身边还有很多同学在读书。在工作一年以后，我也顺利地读上了在职研究生，我希望自己可以兼顾学习和工作，顺利地读完在职研究生，充实自己的学识。这种边工作边读研的经历使得我在一定程度上能够做到理论和实践相结合。在实际教学中学深悟透，把理论灵活运用在课堂上、生活中。我相信自己在读研究生期间定会收获甚丰。

在选择工作地点的时候，我的第一选择是家乡，然而这边迟迟没有公告以及其他方面的原因，使我也尝试过D市还有自己的小县城里的学校，种种尝试都增加了我的人生经验，使我更加明确了自己的选择。每个地方都有每个地方的风景，我们不必羡慕有些同学可以去自己省份的省会城市，也不用羡慕非公费的同学可以去深圳、北京等大城市发展，无论在哪里，作为教师，只要你师德高尚、本身素质过硬，你就能收获学校的认可、家长的信任和孩子们的喜欢。

从大学实习到工作以来，和孩子们接触唤醒了我的童心，孩子们的天真拨动了我的心弦。每次面对孩子们，我都想努力保护他们的童真，希望自己能为他们的成长助力，为他们奉献我的一生。只愿我的孩子们能够越来越好，也希望他们能够保持童真，健康快乐地成长。在小学这个阶段能健康快乐地成长，是我对他们最大的期望。

三、小结

从始至终，我没有后悔过报考公费师范生，我希望自己能够不忘初心，以自己微弱的一分光，照亮家乡孩子的一片天。距离自己选择当一名公费师范生仅仅过去了不到6年，但是这个选择改变了我的命运，感谢国家公平的招生政策，可以让我更加坚定自己想要当老师的选择。漫漫人生路，不知不觉已工作两年半，未来的路我会更加努力，踏实工作，认真对待生命的每一分钟，认真对待自己的工作，认真与孩子交流，言传身教，带动和影响孩子们追求梦想，直面挫折。希望有志向报考公费师范生，真正想为国家教育事业贡献力量的学子都能如愿。

（2023年1月17日）

第四章
求知者：知识就是无穷的力量

唐天：愿你果敢前行，向阳而生

一、父辈的职业情况

我的父母都是农民，我的爷爷奶奶、外公外婆，也都是农民。我的爸爸年轻时基本每年都会出去打工挣钱，主要是在工地上干活，搞建筑、修边坡等各种小工的活他基本都干过。他一辈子也没有学什么技术，都是靠卖苦力挣些钱。我的妈妈也是农民，基本上一辈子都生活在我们镇上，没有出过远门，也没有出去打工。

二、本人的学习经历

我于1990年出生在蓬溪县。我应该是5岁半去读的幼儿园，记得不大清楚了。幼儿园和小学在一个校园中，在我们村里，学校旁边就是大队办公室。幼儿园只有一间教室、一个老师、一个班，没有大班、中班、小班的区分，所有学生都在一个教室上课，也没有教学内容的区别，幼儿园即将毕业的和刚入学的小孩都学同样的内容。幼儿园的老师姓张，具体名字我已记不清楚了，张老师曾经教过我爸妈，后面又教了我。如今我的脑海里还留有幼儿园教室的模糊印象：一块反光的木板，即便刷了黑色的油漆也还是反光；教室里没有灯，阴雨天时，学生完全看不到黑板，只能把座位移近一点。我们的课桌、板凳都是双人的，长条形的，下面是镂空的，没有放课本的地方。石板墙上还有缝隙，透过缝隙能看到隔壁，隔壁是全校唯一的一间教师办公室，我们经常利用这条缝看老师有没有过来上课。这个时候，也有人会问我们的梦想是什么，将来想要做什么。那个时候，听到别人说要当科学家，自己也就跟着说要当科学家，于是班上几乎所有同学的梦想都是当科学家。幼儿园时，我其实是不爱学习、贪玩懒散的那种小孩子，在家里还经常和姐姐打架。

　　再后来，我就继续在我们大队的小学读书。我从一年级到五年级都在那个小学读书，一年级印象不大深刻了，倒是二年级的时候，我们老师要求背九九乘法表，背不下来放学就不能回家，要留在学校里面直到背会。而我就是属于背不下来的那一类人。一直背呀背，背到天都黑了，才摸黑回家。二年级的期末考试，我考得很差。到学校去拿成绩单时，天还下着雨，走着泥泞的道路，看着成绩，想着回家要挨骂，我很忧伤。为了不挨骂，我改了成绩单上的分数，但是拿回家后就被我爸一眼识破了，他狠狠地骂了我。自那之后，在学习上我不敢再马虎了，开始踏踏实实上课听讲，课后认真完成作业。我的学习成绩开始慢慢上升，基本都能够考到90分，不会再挨骂，但也没得到过表扬。整个小学阶段，我的成绩在班上属于中上的水平，也就是班级10名左右。由于家里没有学习的氛围和环境，我在家没有办法静下心来完成作业，往往都是到了最后期限或者假期结束时，早早去学校补假期的作业。小学阶段，我们班经常更换任课教师，基本一年一换老师，教师的流动性比较大。实在没有老师，学校就会去找代课老师。因为我的成绩还不错，我的小学老师，特别是谢老师，也就是我们学校的校长，对我印象很好，现在他都还记得我。另一位印象比较深刻的老师是我二年级时的林老师，她对我们比较严格，我们都怕她。

　　到了小学六年级，我就从村里的学校进入镇上的中心小学和初中学习了。相对来说，镇上学校的教学条件比村里好很多，各门课基本都开设了，各科老师基本都有。进入初中时，因为小升初成绩还可以，我进入的是我们年级最好的一个班，班主任知名度很高，而且也是教过我妈的老教师，很有经验。然而我初中的学习并不是一帆风顺的。因为班上厉害的同学很多，而且我在学习上也有一些短板，比如英语，由于小学时没学过，我是从初一开始零基础学习的。我印象比较深刻的是，初一上学期期末考试，我的英语只考了六十多分。当我看到同班一个小学同学很认真地学习英语，并取得了不错的成绩时，我深受触动。这时我才意识到，我付出的努力还远远不够。之后，在他的影响下，我也开始认真主动学习英语，在他和其他同学以及老师的帮助下，我的英语成绩能够考到80分以上了。我的英语语法也是在这个时候打下了坚实的基础，以至于进入高中学习，我的英语成绩也一直很稳定，基本上都可以考到120分。我们的英语老师陈老师，是一位极其严格和负责的老师。我很感激她，正是在她的严格要求下，我的英语成绩才达到了理想分数。我印象很深的是有一天晚上要听写英语单词，然而贪玩的我并没有在白天的时候认真去记，到了晚自习，我起了作弊的心思，就提前把单词写到了手上，在老师听写的时候偷看手上的单词。结果，被陈老师发现了。她把我的手摊开，看了看我手上的单词，然后看了我一眼，并没有说什么，也没处罚我。但是，我的脸却迅速地涨红了，我羞愧得无地自容。自那之后，我就发誓，我绝对不会再作弊了。那之后的每一次听写，我都会提前记好，哪怕没记准确，错了也不会作弊。

初中阶段，我变得认真、踏实、懂事了。但是，人变得很内向，不善于交谈、表达。想来应该是跟我妈妈生病有关。我念初中时，我姐姐已经辍学去外面打工了，我爸也一直在外面打工。家里就只剩下我跟妈妈两个人，妈妈还生着病。也正是在那个时候，我想明白了一些事情，我必须承担起我应该承担的责任。所以，在周末以及寒暑假，我都和妈妈两个人干着家里的农活。我开始像大人那样，扛着稻谷、推着肥料、堆着玉米垛、担着麦子……突然间，我好像长大了，知道要为家里分担压力，要承担起家里的责任，也开始思考将来要做什么的事情，学习上也更加努力了。我明白像我这样不聪明的人，想要获得成绩，只能加倍努力。所以高中期间我特别努力，心中只有一个念想,那就是要拼尽全力考到最好,一定要考上大学。我也很感激我初中时的班主任,他了解我的家庭情况,班上有贫困资助的时候,他都会考虑到我。

就这样,我顺利地从我们镇的初中,进入到了我们县的高中。依据中考成绩,我被分到了我们年级的A班。我也是觉得挺开心的。但是,刚好是我们这一届,也只有我们这一届,是进入高中时直接根据个人意愿分文理科的。我选择了文科。那时我对文理科是一点概念都没有的,对于学习的内容以及对高考、大学专业等的影响我一概不知,也没有向其他人寻求建议。虽然我还是被分到了文科的A班,但是只有我自己知道,我的记忆力不行,初中的历史、政治、地理就学得很差,没想到高中还要记忆这么多东西。我比较有优势的学科是物理和化学,我却没有选择理科。现在想想,还是觉得挺遗憾的,初中物理竞赛我还去参加了复赛,虽然没有拿到奖,但学得也不差。

高考成绩出来了,我的分数超过一本线20分,可以上一所一本的学校。跟自己高中时的目标虽然差一截,但是自己也就是这个水平了。高中时,我想过要学金融、经济学或法律等,希望将来可以挣更多钱,早点解决家里面的困境。然而到填报志愿时,因为缺乏对专业和政策的了解,我填报了高中时第一个被排除的专业——师范专业。报考这个专业最主要的原因,是想为家里减轻负担。进入大学以后,我才发现自己的性格当老师没有优势。所以,在大学以及在刚参加工作的前几年里,我一直在突破自己内向性格的不足,去努力硬着头皮把事情做好。

现在回想起来,我的学习态度、学习习惯在初中之后就变得比较好了,也学会了在遇到困难时去积极探索、思考更好的解决办法。所以,即使高中学了文科,但是我依然能够把成绩稳定在年级前3名;即使班上比我聪明的人很多,我还是可以通过付出更多努力考得比他们更好;即使选择了与自己性格并不太合适的师范专业,当了老师,我依然在备受打击之后毅然决然站起来,突破性格局限，努力把教学做得比同年级、同学校的大多数老师更好一点。我想，这也是这一路走来我身上最值得肯定与继续坚持的地方。我的职业理想，当然是希望自己的教学能够有更大的进步，专业水平能够得到更大的提升，能够力所能及地帮助学生实现自我的价值。

三、本人的职业经历

2014年9月，我参加工作，来到四川的一个小县城上班，并没有到大城市或者市区工作。主要的原因是我不自信，实力不够，性格内向，以及专业不对口。当时的想法是，无论去哪个学校，只要自己努力工作，都可以干出成绩。刚入职没多久的时候，因为工作上的困难，我压力很大。在关键时期，我遇到了我的老婆，跟她在一起后，我改变了自己的想法，开始认为踏实教书、积极解决困难才是最重要的。慢慢地，我在工作上有了改变，获得了领导和同事的认可，同时也给自己带来了信心。因此我的贵人，就是我的老婆。之后我希望自己在做好工作的同时，也能把家庭照顾好。

相对而言，公立学校的工作比较稳定，待遇也不错，同时也有假期来陪伴家人。我已经完成了买房、买车、结婚生子这些事，这已经比大多数同龄人要好了。闲余时间，我喜欢运动和看书，也在努力提升自己。

四、子女的发展规划

我希望我的孩子能够接受更优质的教育，健康快乐地成长。因为身处教育行业，我能够体会到好学校好师资的重要性，也能够为孩子的教育做些努力，争取相对而言更优质的教育。我自己也在尝试，也在努力，希望能在孩子的教育发展方面，再做点事情来改变些什么。虽然知道很难，但还是需要努力，为了下一代，也要再继续向上突破一下。对于孩子的未来发展，主要还是以兴趣导向为主，我并不想给她太大压力，只要健康快乐、自立自强，那就可以了。

对于她兴趣爱好的培养，阅读、表演、舞蹈、书画等都可以尝试，但不强求，关键看她自己的兴趣，作为父母，竭尽全力支持就行。同时，在家里，我们想努力地给孩子营造出良好的学习氛围，以身作则，培养孩子各种良好的习惯。对于孩子未来的职业，更多的还是希望她从事稳定一点的职业，比如医生、教师、公务员、律师等。

五、小结

总的来看，一个人的成功背后，是几代人努力的结果。而实现阶层的流动，也需要几代人共同努力才行。一个人只有在现在的基础上努力向上生长，尽量做最正确的决策，尽自己最大努力去做得更好，才能实现更好的人生，实现阶层的跨越。父辈做了他们那个年代背景下他们能做的最大努力，而我也在目前的环境下做了该做的努力。那么，我也希望我的孩子将来可以有更大的自由去争取自己想过的生活，从而实现她自己的人生价值。

（2023年1月29日）

第四章　求知者：知识就是无穷的力量

李木子：免费师范生的心路历程

一、个人介绍

我于1994年出生在宁夏西海固地区的一个偏远村庄，家里有爸爸妈妈，还有3个兄弟，我在家排行老二，家里三代人都是农民，经济状况在全村属于倒数！在同龄人上学前班的时候，我还在家里帮妈妈带孩子，看护我的小弟弟，等到7岁的时候才上一年级。小学是在我老家的一个村小里读的，那时候我大字不识一个，在班级里，老被当作典型对待。因此，那时我是一个极度自卑胆小的姑娘。一直到了三年级，爸爸开始重视我的学习，而我自己也渐渐找到了学习的窍门，学习成绩才开始好转。

我的爸爸在我的印象中，是一个极其严肃的人，他脾气暴躁又爱面子。小时候，我最盼望的事情就是爸爸出去打工，这样就会没有人管我们，即便日子过得苦一点，也很开心。妈妈是一个极其善良的农村妇女，非常能吃苦。她每次去集市，都会给我们买好吃的。我记得爸爸好像是从我上学开始就不再出去打工了。因此，我们小时候不是在帮爸爸妈妈干活，就是在帮爸爸妈妈干活的路上。给牛割草，割麦子，放牛，反正能做的我们都做。即便是这样，爸爸一生气还是会揍我们。记得有一次，我们几个在河里抬水，看到村里有人种了西瓜，那时候我们家也刚开始尝试种西瓜，但是我们家里的西瓜看起来小，别人家的大一些。我们就商量着摘一个尝尝。再后来，那家人找上门来了，爸爸拿着柳条把我们三个小孩堵在院子里打了一顿,我们跪在地上不停求饶也无济于事。记得打完之后,我们的身上全是又青又紫的印子。真是可怕!从那以后,我再也不敢惹祸了!我要努力成为爸爸眼里的乖孩子。

我从初中开始便在乡里的中学读书,那时候,乡里的中学离我家有15公里远,如果天气好,可以骑自行车上学,如果自行车坏了或天气不好,我们就需要翻越两座大山才能到。中学的时候,我非常羡慕那些有新自行车的同学,或者可以住校的同学。我们家家庭条件差,买不起新的自行车,我只能骑着家里的二八大杠。中午不能回家吃饭,就吃从家里带过去的白馍。后来到了初二,学校开始给我们发饭卡,有生活补助,这时候才开始在学校吃午饭。有些学生为了省钱,中午还是吃白馍,只为了学期末用饭卡上的钱买火腿肠、榨菜,或者退成现金。初中的时候,我的学习成绩越来越好,从班级第10名一路向前,等到初三的时候,我已经能考到年级第一了。那时候我和哥哥在一个学校,他比我高一级,但是他的学习成绩非常差,经常考年级倒数,因此学校没少找我爸爸。实际上,我们的学习全靠个人努力,因为我爸爸妈妈都没什么文化,爸爸只读到三年级,连拼音都不会。妈妈是文盲,只知道给我们吃饱就行了,哪还能管什么学习。

我的中考成绩比我预想得稍微差了点,但是好在也可以上银川的学校。在同学的怂恿下,我报了银川的一所学校,为此,爸妈还严厉地批评了我一顿。就这样,我阴差阳错到了银川读书,开始了寄宿生活。银川距离我的老家非常远。我们首先需要乘坐小面包车到县城,这段距离要40分钟车程;然后乘坐大巴车去银川,一趟需要五六个小时。因为回家不方便,所以我们都是一学期才回一两次家,与家人的联系也比较少。来这个学校的学生家庭条件大都比较差,我们的生活中除了学习就是学习。我高一在平行班,高二文理分科的时候,就考入加强班了。我的成绩一直是我成就感的根源。

那时我们的生活里只有校园和课本,在我的印象中,我连图书馆都很少去，因为去了图书馆，作业就完不成，不写作业成绩就会下滑。当时在我的脑海中，只有每天吃饱和考个好成绩这两件事。我知道考好成绩可以读好大学，但是大学是什么？它意味着什么？还有所谓的专业又是什么？我对这些一无所知！

二、填报志愿

2013年高考最后一门考试结束后，我站在学校回宿舍的水泥路上，大脑好像停止了转动，一片空白，我想不起任何高考试题的内容，我只知道高考在这一刻结束了！我要去上大学了！

高考成绩出来的那一天，我正在老家帮爸妈干活，舅舅打来电话，问我考得怎么样，我说不知道。然后舅舅帮我查了高考成绩，我记得特别清楚，534分！还不错，超过一本线七八十分，应该可以上一个好大学。

接下来就是填报志愿的时候了，我记得时间特别紧张，最后好像只有2天时间用来选择志愿。这是有原因的：当时要去学校拿填报志愿的条形码和成绩单，我家离学校又很远，我必须到县城乘坐大巴车耗费五六个小时才能到市区，基本上路上就要耗费一天时间！又因为我难得考了这样的好成绩，是当时3个邻村最好的成绩，不想随便报个学校，可是爸妈又没什么文化，对大学也不了解，我自己也没有想法，所以爸爸带我去拜访了一个远房亲戚，想问问他有什么建议。但是他太久没有接触填报志愿的事情，因此也没能给出什么好的建议。就这样我在爸爸的陪同下去了学校。

拿到志愿条形码的时候高中班主任特别强调："填志愿的时候一定要选上调剂，要不然就滑档了，那就麻烦了。"就这样，我稀里糊涂地拿着学校给的填报志愿的参考书和条形码去了我叔叔家，自己对照自己的分数选了几个差不多的学校，其中便有华东师范大学数学专业，接着和堂弟一起去网吧填了志愿。我听了高中班主任的话，在每一所大学后面都选了调剂。

那时候家里人只知道医生、老师这些刚需的职业，对其他的职业一概不知,也不知道专业与职业的关系,只知道师范毕业以后就是要当老师,医学院毕业以后当医生,至于学什么不太重要。后来我和爸爸来到叔叔家,叔叔说报个师范吧,就算其他学校录不上,还能有个师范保底。我们对照着参考分数线,找到了华东师范大学,后来我被华东师范大学提前批录取,专业是特殊教育。至此我成为了一名免费师范生,然而我们都不知道免费师范生意味着什么。

三、成为免费师范生

我所在地区的教育部门会给考上本科的大学生发放教育补助,当时有工会、教育局、政府以及燕宝基金等多个部门发,我们家里的情况确实也很需要这笔补助,但是每当我拿出自己的录取通知书,工作人员看到我是免费师范生,学校免学费,就说我的学校不在补贴行列。因此我们跑了很多单位都没有领到相应的补助。相比高考成绩,家人以及亲戚都认为我的大学志愿报得很失败。

其实在当时我还有另外一个选择,就是再复读一年,可是我不想浪费一年时光,不想再经历一遍高三,而且当时听说大学也可以转专业。就这样我决定去读大学。那时候我也不知道免费师范生对我又意味着什么。

进入大学,我才知道免费师范生意味着大学不用交学费、住宿费,而且每月还有600元生活费。这其实已经很不错了,600元的生活费已经减轻了父母的负担。但是其他非免师生的学费可以贷款,燕宝基金每学期有4000元的补助,当地政府还有相应的路费补贴。相比之下,他们上学的压力更小,校园生活也没有那么拮据。

四、工作后的6年时光

我所在的县城对免费师范生很优待,只要是来县里工作的免费师范生,入职后教育局会给3万元的生活补贴,并提供一套55平方米的教师公寓居住,只需要交2000元的押金，之后自己承担水电暖的费用，工作满6年后还有10万元的现金奖励。这些优待对于刚刚毕业的我们来说是一个非常大的诱惑，也解决了我们住房和生活的大问题。这样的政策让我有了非常大的自信心，相信是金子总会发光。在自己生长的县城发挥自己的作用，为当地教育贡献自己的一份力量，也是非常好的一条路。

因此，回到县城时，我便决心扎根当地，奉献自己的力量。在县城的工作整体上压力也不是非常大，工作节奏也比较慢。我一入职便担任了班主任，还兼任各种课程。虽然工作任务繁多，但是实话说，我非常开心地接受着这一切。

五、未来的打算

仔细想来，因为我读了在职研究生，拿到了双证，因此，相比同时期评二级的老师，我可以优先评一级职称。所以，在以后的生活中，我可能还是以自己所学的专业为主，继续研修，将职业发展的计划放在评定职称上，希望在以后的职业发展中有所建树。如果以后有机会和能力的话，希望可以再继续深造，读个博士。另一个打算是，受家庭关系和工作环境的影响，服务期满后，如果有机会的话，希望可以回到市里工作。

（2023年1月18日）

第四章 求知者：知识就是无穷的力量

许宁青：教师，偶然中的必然选择

一、父辈的职业情况

我出生在广西一个偏远的山村，家里祖辈都是农民，到了父母这代开始有人外出务工。奶奶是个地道的农民，没受过教育，不识得几个字，观念老旧，重男轻女，并且事事偏爱她的大儿子，也就是我的大伯。爷爷虽是农民，但受过些许教育，还当过我们村小组的组长，有一定的阅历。可惜他的文化没用在正道上，也没用在子女教育上，而是用在了研究六合彩上。我童年的大部分时间，父母都在为生计外出务工，每月往家里寄生活费。我跟弟弟妹妹留守在家，爷爷奶奶照顾我们。他们能管我们的温饱，但管不了教育，学习上的事情我们都是靠自己摸索的。我很感谢他们能在家照顾我们，让父母在外安心工作。但我觉得爷爷奶奶并没有给我们树立正面的榜样，所以我不希望成为他们那样的人，那时的我希望长大的自己能有更好的生活，能让这个家变得更好。

我很感谢我的父母，也很爱他们，他们有很多优点值得我学习，但在教育理念上他们跟我有许多冲突，他们没有给我们四个孩子成长路上必要的引导。但我理解他们，都是苦命的人，很多事也是迫不得已。祖辈没有什么资源，因此父母只能靠自己。因为家里穷，父亲连小学二年级都没有上完就成了职业放牛娃，后面又跟着打工的人流向广东。后来，我从父亲口中得知他干过很多工作，做过工地工程，最远到过内蒙古干工地，但后来因为收入不高，换了修车的工作。修车一段时间后他觉得这活又脏又累，没做下去。我小的时候他在家具厂做喷漆工人，收入还可以，那个时候每月就有8000元的工资。如果这样下去，我们家的情况应该很快就能好转。可惜刚有点好的苗头，父亲就听信了朋友的话，不顾一切回老家创业，做家具，结果亏损严重，还欠了一屁股债。家具厂倒闭之后，他又去广东找了个厂上班，还是做家具，其实做得也很好，成了油漆部门的主管，月薪上万元，也带动了老家很多人在厂里上班。但后来，因为家里修建房子，还有长期接触油漆，他的身体出了问题，我上初中的时候他就把工作辞了。父亲选择了回老家休养，刚好碰上爷爷中风，后面就一直在家。目前他在家种点田，跟人合伙经营一个养猪场，这几年，非洲猪瘟、高热病等导致养猪场基本没赚过什么钱，同时也把家里多年的积蓄花得一分不剩，还欠了银行五万元的贷款。母亲受过高中教育，外公外婆也很支持她读书。但母亲有考试焦虑，所以考了好多次大学没有考上，最后放弃了。当时也有人叫她去学校当代课老师，她嫌弃代课还没有去广东砍甘蔗的工资高，拒绝了。这也是母亲至今十分后悔的事情，她觉得自己当年选错了，导致这一生都过得很苦。所以母亲对老师这一职业有执念，这种执念后面也或多或少地影响了我。母亲的第一份工作是帮人砍甘蔗，后面因为待遇问题，她不断地换工作，在制衣厂、冰场等上过班。三十岁的时候，母亲结婚，然后生了我，一年后又生了妹妹，都是在我们八个月大的时候就给我们断了奶外出务工去了。母亲在2002年回来生了小妹，2004年生了弟弟。那段时间她都在家，是典型的家庭妇女。结婚后，母亲都是跟着父亲出去工作，父亲去哪她就去哪，后面是父亲留在家，她独自外出务工，做那种电线插座的接头，待遇还可以。后来因为妹妹辍学打工，母亲不放心，就跟着妹妹到了灯饰厂做灯饰，一直到现在。

  小时候，我们家在村里是特别渺小的存在，家里穷得被别人看不起，直到家里修了房子，父亲待在家的时候又帮着大家解决了很多问题，不管是红事白事父亲都会去帮忙并且发挥重要作用，这一境遇才开始改变。从父母口中，我也了解到家里的经济情况时好时坏。5岁的时候我营养不良，想吃点好的都没条件。7岁时我上小学，家里一分钱都没有，上学的钱还是外婆让邻居拿给母亲的，她怕母亲没钱又不好意思问。我家离外婆家走路就十分钟，小学那段时光，我最经常做的事情就是去外婆家背米、背糠，不然吃饭都成问题。当时我对这一切并没有清晰的认识，长大后重听母亲叙述，才觉得好苦，特别是母亲，很不容易。

父母文化水平不高，与我们思想层面的交流其实很少。尽管他们会在物质上尽量满足我们，物质上有时我们是富裕的。但很遗憾的是精神上，我们四个孩子都有缺憾，并且给我们未来的生活也造成了很大的影响。留守长大的我们，非常独立，有一定的生活能力，但我们内心都十分渴望被照顾、被关注。他们忽略了这些，对我们是放养态度，只要我们不做坏事、平安长大就可以了，他们最怕我们学坏，比如拿钱去网吧打游戏。在学习方面，他们只会在口头上说，希望我们好好学习，不然将来就会像他们一样辛苦。但除了期末问问成绩，平时并不会对我们的学习有太多的关注，也没有什么学习上的指点。他们认为，智商这种东西是天生注定的，不能强求，聪明的孩子从来都是聪明的，不用过多干涉。这可以看出他们的教育理念十分落后。回忆过去，我是在学习方面受他们关注最多的。小时候，他们外出务工也带上了我，母亲给我买了本子和笔，教我写字，我只有把字练完了才能出去玩，那是我接触学习的开始，这也给了我在学习上最初的自信。刚上小学的时候，老师上课讲的知识我都懂，因此考试都是满分，我十分骄傲，学起来也更有自信了。父亲深受没文化的苦，在家具厂的时候，他很受老板器重，但由于文化水平低，很多事都没能力做。所以父亲特别希望我们能认真读书，也特别支持我们读书，只要我们愿意读他就会一直支持下去。特别让我感动的是，当得知我考上市里的重点初中的时候，父亲就开始给我攒上大学的钱。虽然这笔钱我最后没有用到，还被投资到养猪场亏得一分不剩。但这一举动，让我看到了父亲对子女教育的支持。特别是两个妹妹辍学打工后,他几次下广东想叫她们回来上学,但很遗憾妹妹们都不听劝。而母亲经历了太多奔波的日子,所以十分希望她的孩子有稳定的工作。我觉得这也是想要弥补她当年没选择当老师的缺憾。她常说:"现在的条件这么好,还不努力。我们当年都没有这样的条件,一定要好好学习,不然一辈子就跟我一样,没有保障。"父母也受到了邻居的影响,觉得当老师特别好。我们家有个邻居在村小学当老师,工作稳定,还能照顾家里。这是我父母想成为的样子,但很遗憾他们无法实现,所以他们希望自己的孩子们能成为他们想成为的样子。所以我当老师,多多少少是受到了他们的影响,我也渐渐成了他们想成为的样子。

二、本人的学习经历

总的来说,我应该算是"别人家的孩子"。我自尊心比较强,在学习上有点爱和别人比较,不希望自己比别人差太多,也觉得成绩能给自己和家人带来很多快乐。

小学阶段,二年级以前我是在分校上学。那个学校的老师都是家里认识的,但也瞧不起我们家。我记得一年级秋学期期末考,我考得比另一位同学分高,老师却把奖状给了那位同学。我当时很不开心,回家大家问我有没有得奖,我都不好意思说。我介意这件事,但我不知道跟谁说,过去了慢慢也就释怀了。当时我更加努力,二年级终于拿了第一名,挣回了面子。三年级,换了老师,也换了一批同学,我第一次感受到了老师对我的尊重。虽然我当时并不突出,但是老师会认真地对待每一位同学。我上课认真,也会帮老师分担工作,我很享受老师对我的关注,人也更加自信,也更加喜欢学习。期末,我考得很好,数学满分,语文也很好,得到了科任老师的表扬。我感受到了成绩给我带来的好处:周围善意的目光多了,家里人也很开心。四年级,科任老师又换了,但我热爱学习的心没变。四年级时的班主任是位更加严厉的老师,但她也十分关注我。我成绩好,又当了班长,成了班级的领头羊,因此越加自信。我印象最深刻的是有次早上升旗领奖,每一个奖项都有我的名字,每一次上台的都是我,同学们在感叹中透露着羡慕。那个时候基本所有的老师都认识我,这也是我学习生涯最快乐的一段时光。我在这样的环境中成长着,然而到了六年级,我的成绩出现了下滑。那段时间,家里面乔迁,各种各样的事情,我也得跟着转。学习任务又重,十二点都不能睡觉,早上又要很早起床,导致学校自习课我都是拿来睡觉的。我的成绩出现了下滑,也被班主任打过电话给家长,咨询了解家里情况。我当时也很无力,不懂该怎么调整,很幸运老师没有放弃我,而是一直鼓励、支持我。那个时候县里面有一所重点初中,小升初考试考得好的人才能去那个学校,老师对我寄予厚望,希望我可以到县里上学。我当时其实压力很大,害怕自己不行,因为那时我的成绩十分不稳定,考试那一天早上,我还特地去庙里上了一炷香,祈求神明保佑。有点好笑,但我确实这么做了。我还记得小升初考试中有一道数学题是一道方程,我一时间不知道从何下笔,一直到考完第二天早上我才拿起纸笔算了出来,那道题十分,上重点初中是没戏了,于是我开始设想我到镇上的初中上学的生活。一天晚上,我的设想被打破,老师打电话来恭喜我考上了,说我刚好过线,不过还好考上了,她也担心了好久。我当时十分激动,很高兴能到县里的初中上学。到这个时候,我对教师这个行业,并没有任何想法,也没有对未来有太多的考虑,我只是觉得自己是家里的骄傲,可以去县里面上初中了。

我是留守儿童,早早学会了独立,所以从小学每天回家的生活到初中的住宿生活,并没有太多的不适应。不过,我在军训时经历了一些不好的事,性格有了很大的转变。那段时间,我周末不想待在学校,都是去舅舅家住,跟表妹出去疯玩,也对学习提不起兴趣。国庆前的月考,班里有八十多个人,我考了第45名,对比小学落差非常大。不出意外,回家之后,母亲因为成绩的事情念叨了我七天,我知道她希望我好,我也承受不了自暴自弃的后果,不希望被人看扁。所以那之后，周末很多时间我都留在学校学习，写作业。期末时，我考了第十名，终于有点像样了，后来我的成绩越来越好，再没有差过。我很庆幸遇到了很多好老师，他们给了我很多帮助。我认为也是这些老师影响着我，让我在学习上少走了很多弯路，这也为我后面选择师范专业埋下了伏笔。

上了高中，面对新环境、新同学以及新老师，我可以告别过去了。开学考我考得很好，文科年级第15名，理科六十多名，这也是我偏科的开始。我意识到自己的文科成绩有很大的优势，凭理科成绩我进不了重点班。所以我偏向了能进重点班的文科，当时班主任也说我的情况选文科没错。对于选科，我当时也没有太多的认识，只是知道文理，并不知道细分的情况，同时没有考虑未来就业的情况，也没想好未来要做什么。高一下学期开学分班，我靠着文科成绩进了重点班。但我的数学成绩很不好，最差的一次只考了60分，我可是初中能考满分的人，当时确实被打击到了。但我没有放弃，只是踏实地学，先不看结果，就看过程。数学老师一直鼓励我，说开始是这样的，后面会好的，并耐心解答我的问题。基本每天早上他都会出现在教室门口，帮同学们答疑。有这样的老师，学生很难不努力。我一直认真学习、做题，不断总结，后面数学成了我跟别人拉开差距的科目。我的高中生活就是不断地上课考试，假期很少，但我不觉得苦。在这所学校，同学很好，老师很好，我也很好。

高考结束，我在母亲上班的厂里打暑假工。这次暑假工给我的触动很深。我跟着母亲、妹妹在灯饰厂上班，负责将一些吊灯的零件组装起来，能够通电正常就算完成。结算的方式是计件，做多少就有多少钱。那段时间，我每天早上八点上班，中午十二点下班吃饭；吃完休息到两点上班，下午六点下班；晚上吃完饭，七点继续加班，十点半下班，回去洗澡休息。日复一日都是这样。其实真正工作的时间更长，因为母亲会先下班给我们做饭，我跟妹妹还要加班再做半个小时。休息时间是星期天的晚上，不加班，可以去逛一下超市。两个多月里都过着这样的生活，每天重复着一样的工作，我感到特别麻木，不知道

第四章　求知者：知识就是无穷的力量

这样的生活有什么意义。志愿填报的时候，我开始研究专业，其实也没有了解得十分清楚，只能摸着石头过河。父母并不能给我很好的建议，但如果我说到一些他们了解的专业，比如会计，他们就会反对，觉得没前途。并且他们觉得我身高上没有任何优势，还是选择比较有保障的职业比较好，比如老师。就当时的我来说，可能因为我求学期间遇到的老师都很好，所以就认为成为像他们一样的老师是挺好的一件事。我跟分数比较接近的同学交流，看了很多的师范院校，也浅显地了解了公费师范生。我跟爸妈说了一下情况，他们觉得很好，十分支持我。我还问了历史老师，他说之前也有学生报过这个，发展前景还是很不错的。于是我最终报考了华中师范大学的提前批，被录到了我的第三志愿，思想政治教育专业。

我的大学生活其实还是很快乐的，那是我人生最潇洒自由的一段日子。一开始课程比较多，后面课少了，我也有了更多的时间去做自己喜欢的事情，比如去图书馆看课外书，去校外做兼职。阅读会让我觉得生活变得充实，我也一直保留着阅读的习惯。兼职是因为不想问家里要生活费了，暑假时我会去做兼职，平时会去做家教，最远去过北京的教育机构实习，做辅导老师，最多的时候卡里有两万多块钱。在北京实习时，我遇到了一位十分厉害的政治老师，我从来没想过原来思政课还可以上得这么有趣。自此，我有了学习的榜样，也希望自己可以成为那样的老师，有趣、学识渊博。学习上，我不希望比别人落后太多，所以一直认真上课、按时交作业，还会参加一些教学技能比赛提升自己。我的成绩始终排在班级前列，每年都能拿到奖学金，也获得过校三好学生。

纵观整个求学生涯，我觉得我属于那种有一点上进心，但缺乏持续内驱力的人。所以我的成绩好，但又不是特别好。我只是想在一群人当中显得自己不那么平庸，这就够了。大学期间，我还是比较迷茫的，也有过动摇，也想过继续深造，因为现在学历稀释得太严重了，读了研或许能有更好的选择。我并不是觉得当老师不好，而是希望自己能够通过努力给家里带来更好的生活。现在看来，我只是成了家族中众多老师里的一个，并没有特别出彩，终究是有点遗憾。不过从我的小家来看，从农民到出现第一代教师，在这个小小的山村里仍然难能可贵。

三、本人的职业经历

我最终选择在省内一个县城的中学开始我的职业生涯，目前在这所学校待了快两年了，没当班主任。2021年毕业后，我来到工作的地方，并没有什么不适感，但也感觉到了重点高中的教学压力十分大，需要很强的承压能力。名校出身其实也是一种压力，如果做不好会给母校丢脸，同时领导更多时候看重的是一个人的能力，而不是学历。毕业后，所有的一切都要重新开始了，如果还想有进一步的提升，就需要不断努力。我刚来的时候，实践能力还很弱。不过我目标明确，就是想成为有趣、学识渊博的老师。因此我一直在努力提升自己。课上不好，我就多听课，多练习，研究教材，研究别人的优点。教师需要善于学习，要懂得向优秀的教师学习，这样才能不断进步。我虽然不是很聪明，但我很善于学习，很勤奋，我也清楚自己想要的是什么。刚来的时候我每天都去听课，去学习，听了一百多节课，这还没算上我在网上听的优质课，我不断写教学反思，不断思考课怎样上更好。我觉得教师，上课才是主业，因此教学能力的提升非常重要，而我也在不断关注自己这一方面能力的提升。我认为教学能力上去了，教学研究才会更加精进，做科研也更加容易出成果。目前，我还处于适应岗位的阶段，我要努力提升自己，成为更好的自己。2022年暑假我开始上非全日制研究生的课，希望能在学历上有进一步的提升。工作上，由于我是一个比较恋家的人，现在工作的地方离家又很远，因此未来我很可能会找个离家近一点的学校工作。我现在的目标是先好好提升能力，过几年合约期结束就回去建设家乡，助力家乡教育发展。

四、小结

　　从选择来看，我在高考志愿填报的时候，对公费师范生政策并没有进行深入了解，很多信息都是进入大学以后才知道的。求学路上接触到的老师，都比较温暖，所以我并不反感成为这样的老师，我觉得能够桃李满天下也是一种幸福。而父母对于工作选择的想法也多多少少影响了我，所以我选择报考公费师范是偶然中的必然，是冥冥之中的特意。而通过接受高等教育，成为思政课教师，我实现了相对于父辈的向上社会流动，虽然收入上仍有差距。在不断参与社会实践的过程中，我也开始慢慢明确自己的目标，我想当一位好老师，我希望通过自己的努力，在专业领域闯出自己的一片天地。我认为是我的天赋加努力使我能一路走到现在。我是传统的农村家庭出身，很感谢父母对教育的重视，让我有机会一步步往上走。父母从来没有在物质上亏待过我，总是在力所能及的范围内给我们四个孩子提供最好的物质条件。我觉得公费师范教育政策确实给很多人提供了更多的可能，给一些想上好大学的人提供了很好的平台，给一些家庭经济困难的人减轻了负担。就我自身而言，公费师范政策影响了我的就业地区，但在就业的时候也有了更多的机会，可选择的学校很多。其实进入工作岗位后，所有的一切都要重新洗牌，学历只是敲门砖，修行还是看个人，有能力的人自然会往上走。因此，如果想在教师这条路上走得远、走得好，还是要不断付出，不断成长，而我也在不断努力向目标靠近。

（2023年11月20日）

第五章
循规者:成为"别人家的孩子"

第五章 循规者：成为"别人家的孩子"

芝芝：在心里种花——一名西部公费师范生的十年

一、父辈的职业情况

听父辈们说，我的爷爷也是老师，是十里八村有名的秀才，不仅打得一手好算盘，还是"行走的《中华字典》"，爸爸姑姑们小时候有哪个字不会，爷爷报出页码，到那一页准能找到。但那个年代，教书先生最不值钱。为了给家里多挣工分，爷爷辞职回家务农。至此走下讲台，扛起锄头，后半生只与土地讲学。爷爷有三个儿子三个女儿，虽然他尽全力供他们上学，父亲甚至为了考上高中还读了两个初三，但叔叔伯伯、父亲、姑姑没有一个考上大学的，也就没有一个是在体制内工作的。奶奶经常说如果当初爷爷不放弃教师身份，我们家会和姑婆婆家一样，有在体制内工作的人。然而没有如果，父辈们没有通过考学走出山村，用父亲的话说，他们一辈子都是农民。但父亲思维灵活，敢闯敢干。在姑父的引导下，放下锄头，选择做生意。我五岁时，父亲带着我们家走出山村，定居镇上。我，不再是农村娃。

印象中，父母一直在做个体经营，不至于起早贪黑但也算勤劳踏实。但父母没抓住过任何好的机会，比如父亲经营干杂店三年，觉得不但辛苦还赚不到钱，然而转让后接盘的那家却赚得盆满钵满。又比如2008年父亲跟风买股票，37元一股买了2000股，在38元的时候父亲要卖，母亲觉得收益太少，不让卖。但那只股后来持续下跌，他们始终觉得不能卖出。那只十五年前投资近八万的

175

股现在只值千元。还比如因为镇上有人买彩票中了五百万元,父母就跟风买福彩,2009年半年间家里赔了两三万元。到近几年,电商飞速发展,父母的服装店不仅从鼎盛时期的两家缩减为一家,收入也大幅缩减,父亲甚至开始想出门打工。以上种种,除了时代发展的不可控性,我认为也是父母格局眼界有限的产物,根本原因还是受教育程度有限。家里经济始终到不了小康,因为没有自己的房产,父母二十年来深受各种房东之难、搬家之苦,始终没有安全感。因为存款微薄,一家人从来没有娱乐方面的花销。我和弟弟从没去过游乐场,也没有特意买来的玩具,没有上过任何辅导班,没有课外书。在大学之前,我到过最远的地方是市里,还是去短暂地走亲戚。以至于从初中起我最喜欢看的电视节目就是旅游纪录片,高中听其他同学讲起旅游经历也满心羡慕。我一直渴望远方,因此即使父母强烈反对(他们认为旅游就是浪费钱),大学兼职赚了钱后,我还是第一时间就买了个相机坐上火车去看海了。但因为受精打细算环境的影响,大学即使有多余的钱我也会选择硬座,现在即使有存款,我也会选择机票最便宜的那天出发,住性价比高的快捷酒店。当然,这里面也有父母一直不怕吃苦精神的熏陶。现在想来,父母文化程度不高,也没有稳固的人脉关系,但他们仍尽全力支持儿女读书、考学。小时候母亲再忙也会陪弟弟写作业(因为我完成得很快很轻松,所以不需要),高中时一旦我因为压力大有情绪波动,父亲第二天肯定骑一小时的摩托车带着精心准备的饭菜出现在宿舍楼下。他们经常说,只有上学,才是出路。

  姑姑们总说,周家血液里流淌的是教书匠的基因。所以,堂哥堂嫂是老师,我也是老师。爷爷奶奶去世的时候堂哥已经当了老师,据说还带出了全镇第一的班级,我也考上了师范大学。我想这既弥补了父辈的遗憾,对爷爷奶奶也是一种安慰。教师,对于他们而言,不仅是一种值得炫耀的职业,更是回归家族底色、提升家族阶层的希望。

二、本人的学习经历

我从小就是我们家族的希望，确切地说，应该是从我受伤休学返校之后，复读一年级学习成绩稳居前三开始，我就是全家族中学习最好的孩子。我创下过一个纪录，小学六年每学期期末考试都是满分。加上作文写得好，又担任班干部（那时候小学还没有开设英语课），我理所应当地成了老师们的得力助手。这也给了我很大的自信，养成了我活泼外向的性格。由于我在学习上不懂就问，最终在小学升初中时进了全校最好的班，初中升高中考进了全县最好的省示范高中第二层次班。记得小学四年级我获得"县级优秀班干部"的时候，有家长说"不要和她比，她脑子里安了聪明器"。因为我6岁时意外摔倒，脑出血做了开颅手术。我休学回来后学习成绩直线上升，妈妈后来分析说是住院打的营养补剂让我的脑子比别人好用一点。如果真的是这样，也算对得起父母倾家荡产救我一命的决定了。但只有我自己知道，生病使用的激素使我迅速长胖。只有学习好，才能不被别人笑话，才能被尊重。我觉得这是个良性循环，因为成绩好，老师喜欢，所以自信。因为自信性格好，老师喜欢，所以成绩更好。我至今仍很感谢小学和初中的班主任，自己做了班主任后，更觉得是他们对我的认可、培养以及鼓励成就了我。现在想来，这也算是职业生涯的一层底色。

但我不是学霸，也不是那种埋头苦学的全能少年。虽然我以语文全校第一、政治全校第一的成绩考入全县最好的高中，但高中却是我少年时代的艰难时期。高中班级里成绩好的学生很多，眼界广的学生迅速脱颖而出。相比之下，我成了成绩平平的山里娃，自然不再是老师的左膀右臂，也退出了班级风云人物的舞台。好在我的文章拿得出手，也算有闪光点，再加上善良活泼、勤奋乐观，也收获了一帮相处至今的"死党"。但2008年的高考，我没上二本线，差26分，120分的物理只考了6分。这是三年艰难的必然，也是遭遇地震的偶然。我不甘心，我要复读。因为我第一次感受到高考在划分阶层，而我，在底层。

至今我仍记得，2009年高考理综考场上的风甚至都是快乐的。平静地做完所有会做的题，发现比预想得简单，我就知道我考上了。我不是天赋型选手，复读的一年里，我把想考的大学的照片贴在桌面，每天做题到深夜，最后连两周一天的休息日也选择留校学习。如此努力，就是为了抓住高考这根救命稻草，把我从底层拽上去。是的，我做到了，我的成绩可以去我想去的江南大学。但最终我报考了陕西师范大学计算机科学与技术专业。我一直在想，是命中注定吧。因为不懂报考，父母再三强调我梦想的江南大学只招2人，以我估的分数录取无望，继而鼎力推荐离家近，毕业后工作稳定的陕西师范大学提前批。耐不住父母持续施压，我填了提前批陕西师范大学。没想到，那年我超常发挥，成绩比重点线高出42分，最终被陕西师范大学计算机科学与技术专业录取。

记得高考后去班主任办公室领档案时，面对班主任的祝贺，我说："我觉得我当不了老师，做不了像您这样好的老师。"老师边笑边说我会做得更好。不知道当时班主任是慧眼识珠，还是单纯地想鼓励我。但班主任以及他说的这句话，在今后的数十年里，一直在给我力量。2016年，我临危受命接手学校第一个中高职衔接班时，我对学生和家长说："我没有带过高三，但我上过高三。我遇见了天底下最好的班主任和老师。他们怎么教我，我就怎么教我的学生。"是的，回首十几年求学路，我遇到了太多的好老师。小学班主任给了我自信；初中语文老师带不知《读者》为何物的我走进了阅读的世界，使我养成了阅读写作的习惯；高中班主任给我烙上了好班主任的底色，使我在从教的十年里乐此不疲地成为学生的好伙伴、知心姐姐以及班主任。我常常在想，父母给了我勤劳坚韧的性格但无暇给我追求探索的文化底蕴，是这些好老师，用知识丰富着我，用人格引导着我，是他们在我贫瘠的内心播种，带我走向更美好更辽阔的人生。

我大学唯一的高光时刻就是大四实习。因为名额有限抽签失利，我不能留在西安实习，只能去相对偏远的甘肃农村中学。2012年9月到12月，我在甘肃天水村中学实习。我教学生们记单词，给他们读诗，给他们讲大学和外面的世界，和班主任一起骑十公里自行车去家访。我用自己的电磁炉，给全班学生烧了三个月热水。我带的班拿了流动红旗，我帮助的后进生进步了好多名，我收到了好多学生的信，我实习结束要走的前两天，学生都睡不着趴到我窗户底下。我终于体会到当一个好老师的意义，也真正明白了"公费师范生"这个政策的意义。是啊，有太多这样的孩子需要我们，需要我们带给他们知识，带给他们世界，带给他们无限的可能。我们要在他们贫瘠的内心种上鲜花，告诉他们，世界很大，人生很美好。所以，我义无反顾地回了家乡。

三、本人的职业经历

我进了县城职业中学。家乡的基础教育决定了信息技术老师的主要工作内容并不是教学。我想在教学上有作为，我想带出好学生，我想帮助那些被否定甚至被抛弃的孩子走上正途。所以我成了职业高中计算机专业的一名专业课教师。

顶着名校光环，加上不错的业务能力，我很快收获了领导和同事的喜爱。再加上离家近，工作轻松，收入尚可，职业学校没有升学压力，我和家人都觉得这是个轻松的工作。工作满一年的那个开学典礼上，我拿了六个荣誉证书，实现了"大满贯"。我是个做事尽全力的人，无论学校怎么要求，别人怎么看待，我对待每一节课都从不敷衍，对待每个学生都从不打击。根据中职学生的特点，我对学生们始终关注、关心、理解、鼓励；课堂上认真有趣，课后温柔有爱。渐渐地，我与学生们的关系越来越融洽。教学上，我经过一定的打磨和成长，也获得了一些教育教学的奖项。工作第六年，我顺利取得中级职称。第八年，我进入学校中层。

很多同事都说我天生就适合做老师。但只有我知道，是公费师范生教育政策带我走进了这个职业，没有这个政策，爸妈也许不会竭力要求我上师范学校；是陕西师范大学的教育，让我具备了做教师的能力与素养。做中职学校的老师越久，就越能体会到成为一位好老师的意义。如果说我是误打误撞做了老师，那么几年下来，我已真正喜欢上了教师这个职业，喜欢与学生相处的纯粹，喜欢学校环境的相对单纯，喜欢被喜欢的快乐，喜欢帮助学生引导他们步入正轨的成就感。这个过程很艰辛也很幸福，在爱学生的同时被学生爱，在教育他们的同时，自己也在成长。

去年，我过了人生中最惊喜的一个生日。那天我原本计划晚上在教室处理完工作之后就在宿舍看个电影，但第三节晚自习结束以后，有人用一朵玫瑰花敲开了我宿舍的门，拉着我往教室走。一路上，每隔五米就会跳出来一个小可爱送给我一束小花，对我说"周姐姐，生日快乐"，然后像小鹿一样跑开。我抱着溢出来的鲜花和祝福穿过人群，楼道其他班的学生也笑着说"周老师，生日快乐"。我除了谢谢，一时之间不知道还能说什么感谢的话语。到了教室门口，两个学生接过我手里的小花，"羽绒服"班长捧来一大束花，直男班长抱着粉色的大熊玩偶说："老师，我们全班同学祝你生日快乐！"然后我被蒙上眼睛，推开教室门，他们居然放了礼花。有个男生给我戴上公主皇冠，所有的孩子齐声说："周姐姐，生日快乐！"出现在我眼前的是已经点好蜡烛的三层大蛋糕，孩子们不间断地递来小礼物，屋里还有已经拉起来的"祝周姐姐生日快乐，早日脱单"的横幅。五十多个孩子一起给我唱生日歌，五十多个人一起吹蜡烛。我给每一个孩子切了蛋糕，我被娃们糊了个大白脸，我过了生平最盛大最浪漫的生日。晚上十一点，我一边在宿舍拆着各种各样用心的小礼物，一边被这份从一个月前就开始偷偷准备的惊喜惊得无法入睡，这是被爱的幸福和幸运。

我在县城职教中心工作十年，做班主任九年。参加过各类教学比赛、教师技能大赛、班主任大赛，付出了爱，也收获了爱。我始终认为，教师的育人能力是最重要的，其次是教学能力，然后是信息能力，最后是科研能力。教师的育人能力是教师身体力行对学生三观、性格、习惯产生影响的能力。先成人再成才，也始终是教育的准则。在成为西部小县城教师的第十年，我真正地接受并且感受到教师这份职业的平凡与伟大。帮桀骜的少年回归，帮受伤的孩子重新认识自己、接纳自己，帮助贫困的家庭用知识改变命运，帮一批又一批孩子实现阶层上升，这些都是教师的价值体现。

如今的我，工作稳定，相比父母个体经营的生意，教师是一份稳定又体面的工作。生活品质上，有和自己相当甚至强于自己的朋友圈，有固定的休闲娱乐时间，使我能保持阅读以及每周三次的运动，一年至少一次的跨省旅行。这样的生活与父母看电视、健步走相比，也是一种上升。我和我的大多数同学，都相对于父辈实现了收入上的、身份上的、生活品质上的，甚至地域上的向上流动。我想中职学生也能通过高等教育实现阶层上升。事实上，第一届通过单招高考进入本科院校学习的学生已经毕业。原本被普通高中拒之门外的他们，现在进了银行，进了国企，当了医生，成了程序员。

四、小结

于我而言，是公费师范生教育政策带我踏进了职业的大门。在西部县城从教十年，我能亲身感受到公费师范生政策对提升西部教育的重要作用。一批又一批专业的、高素质的年轻教师回到家乡，投身中小学教育，用先进的理念、灵活的方法帮助了一批又一批学子。如果能在高中开设职业规划课程，在志愿填报与录取的时候做好政策宣传，这个政策会成就一代人，帮助多代人。

怀揣着教师的这份爱与责任，十年间，我帮助百余名中职学生升入本科。带着这份满足，我留在了西部县城中职学校。2022年国家颁布了新《中华人民共和国职业教育法》，我想我还会帮助更多的中职学子寻梦、追梦、圆梦。

  在心里种花，人生才不会荒芜。十年里，我既种花也被种花。人生依旧平稳而平淡，却又好像辽阔又丰盈。下个十年呢？会繁花锦簇吧。

（2023年1月19日）

第五章　循规者：成为"别人家的孩子"

林逸清：回望来时路，莫负此时心

从入学到工作，已经过去十几载春秋，借此机会回顾自己的受教育和成长经历，不免思绪万千。但愿回望来时路，莫负此时心。

一、人穷志不短，儿女须读书

我的父亲、母亲都出生于经济落后的农村，家中有好几个兄弟姐妹。我父亲有五个姐姐，都多少读过一点书，大部分仅仅是识字的程度。其中读书最久的是他第五个姐姐，但是她读完高中没考上大学，复读了一次也还是没考上。到我父亲读书时，他头脑聪明但也不太努力，高考没考上大学，家人不赞成复读，他便也没争取，选择了外出打工。而我母亲家庭条件比我父亲还要差一些，年少丧父的她在哥哥姐姐的支持下读到初中，但是由于乡村条件太艰苦，加上不想给已经结婚生子的哥哥姐姐们增加负担，我母亲也选择了外出打工。尽管她小升初、初升高都是当时乡里的第一名。

我的父亲母亲在我未出生前，都曾各自或者同时在外务工过，后来为了照顾家里老人，以及几个嗷嗷待哺的孩子，选择了回乡务农。但是在偏僻的乡下，种地这种靠天吃饭的工作只能满足家人的基本生活需要，几乎涉及不到更高层次的精神生活享受。后来，父母为了我们姐弟三人能够接受更好的教育，便放弃了家中的几亩薄田，来到异乡P镇开始了新的生活。

尽管我父母在读书时成绩都还不错，对学习也都有较强的兴趣，但是由于家庭经济条件的限制，都没有继续完成学业。因此，我父母决定举家搬迁的最主要原因就是让孩子们获得更好的教育。P镇的产业支柱为煤矿，并无太多其他工作机会。我的父亲高中毕业后就出去打工，并没有学过什么专业技术，因此到了P镇后发现没有一技之长无可立足，只能到菜市场给人装卸车、打零工，这样的零活他一干就是十几年。我的父亲沉默寡言，也没什么社交圈子。劳动之余，他的娱乐活动就是读书看报、看电视等。除了外出赚钱，他不太参与家庭管理和对孩子的教育。但是父亲爱读书的习惯多少对我产生了一些影响。我爱读书的习惯一定程度上也与父亲有关。

而我的母亲由于读书时学校离家太远，家中经济条件又差，常常舍不得吃饭，自己带的干粮也很少，吃得不好还总是吃不饱，因此造成了很严重的胃病，身体素质很差。加上几个孩子都要上学，需要人照顾，因此我母亲开始了她漫长的家庭主妇生活。在婚后的二十几年里，她几乎没有离开过这个家，整日囿于锅碗瓢盆这一方小小天地。但她从未自怨自艾，闲暇时间会进行阅读、学习等。尽管她有时背诗、背单词等像是心血来潮，坚持不了太久，但是这种对学习的渴望还是会感染到我。我从识字起就一直很喜欢上学，我所有的学习经历对我而言都是明媚的。

我父母对待孩子的教育一向是"再穷不能穷教育，再苦不能苦孩子"。尽管物质生活不那么富足，在吃饭穿衣等方面我的父母总是很节俭，甚至显得很"抠门"，但是对于学习，对于读书，他们从不吝啬。记得小时候，过年了我们家可能也不会添置新衣服，但是无论什么时候，买书买文具等，我爸妈都会很大方。因而对我也产生了一定影响，时至今日，我对物质生活的享受大多无感，但是对于自身提升方面却很愿意进行投资。

我的父母年少时的贫困经历、成家立业后的无数艰辛，以及他们自身热爱读书、珍惜学习的机会，让他们非常重视子女的教育，也希望我们能够真正通过"知识改变命运"。他们对于我的职业选择并没有过多干预，只希望我能够有一份相对稳定的工作，能够自食其力，自己觉得幸福就好。而恰好我选择了公费师范生，选择毕业后回来当老师，这在他们看来也是不错的选择。一方面，教师有比较稳定的经济来源，满足基本生活需要肯定不成问题。另一方面，我父母都是心地善良的人，他们觉得教育是造福于人的事情，对于每个孩子、每个家庭，遇见一个好老师都是非常幸运的事情。所以他们在我做好职业规划的时候，对我是非常支持和肯定的，只是一直叮嘱我一定要悉心教育每个孩子，让每个孩子都得到关爱，成人成才。

二、纵然荆棘路，步履总生花

回顾十几年求学之路，我非常庆幸有父母的陪伴，以及许多老师们的呵护与培养，是他们成就了我如今的模样。

我读书时一直是"别人家的孩子"，属于头脑比较聪明且喜欢学习的那种，平时也贪玩，但是在学习的时候会很认真，所以学习成绩一直名列前茅。尤其小学初中阶段，我非常争强好胜，一定要考第一名、拿满分，即使考了第一名但没有拿到满分也很不高兴。记得小学五六年级时，有一次我妈妈陪我去买练习册，偶遇了我弟弟的班主任。他班主任和我妈聊天时说："孩子这么优秀，就别再给孩子太大压力了。"我妈解释说不是她要求我多做题，是我自己不满意，总是想考满分。事实也的确如此。小学时，我有个同桌成绩也非常优秀，我俩经常争第一名。但是他妈妈常年陪读，每天给他检查作业，让他上各种补习班，等等。而我爸妈对我完全是放养，只是偶尔督促我一下，口头上说让我好好学习。记得有一次，我特别委屈地哭着和我妈说，为什么别的家长都给孩子检查作业，陪伴孩子学习，她却从来不管我。当然，我现在能够理解那时父母为了生存太过忙碌，当然一定意义上也是相信我能够自我管理。但是无论怎样，那时我的自主学习意识就很强，直到现在依然受益。

除了日常学习，我最爱的娱乐活动之一就是阅读。这源于我还未上学之前，我妈妈带我背诵古诗的习惯。那时候家还在农村，妈妈晚上在院子里教我一字一句地背，我那时虽然不识字，但是也背了不少。识字以后，我开始读我爷爷的《故事会》，那算是我最早接触到的书籍。平时也会看到我爸看书看报，他的阅读习惯可能无形之间也影响到了我。尤其是搬家到P镇后，有段时间我家离新华书店很近，我常常去店里读书，常常是一待就是一上午、一下午，在那里度过了很多时光，读了不少书。现在虽然是读的电子书居多，但是依然保持着阅读的习惯，我很享受，乐以忘忧。

我十几年的读书时光，始终闪烁着明亮的颜色，而这很大程度上是因为我遇到了很多很好的老师。第一位对我产生较大影响的老师是我刚上小学时的班主任Z老师。那时在村里，他一个人教授语文、数学、思想品德、音乐等科目，还要日常看管学生。那时我各科都能够拿满分，但他从不当面夸我，总是在开家长会时悄悄告诉我妈，说是怕我骄傲。记得有一次我因为感冒请假，请了两天假以后，在家心都玩野了，不想去上学，他就骑摩托车载着一位同学去家里找我，把我带回了学校。他在我心中留下了博学儒雅、温和坚定的印象，也对我日后的学习与生活有很大的影响。或许我此刻想要成为的教师模样，也有着他的影子。

到了二年级，我换了学校与老师。我的班主任是一位年轻的女老师，很漂亮也很有活力。她喜欢表扬我，让我当班长，给我一些"权力"。她出差时，会让我代理班主任来管理大家，培养我的管理能力。但是在我犯错误时，她也不会徇私，而是让我与大家一起接受惩罚。当时的数学老师是学校里的主任，时而严肃时而温和，他会用卡片手写口算题，每天给我们测试，也曾多次表扬我的突出表现，还让我拿着教鞭到黑板上给大家讲题。那时的我，自信地站在讲台上，俨然一副小老师模样。

三年级时，我来到了P镇的小学。在这里，我遇到了一位不太喜欢的班主任。转学第一天，她明显不太相信乡下来的我真有我妈妈说得那么优秀，她认定我不可能考第一名。但我第一次考试就让她相信我妈妈说的话了。尽管如此，前两年我依旧能感受到她不太喜欢我。但是我性格倔强，不可能服输，我想通过自己的实力证明自己。一方面是想让她知道无论她怎样想，我都能考到第一名；另一方面就是小孩子的好胜心，只是单纯地想考第一名。后来她对我的态度确实有所转变，但那已经不重要了。

我以6科全A（全校大概有3个）的成绩升入初中，遇到了第二个我觉得对我影响非常大的老师，我的班主任C老师。她在同学们入班时给大家每人一个拥抱，但是我当时不小心被落下了，后来我将这件事写进作文里，她给我补上了一个大大的拥抱。在第一次月考时，我考了年级第二名，她买了一本鲁迅杂文集作为奖励，并许诺以后我只要考到年级前三名就会有奖励，第一次期末我便考了年级第一。后来她又买了许多书，都是给我的奖励。她的鼓励也成为我努力的动力之一。同时，我的语文老师Y老师也对我非常好。我是语文课代表，每日收发作业，见她的时间很多。她要求我和另一个班的语文课代表日常写随笔，她单独给我们批改。她还允许我在课上自主安排时间，完成学习任务以后可以在课上自主阅读。平时在办公室里和她聊天时，她会与我分享最近在读的书，鼓励我到学校阅览室借书。那时我已不太去新华书店阅读，但是依然保持着阅读的习惯，这也要感谢Y老师。除了他们，还有会在我的作业上标记我的易错点或是写几句鼓励话语的地理老师S老师，给我开小灶的可爱物理小老头Z老师。他们都给我的学习时光留下了非常美好的记忆，让我保持着谦虚的心态以及持续学习的毅力，在学习的海洋里快乐地汲取知识，孜孜以求，不知疲倦。中考结束后，我给我的老师们都发去了感谢的短信。

到了高中，我很幸运又遇到了很多很好的老师。文科班的老师们都比较温和，大部分都鼓励学生自主学习。我的班主任W老师是个温和的小老头，总是要求我们自主学习。尽管我是班长，他也并没有对我有太多要求，只是日常鼓励我多读书，并把他订阅的《读者》杂志和家里的英文"书虫"系列不定期地带给我看。还有一件比较有趣的事，高三时学习压力较大，但我还是经常在自习课和课下给同学讲题，有时不免耽误自己的学习时间，后来班主任严肃地批评了我，让我注意时间的合理分配。语文老师Z老师总是在我上课读"闲书"时，叫我起来回答问题，也会在考试后把我叫到办公室一通批评。但他还是会把教室书柜的钥匙交给我，让我去选择自己喜欢的书读。有一次课前3分钟演讲，我分享时过于激动，滔滔不绝地讲了20分钟，但老师也没有打断我，反而夸我很有想法，很有见地。数学老师Z老师和英语老师L老师都是很年轻的老师，我们是她们带的第二届学生，她们对学生更亲近，相处更融洽一些。尤其是Z老师，每天都精力充沛，记得高三时她让我额外做理科的高考题，做完后找她核对答案。有时她为了节省我的复习时间，从二楼的办公室爬到四楼的教室为我讲题，对此我一直心怀感激。我非常喜欢她，数学是我高中阶段最喜欢的科目，也几乎每次考试都是满分。

还有很多老师，他们全都在我成长过程中扮演了重要角色，对我产生了很大的影响。他们的存在，使我非常感恩，感谢他们为我的成长添上了非常温暖的色彩与记忆，也让我在未来愿意成为如他们一般的人，去温暖和照亮更多孩子的成长之路。

而报考师范大学的原因稍微有一点点复杂。由于自小成绩优异，我的愿望一直都是考北京大学。正因如此，我参加了两次高考。第一次的高考成绩可以报考中国人民大学的新闻传播专业，但最后半小时我选择了滑档，希望复读一年后能走到自己梦想的博雅塔前，未名湖畔。但是很不幸，第二年高考成绩远不如第一年，经过一晚上的思考，我决定报考北京师范大学。

无论是高中选择文理科，还是大学报志愿，都是我和父母商量后的自主决定。有的老师和同学不是特别理解，因为我原本想要考的是北京大学的中文系或者光华管理学院。文学是我的爱好，而经济是我不了解但想要接触的领域。但是面对现实中的分数，想要去比较好的学校的经济金融类可能都比较困难。而且经过一年的复读，并没有得到想要的结果，我有一点失望。不是没有想过读完本科，再考研去北京大学，但可能当时失望超过了斗志，我选择了逃避。读公费师范生可以继续读在职教育学硕士，相对而言没有那么困难。另外，我从不排斥当老师。从小学时起我就很喜欢给同学们讲解问题，虽然不太敢在众人面前演讲，但也喜欢在讲台上分享自己的看法，很喜欢做老师的感觉。也许只是在命运分岔路口的一点点阴差阳错，谁又能说师范不是一种很好的选择呢？

读大学之初，心里还是有一点点不甘，毕竟北京大学才是我多年的梦想之地。所以前几个月心情比较低落，学习状态并不好。后来发现学校里面的"大神"比比皆是，而我自己不过沧海一粟，非常渺小，于是认清现实，开始安安心心地学习。四年的学习过程中，我学到了很多与教学相关的技能，也参加了一些活动和比赛。印象深刻的是大三时第一次主动参加演讲比赛，居然得了北京赛区三等奖，这给了我很大的信心。大一大二的多次支教，以及平时的志愿讲课活动，加上大四上学期的实习，也都让我对教师这份职业有了更多了解，让我更加热爱教学工作，为我日后选择成为老师奠定了基础。

尽管我爷爷年轻时也曾做过教师，但毕竟时间很短，对家庭影响也不大。我和我的姐姐弟弟算是家里第一代大学生，也算是家族的第一代教师。我爸妈两边亲戚里面和我们同辈的兄弟姐妹，大多生长在农村，且没有考上大学，即使考上了也是普通学校，和我们的学习成绩和大学仍然有较大差距。所以我父母为我们所做的牺牲和努力，一定程度上确实证明了"知识改变命运"。目前我们姐弟都已经毕业并有了稳定的工作，我在一所高中任教，有着较高的薪资，生活水平较以前有了较大提高。

在北京学习生活的几年里，也让我见识到大城市与乡村之间的教育有着巨大的差距。所以我在毕业前其实也曾有过动摇。但是受到疫情影响，我当时也觉得有个稳定工作是不错的选择；另外我本身非常恋家，很想回到家乡。因此我最终还是选择了回到家乡做老师，目前工作了一年多，有痛苦也有快乐，但仍然在努力探索和成长中。

三、胸中有丘壑，眼里存山河

童年时期，我拓宽视野的主要方式便是读书与看电视，那时在我想象中，自己未来的职业是在商界叱咤风云的金融巨头，直至高中考大学时我都仍然有一丝这样的想法。但同时也一直觉得成为老师也不错，无论是大学老师还是基础教育阶段的老师。曾经的两难，在高考成绩面前变成了单选题，因此我选择了师范专业。也正因为大学报考了师范专业，在北京师范大学接受的教育，让我真正想要成为一名"四有好老师"。北京师范大学非常注重教师理念和教师技能的培养，同时也很注重通识教育，所以读了四年书，我觉得最主要的收获是让我能够以更加包容的心态去看待周围的事物，也愿意以开放的心态去多多努力学习。

入职一年多，我深感我的成长依然受着北京师范大学学习生活经历的深刻影响。我就职于一所离家较近的城区高中，平时教学压力较大，但在领导的关心培养和老教师们的带领下，成长也比较快。学校非常注重对青年教师的培养，经常开展相关培训、技能比赛等，同时福利待遇也很好，给教师成长提供了很大的空间。对于自身专业发展，我平时以比较积极的态度去认真学习专业知识，希望尽快提升自己的教学实践能力，也希望有余力进行各项科研活动。但除此以外，我觉得管理能力也很重要，这也是我正在不断努力学习的内容。非常幸运能够入职这所学校，除了领导们的关注，有经验的教师前辈们也给了我很多帮助。平时我有不会的问题，除了请教我师父，也会向其他前辈们求助，都会得到耐心的解答。同时我也从同事们身上学到许多。我们组里的L老师是正高级教师，经验丰富，知识渊博，为人非常和蔼，他发现我在教学过程中的问题时会及时指出，并给我行之有效的建议，也会在我求助时悉心帮助。平时相处，我也发现L老师尽管有这么多年的经验，但是备课和做其他事情依然一丝不苟，非常严谨，这也对我产生了很深刻的影响，我也决心做到"不备好课不进教室"。同辈的年轻教师们努力学习的样子也在激励我努力学习，当我看到大家认真学习专业知识时，我也会催促自己多加努力，提升自己。尽管工作很忙，我还是选择继续接受研究生教育，希望能够进一步提升自己，让自己在专业上有所成长。

对于目前的职业选择与日常生活，我是比较满意的。相比我父母的工作生活，我觉得我的生活已经有了较大改变。我的物质生活已经比较富足，除了能满足日常开销，我还能够独立负担外出旅行、看话剧等休闲娱乐活动，还能够照顾家里。由于学校教学任务较重，刚参加工作的我需要熟悉的内容很多，所以下班后仍然有很多时间在备课和学习相关内容，除此以外更多的是阅读和看剧、看电影等。希望未来有时间、有机会多去旅行，多去开发一些兴趣爱好，丰富自己的休息时光。

日常生活中，我还遇到了很多努力学习和懂得感恩的小朋友，他们也是我教学生活中的光亮，让我愿意继续为自己喜欢的事而努力奋斗。在我眼中，教师依然是非常重要的角色，我希望能够在学生成长道路上点燃一丝光亮，无论强弱，聊胜于无。我会努力提升自己的教学能力，希望能帮助学生们成长。

四、少年凌云志，但愿惜此时

尽管目前结婚生子于我而言为时尚早，但我却与朋友们多次聊过未来孩子的教育问题。目前我所在的学校师资力量与教育实力均比较强，但我也可能因为未来子女的教育问题而选择离开。

尽管我自己接受了高等教育，但是对于未来子女的成长，我希望能够在给出恰切意见的同时，尊重孩子自身的意愿，培养他们自主学习、自主决定的能力，正如我父母所做的那样。只是相较我父母，我所了解的教育学知识更多，可能会更有方向性地指导孩子。但是每个人都有自己的人生，要为自己的选择负责。所以我只会给出一定的指导，提供我的意见作为参考，而不去左右孩子的选择。我自己年少时对第一名、好成绩有执念，我选择了努力学习，去追逐自己的梦想。未来孩子可能与我相似，也可能成绩一般，但是很快乐。无论怎样，我都希望孩子能够逐渐发现自己感兴趣的发展方向，一点点探索，慢慢成长。

另外，我希望自己有一定经济基础，能够给孩子足够的陪伴，可以利用平时以及寒暑假时间多出去走走，去看看外面的世界，多接触不一样的东西。当然我也希望孩子能如我一样，爱上阅读，让阅读成为自己日常生活的一部分。如果孩子有其他的爱好就更好了，比如选择一门艺术、一种运动，丰富自己的生活。至于学习规划，重要的是体会学习的过程，养成好的学习习惯，至于学习成绩，只是一种检测标准而已，并不是生活的全部。希望孩子能够真正爱上学习，成为终身学习者，在学习的过程中多去体验和感知，拥有自由快乐的人生。同样的，孩子对未来职业的选择，也是自由的。每个职业都可以活得丰富多彩，活得尽兴，只要自得其乐，那么一切都好。

五、小结

接受教育对于我的人生有着非常重要的意义，教育使一个小女孩从偏远的农村地区逐渐走到小镇，慢慢长大后进入北京这样的大都市读书和生活，而后又回到养育她的土地，成为一名教师。正是父母的远见，使得接受教育后的我有了同他们不一样的生活方式，拥有较为富足的生活，社会地位也有一定的提升。

尽管我也曾有过动摇，但我依然感谢公费师范教育政策，缓解了我读书期间的经济压力。或许我选择其他道路，生活又是另一番风景，但此刻也还不错。目前我所任教的城市经济水平一般，教育条件尚可，与大城市仍然有较大差距，但是生活节奏较慢，压力较小，目前我是愿意长居于此的。但是未来如何，或许仍然要慢慢探索，才会有答案。

但是无论如何，我都热爱教师这份职业，愿意在教育领域贡献自己的力量。无论我身处何处，都希望能给我所教的学生带去温暖与力量，纵然如萤火，也愿发微光。回望来时路，但愿不负此时心。

（2023年1月28日）

第五章 循规者：成为"别人家的孩子"

赵雨泽：小山村里走出的人民教师

一、父辈的职业情况

对于居住在农村的父辈而言，学习并不重要，接受教育也不是最好的选择。20世纪70年代，父亲一辈家中兄弟姐妹共5人，当时，比起个人发展，一家人如何吃饱肚子、如何生存下去才是关键。所以，在特定的社会环境和家庭条件下，家庭并不重视孩子的学习，更多是希望孩子们能尽早掌握一种谋生技能，尽早融入社会，通过劳动获得合作社的粮票、布票等，为家庭生存出力。同时，父亲自己也不爱学习，逃课是常态。姑姑曾说，老师一进教室，父亲和小伙伴就从后门溜出去，在外边玩耍。甚至有一次，父亲跑到村子附近的山上，学着古人在那儿练功，几天不回家，还挨了一顿打。之后，小学还没有读完，他就放弃读书了。

爷爷是村里有名的木匠，每逢婚丧嫁娶，都要被乡亲请去制作家具等，在村里有一定的地位和声望。爷爷通过自己的手艺，完全能达到养家糊口的目的。父亲等人在爷爷的教导下，也习得了木匠的手艺，且父亲受到村里伙伴（其父亲是教师，并且家中比较富裕，对于学习非常重视，家中孩子全部考上了大学，毕业后在政府单位上班，在村里影响比较大）的影响，较早地接触了绘画，并有一定成就。很长的一段时间内，父亲能通过给家具油漆、绘画赚得报酬，在我读小学时，家中收入除了务农所得外，还包括父亲绘画所得。所以，父亲在继承爷爷手艺的同时，也通过自身的努力，习得了新的技艺，并获得微薄收入。尽管这些收入仅够维持我们一家人的生活，个人发展无从谈起，但不得不承认，这成为支撑起家庭的重要收入之一。

随着社会的发展，父亲的工作也发生着改变。最初，务农是基本职业，同时，他又是"画家"兼木匠，农闲时给村里人制作家具，到其他乡镇的藏式家具厂做画工，这段工作他持续做到我小学毕业。随着"西部大开发"的实施，家乡土地被征收，父母获得房屋土地赔偿款，家中积蓄突然从不超过千元到几十万元，这直接使得父亲的工作发生了重大变化。父亲的玩伴家中比较富裕，且部分亲朋在政府单位工作，他们有相应的资源和人脉。因此，在充足的资金支持下，父亲和伙伴合作开办了工厂，最初收益比较可观。后来，由于父亲车祸去世，这一切戛然而止。

在我读高中前，务农是母亲唯一的工作。直到异地搬迁，我家才跳出了小山村的封锁与包围，逐步在乡镇扎根、发芽并成长。母亲失去了赖以生存的土地，因而慢慢融入现代化、工业化的社会，开始前往工地、餐厅、酒店打零工，从而获得劳动报酬。

在纷繁复杂的社会中，家庭、收入、职业等一切都在发生着变化，但不变的是父母对于子女教育的重视和坚守。在我们村里，考上大学的人不多，但是能考上的基本都有了稳定的工作和可观的收入，他们早已成为"别人家的孩子"。在村里生活时，母亲对我说得最多的一句话是："你要争气，考个好大学，不要像我一样！"等搬迁到小区后，母亲又反复告诫我："现在土地没有了，你要考个好大学，找个稳定的工作！"母亲也用实际行动支持着我的学业。在我读初高中时，母亲每天早晨4点多就起床给我包饺子、蒸包子等；每次考完试，母亲对总体成绩和排名并不看重，更多关注的是我分数较低的科目和我的状态。在我的学习生涯中，父亲的存在感并不明显，父亲爱喝酒，对我的学习要求不多，家长会只参加过1~2次。母亲对学习很重视，但由于文化程度不高，对我学习的实际帮助不多，无法对我的学业做出更多的指导。或许，也正是母亲的默默付出和关心，才让我在学习上更有拼劲，让我更有学习主动性和积极性。

在步入大学后，跟父亲生前关系好的伯伯、叔叔、哥哥等多次告诉我："要好好学习，等毕业后，你的工作我们想办法，有什么困难给我打电话。"同时，家中因拆迁也有了一定的积蓄，可以支持我接受更好的教育，我也有了充足的资金购买书籍、学习用品。周边一切的事和物，都是促使人生发展变化的重要影响因素，也是这一切，让我在大学更有信心去发展自我，成就自我。

二、本人的学习经历

坚持、刻苦、勤奋、"别人家的孩子"，是我学生时代的代名词。从小学到初中，从高中再到大学，我始终认为我并不是一个天赋卓越的人，也不是一个一点就通的人。比起身边人，我的学习能力并不出众，领悟能力也不强。但是我是身边人中最刻苦的。我从不担心学不会，因为我会利用大量时间反复刷题，利用空余时间向他人请教，直到解决问题。我始终认为我是幸运的，幸运的是在每一个学习阶段，我都遇到了最美的教师，他们指点我、帮助我；幸运的是母亲始终陪伴我、鼓励我；幸运的是我也足够努力，有坚定的信念和意志，敢于拼搏，永不服输。

2003年，我第一次走入学校，2022年，我迎来了学习生活与职业生涯的第一个衔接点——本科毕业。回顾19年的求学历程，有付出，有感动，有刻苦，也有退缩。但是我坚持下来了，用尽一切努力拼搏了，我始终坚定着我的选择，始终相信教育会成就不一样的自己。

我的小学是一所农村学校，离家很近。上学期间，科任老师极其负责，学生留校学习是常有的事情，作业完不成，中午便被留校写作业，白天的背诵没有完成，有时留校到晚上八点多，老师就在身边守着，家长们也早已习惯。

扎根乡土与向阳生长：定向西部地区培养的公费师范生口述史研究

我的成绩排名靠前，在班级担任班委，曾担任学校大队长，每天戴好臂章是很重要的一件事。由于班委这一身份，我有时会获得小伙伴的"巴结"，这使我认为"管理人"是一件美差。在我读小学期间，乡邻对于教育的重视程度还很一般，父母很少在学习方面提过多的要求。但是自进入学校以来，母亲每日早晨按时做早餐，从未松懈。家长会是我最为荣耀的时刻，因为每次家长会上，我都会受到表扬，并获得奖状，母亲也很乐意参加家长会。相比于城市，乡村没有游戏机、游乐场，校园、田野、山林就是我们的乐园，偶尔的逃课在优异的成绩面前，似乎并不重要，这也使我意识到好成绩的重要性，小学的学习动力由此而来。由于教育资源紧缺，从学前班到五年级毕业，语文老师（兼任班主任和音乐、美术课老师）和数学老师（兼任体育、计算机课老师）从未换过人，他们培养的学习习惯早已烙印在我的脑海深处，其优秀的教育方式深深影响着我的发展与成长，也为我今后的学习奠定了基础。六年的乡村小学生活在无拘无束中悄然结束。

小学毕业，出现了我学习生涯中的第一个选择——选初中学校。D学校近几年中考成绩优异，父母都希望我能去D学校学习，将来更有机会考入好大学。但是就读了3天后，学校告诉我，从我们这届开始按照片区就读，D学校我读不了了。我在D学校的学习半路夭折，仅两三天就宣告结束。随后，我又懵懵懂懂地去了另一所中学H学校就读，这才开始了我的初中生活。H学校离家较远，我还记得冬季飘雪的早晨，和伙伴们点着火把，滑着雪，历经2小时去上学。后来，村里的家长租了车辆每天上下学接送。或许我生来就不平凡，到了八年级，学校再次搬迁，我又被要求搬到了离家很远的镇上的初中就读，开启了求学路上的第一次宿舍生活，这也是我第一次走出家乡，来到经济相对发达的小城镇。有一次，因放学较晚而坐不到公交车，我和小伙伴历经5小时才走回家。

不寻常的初中生活就这样结束了吗？似乎才刚开始，且让人不敢再琢磨。

第五章 循规者：成为"别人家的孩子"

读初二时，由于特殊原因，父亲发生车祸离世，生活的重担落在了母亲一人肩上。一波未停，一波又起。母亲因为胆结石住院，需要手术，之后因为身体原因不能干重活。可是在生活的重压下，母亲好像别无选择。就在中考前一学期，生活再一次给我开了一个难以承受的玩笑。我和母亲因为一氧化碳中毒，被紧急送往医院，由于病危，几番折腾。在救护车上，因抢救及时，我已经有了意识。当时护士一直焦急地叫我："孩子，不要闭上眼睛！"由于自己的无知，每当医生安静下来后，我便故意慢慢闭上眼睛，然后就能再次听到护士的呼叫声。后来听主治大夫说，我那次离死亡只有5分钟。之后，因为不知道意外在何处等我，我对生活永远是热爱的，对于学习也是无比虔诚的。

由于住院治疗，我一个多月没有学习，返校后，老师建议我休学，但我是"打不死的小强"。我并未休学，而是跟着其他同学同步学习，但是比以往更加努力。在这段时间，我的英语老师让我免费参加课后辅导，在众多老师的帮助下，我的学习重新步入正轨。进入初中后，我的学习并不拔尖，一般处于班级7~8名，但仍然是"别人家的孩子"。在我读初中时，我们村里有人考入了B高中的"宏志班"（即重点班），进入B学校的宏志班，意味着高考至少能上本科，在学校里还能拿到奖学金、助学金。这件事大大刺激了我母亲和村里人。因此，村里人开始拿家里的孩子和别人家孩子做对比，孩子成绩好成为父母夸耀的资本，很多父母专门在家里陪着孩子，只希望孩子考入重点高中，将来进入好大学。

我也不甘示弱，发愤图强。初中的最后一学期，我放弃了娱乐，放弃了闲聊，一心专注于学习。由于中毒事件，我的记忆力远不如以前，只能通过努力来弥补。放学回家，吃完饭后立刻学习，一直学到第二天凌晨2点多，早晨6点起床，洗漱、吃完早餐后去广场上背书，7点多去学校；课堂上为了保证精神集中，清凉油、辣椒都是必备品；课下就和同桌讨论学习，或者到办公室向老师求教；放学排队期间，也要复习白天的知识。如此反复，坚持到了中考。

记得每天凌晨瞌睡不想学习时，我总会打开窗户，看看对面亮着灯的人家，默认他家也有学生在学习。直到中考结束，我才知道夜晚亮着灯的人家并没有考生，而是他们外出时没有关灯，所以灯一直亮着。这一切的付出最终得到了回报，我的中考成绩是590多分（满分630分），裸分全班第二，我成为那一年学校的中考黑马，也顺利进入了B学校的"宏志班"。我当时的入班成绩也是靠前的，同时，也顺利拿到了奖学金和助学金。在别人看来，我的一只脚已经进入了重点大学的门槛。自此之后，我再次成为村里人口中的"别人家的孩子"，成为激励村里学生的"榜样"。

2013年，我成功考入高中，此后一路平坦。高中期间，我自认为我并不是"天赋型选手"，所以我很重视课堂的学习，重视课后的练习，通过大量刷题，我理解知识、记忆知识，并获得较好的成绩。2016年的第一次高考，我顺利考入了某政治类大学，但在各种主客观因素的影响下，我大一申请了退学回原高中复读。那时，我也意识到"当官"并不是我想象中那样简单，我应该有我自己的人生。在决定退学后，我没有告诉任何人，直到回家，我才开始联系高中老师准备复读。我至今清晰记得，当告诉恩师我要复读时，他只对我说了一句话："母校永远是你最坚强的后盾。"也是这一刻，我明白了我未来努力的方向，决定了我未来的职业是人民教师。我也要像我学习生涯中遇到的一个个好老师一样，用一言一行践行理想，为学生点亮人生路上的一盏灯，做学生奋斗路上的一束光。复读的第二学期，在班主任的指导下，我报名了北京师范大学高校专项计划，并顺利入选，最终凭借高考成绩和专项计划，考入了北京师范大学，成为一名公费师范生。这一刻，我实现了最初的理想。

选择公费师范生，并不是一时起意，而是做足功夫、深思熟虑的结果。2016年报考大学时，家人极力劝我报考师范院校的公费师范生，但因为我的坚持，最后我还是入读了政治院校。但"师范"一直存在于我的脑海和选择中。2018年报考时，也是多种原因促使我报考了北京师范大学的公费师范生。一是我顺利通过了北京师范大学的高校专项计划,拿到了40分的录取加分,我可以实现高考分数最优化,进入重点师范院校,获得更优质的教育资源;二是我复读时,已经决定了我的职业选择为人民教师,不论是北京师范大学还是公费师范生,都能让我实现职业理想;三是家庭经济压力较大,公费师范生在很大程度上解决了这一现实问题,减轻了家庭负担;四是我本不是考试型选手,考研并不在我的规划中,而公费师范生可以免试攻读教育硕士,这恰好解决了我"想读研但不想考研"的尴尬境遇;五是由于复读等导致我的年龄较大,公费师范生在就业方面更占优势,毕业、就业和读研无缝衔接。总而言之,当时公费师范生是我的最优选择,如果现在让我选择,我还是会毫不犹豫地选择公费师范生。

机缘巧合下,我被北京师范大学文学院汉语言文学(师范)专业录取,第一次接触了汉语言文学,第一次走进了文学的殿堂,可是一切对我来说都是那么陌生。最初的我爱极了政治,对于文学没有感觉,更别谈什么热爱,或许恐惧和抵触是唯一的情感。庆幸的是大一我通过学校"新生导师制"遇到了一位负责的老师。导师每个周末组织的读书会、指导的中华诵读等给了我很大的帮助。我慢慢接触《论语》《诗经》《易经》,阅读《文选》《文心雕龙》,学习《古代汉语》《文字学》,等等。正是在一次次经典阅读和专业课学习中,我开始发现文学的魅力,感知到文学中那一抹纯真。同时,我也积极参与学校的各类活动,在活动中不断锻炼自己、充实自己,积累经验,为之后的工作做准备。大学期间,对于成绩的重要性,或许每个人都有自己的理解和想法。对我而言,掌握本学科基础知识很重要,通过实践促使自己成长同样重要,我不想等我毕业的那一刻才发现,除了学习我什么都不会。我也不想在步入社会后,才意识到学习并不是一切。我不需要通过抓成绩、提绩点来获得保研、考研的机会。所以,整个大学学习期间,我的功利心更少了,内心也愈发宁静,我更愿意做自己想做的事情。伴着和煦的暖风,读一本书,品一杯茶,漫步于

扎根乡土与向阳生长：定向西部地区培养的公费师范生口述史研究

林间，望云卷云舒，人生之乐也！

在北京师范大学读书的四年间，我从一个幼稚的小男孩成长为成熟、有思想、有行动力的男生，感恩学校的栽培、恩师的指导和同学的帮助。在进入大学前，听到身边人说得最多的是"大学，你都不知道班主任是谁""大学里，班主任基本不见面"，等等。但是大学时的班主任改变了我的认知，老师对学生的真诚和关爱、对教育的热爱，都不断地影响着我，比如，班主任会定期通过电话、微信，或宿舍走访等形式，和我们交流，了解我们的学习和生活，并提供帮助。

作为一名公费师范生，作为未来基础教育的工作者，语文教育贯穿我的大学生活。在语文教育学习中，老师们带我走进国学经典的殿堂，让我从古人的无穷智慧中汲取了营养，带领我学习近代教育大家思想，开阔了我的语文视野。老师们的指导，让我对语文教育有了更深刻的认识，尤其是通过教育实习，我深刻理解了教师的教育教学理念对实践的重要指导意义。北京师范大学四年的学习，让我真正走入了语文教育的世界！系列理想信念教育讲座、报告等，更让我坚定了从教的意愿，找到了从教的初心，明白了从教的价值，"忠诚党的教育事业"成为我未来教师生涯的追求与理想。

在学校学习的四年里，我唯一遗憾的事情是没有更早地懂得阅读的重要性。大一大二，除了学习专业知识，我还积极参与课题研究、参加勤工助学、开展实践活动和参与志愿服务。通过参加这些活动，我能靠自己解决学校的基本花销，有时还能给母亲寄去一点。我也成功参加了国家级的研学活动，大大小小的奖项也拿了许多。但是，随着学习的深入，随着慢慢走进文学的殿堂，我突然发现，我最大的错误是忽视了阅读，分数不重要，但阅读很重要。所以，在空闲时间，我开始了我的阅读之旅。在舍友的帮助下，我学以致用，开始和伙伴进行探讨，之前接触过的很多知识慢慢浮现于脑海中，我开始记忆、理解并运用它们。我也找到了阅读的快乐和兴趣。之后，阅读成为了我学习生活的一部分，我也开始积累一部分钱，作为每月购书基金。"读万卷书，行万里路"成为我生活的另一追求和向往。

夜深人静时，我无数次问过自己，接受教育带给我的是什么？接受教育让我有了什么样的改变？接受教育带给身边人的又是什么？现在，学习生涯告一段落，我觉得可以尝试回答一下了。首先，接受教育带来的最直接的改变是我走出了围困父辈几代的小山村，我跳出了代代务农的周期，来到了省会城市，开启了父辈渴求期望的生活。一定程度上讲，接受优质教育，让我有能力改变我和家庭的人生轨迹，促使整个家庭发生质的变化。其次，接受教育，改变了家庭成员的受教育结构，改变了家庭中人人高中以下文化程度的状况，成为家族中为数不多的大学生，是家族中考入985、"双一流"高校的第一人，也是家族中的第一位人民教师，而公费师范生攻读教育硕士，更让我成为家族中学历最高的大学生。再次，我接受教育，极大地影响了身边的家人，他们看到了优质教育带给一个人的改变和社会地位的提升，因此，家庭中对教育的重视程度迈上新的台阶、新的高度，而教师也成为身边人的重要职业选择之一。同时，接受教育，进一步扩大了我的交际圈，父辈的交际圈并不宽泛，基本局限在身边人，但是我在接受教育后，交往的人员地域广泛，且职业众多。最后，接受教育，让我有了辨是非、明黑白的能力。在物欲横流的社会中，我可以坚守我的初心，一步一个脚印地向前迈进，不至于让自己迷失在"五彩缤纷"的世界中，可以守护好内心的那一份宁静，不会为了蝇头小利而放弃原则，不会为了过分追求物质而违背规则。所以，接受优质教育带给我的变化是全方位的。

三、本人的职业经历

作为一名国家公费师范生，大学期间，我就坚定了到基层从教的志向。在公费师范生的政策支持下，我成功被北京师范大学录取，获得接受高质量教育的机会，我怀着一颗感恩之心步入教师生涯，因此，从进入大学再到工作，我始终没有违约的想法。公费师范教育真正给了我一把改变自身发展轨迹的金钥匙，让我没有波折地从事教师事业，实现了我的教育梦想。入职中学后，名校毕业生的光环可能在一定程度上让我得到了领导们的青睐。我担任了初中两个班的语文教师，兼任一个班的班主任，同时，领导任命我担任党支部宣传委员和级部干事，主要负责支部和级部的文字材料工作。得益于大学期间高强度的学业、学生工作，我的抗压能力比较强，时间管理做得也比较到位，因此能较好地完成各项事务，也得到了领导的肯定。

经过一段时间的工作，我感受到这所学校有其独特的魅力。首先，在评奖评优、职称评定、科研立项上，做到了公平公正，没有所谓的"后门"，一切都以成绩和质量说话，所以相关竞赛活动从不论资排辈，优者胜出。其次，在青年教师培养上，学校领导非常重视青年教师的成长与发展，会提供广阔平台，提供试错的机会，尤为荣幸的是学校副校长做了我的指导师父，他一节又一节地听评课，并在空闲时间对我进行指导，促使我飞速成长。最后，在教育教学上，学校有大量的骨干教师示范课、新入职教师汇报课等，学校也搭建了许多研修培训平台，使青年教师有机会向优秀的前辈学习。所以，大学的学识加上优秀的教学经验，一定程度上保证了我教学能力的不断进步，让我有能力站上讲台，有信心在学校的各项工作中取得成绩。虽然工作时间不长，但我获得感、幸福感满满。

回想自己的职业选择，可以说是稳中有变。从小学开始，我就梦想着当个"大官"或老师。小时候，我总喜欢充当老师的角色，给小伙伴上课，感觉站在讲台上侃侃而谈的老师是散发着光的，就像英雄一样。到了初中，因为特殊原因，我更期待成为一名公务员，主管医院的公务员。但是经历了政治院校的学习，经历了复读，我反而认清了自我，明确了我未来的职业方向——教师。所以，在报考大学时，我选择了师范大学，选择了公费师范生。

在毕业选择工作时，我本准备前往牧区的一所中学任教，但是在面试时，发现这所学校并不招聘语文教师，所以我选择了省教育厅直属的一所省内异地办学的民族中学，学校位于省会城市，但生源大部分来自州县牧区。在了解这所学校时，让我印象深刻的是，学校党支部建在级部上。根据我的理解，就是想要用党支部建设带动级部建设，想要让党员起到先锋模范作用。我想，这样的学校是有正气的，而我恰恰是一名党员，其校园文化很符合我的期待。因此，我来到Q校，成为Q校人。此刻的我，已成为西部民族教育战线上的一员。但是，如何成为一名合格的人民教师？如何成为一名合格的Q校人？我想至少要做到以下两点。

一是能吃苦耐劳。最初，我对于这四个字不甚理解，老师是比较辛苦，但学校也不用强调吃苦耐劳吧？但在三个多月的教育教学实践中，我清晰地感受到了东西部地区教育的差距。当我上课时，学生连最基本的知识都回答不上来，连最简单的专业术语也不明白时，我也曾懊恼过，也曾迷茫过，曾有一段时间，我在想我为什么会选择民族中学，这里真能实现教学相长吗？但正是这一次困惑，这一次反思，让我更加坚定了教育理想。我个人虽然不能改变一方教育，但我可以身体力行，从帮助一个个学生发展起步，为家乡民族教育贡献自己微薄的力量，我可以尽最大可能为民族儿童插上逐梦的翅膀。夜深人静时，我会复盘白天的教学、班级的情况，然后想问题、找方法，慢慢琢磨文章，尽量把专业术语用通俗的话表达出来，把教案电子版写好，然后根据教学情况修改，誊抄到笔记本上。我还会积极参加学校组织的公开课、汇报课，参加教研论文竞赛活动，参加精品课大赛等，试图通过各种学习活动，不断提升自己的教研能力和水平，为自己的教育教学助力。在我的理念中，教师的教学能力和科研能力同等重要，缺一不可。新时代，全体教师必须要更新理念，不断朝着学者型、研究型教师发展。

二是能勇于奉献。青年教师作为学校的新生力量，能力有待提高，认识有待提升。所以，要及时抓住机会，积极向前辈学习，虚心请教，敢于挑重担，敢于试错，不畏手畏脚，要牢牢把握住每一次促进个人发展的机会，在学习中一步步促进自己提高。以我的级部工作为例，我最初因为撰写简报等焦头烂额，现在已经不畏惧、不害怕，能坦然接受。有时，也会根据级部工作，自己补充总结，锻炼自己，乐在其中。所以，青年教师要积极发挥本领，发挥个人优势，充分利用学校提供的广阔平台。当自己完成一项教育教学工作时，无论成功或失败，都能得到成长。

现在回想近一学期的教学时光，学生的努力，教师的付出，师生云端的相聚是一场双向的奔赴，绘成了雪域高原最美的教育画卷。此时此刻的我很开心，因为自己如愿以偿，成为一名光荣的人民教师。"一支粉笔，三尺讲台，一卷书籍，一颗红心"，是我学生时代的理想。

毕业学校、公费师范生身份、教师工作带给我的变化也随之而来。北京师范大学毕业，让我有机会进入省直单位，获得了稳定且比较可观的收入。比起父母的农民工身份，我的社会地位也在发生着巧妙的变化。所以，我认为在公费师范生政策的直接影响下，我实现了社会地位的上升流动。

教师，是一个伟大而光荣的职业。教师不仅要传授知识，更是青少年成长道路上的引路人，对青少年的健康发展有着巨大的作用。在当今社会，教师的作用更加突出与重要，教师作为传播文化的中介人，作为文明的传播者，其责任重大。在百年未有之大变局中，在新时代的征程中，教师要以身作则，对学生言传身教；在青少年成长的关键时刻，要引导学生树立正确的世界观、人生观、价值观，引导其养成良好的思想品德，为学生以后的发展打下坚实的基础，教师更要为中华民族伟大复兴培养德智体美劳全面发展的社会主义接班人和建设者。师者，国之大器！

四、子女的发展规划

我目前未婚未育，所以结合自己的实际情况，谈谈对子女的规划。作为一名因享受优质教育而实现奋斗目标和人生理想，并实现阶层上升的政策受益者，我很清楚接受优质教育的重要性和必要性。因此，在我的规划中，家族内的孩子，可分为两拨发展。一是自身学习成绩优异的，要努力考取重点大学本科并读研，工作方向为公务员（选调生优先）、医学、警察、教师，二是自身成绩一般偏上的，计划出国留学，工作方向基本一致。为了获得更好的发展机会和空间，孩子应至少学习一门艺术，其中书法、舞蹈为优先项目，或者学习一门语言，比如英语、法语、韩语等。

五、小结

一个人的发展，离不开机遇，离不开家庭资源的支持，更离不开自身的努力与拼搏，只有三者相互配合，才能实现优势互补，促进个人的成长。由于家庭的特殊原因，我并没有多少家庭资源可以利用，所以相比于其他人，我更看重我个人在学习生涯中的奋斗和努力。结合我的经历，不得不承认，较重的家庭包袱会是影响职业选择的重要因素之一。在我复读的那一年，我深入了解了国家的相关优惠政策，在高校专项计划和公费师范生政策的直接影响下，结合我的职业规划，我选择了走进北京师范大学，成为公费师范生，最后做了一名人民教师。而工作的学校也给我提供了展示自我的平台，给我提供了符合预期的工作待遇和机会。因此，我会秉持一颗教育初心，怀揣教育理想，奋斗在校园。

作为一名曾经享受了政策红利和优质教育的学子，我始终认为公费师范教育对许多中西部地区学生有着现实的价值和意义。公费师范生政策使一批学生可以享受更加优质的高等教育，未来可以获得一份好工作，实现多年的人生理想；公费师范生政策使一批学生只要努力，就有可能改变自己的人生轨迹，促进自己的社会地位向上流动，获得阶层上升。最后，希望全体公费师范生能守初心、担使命，让我们在新时代的教育路上凝心聚力，同心同行，共赴未来！

（2023年1月19日）

第六章
盗火者：成为人民好教师的滚烫初心

第六章 盗火者：成为人民好教师的滚烫初心

李舒：一名公费师范生的选择——最好的安排

我叫李舒，是一名理科公费师范生，曾就读于部属师范高校，毕业后回到生源地工作。确认高考录取志愿后，明确的职业方向使公费师范生这一选择与我的生活学习相互渗透。

一、顺势选择的点滴积累

我想成为一位老师。从个人角度来讲，我从小就很向往老师这一职业。从环境因素分析，我的小姨、舅舅等都在我小学时对我说过当老师很好，在我的家庭里，父亲在外打工，我10岁前母亲在家里带妹妹和弟弟，没有工作，其他的叔叔、姨妈都是在家种田，所以也不难理解为什么他们会觉得"当一个老师很好"。我从不排斥教师这一职业，这也是我最后选择公费师范生的源头，但我求学期间并未坚定地朝教师这个职业前进。

在高中期间，我没有想过要选择师范专业，原因大概在于我当时的成绩可以支撑起我考虑其他的选择。不过，在高中阶段，我对教师这个行业有了更深入的了解。家里面大我8岁的堂哥考上了二本，父亲当时和我说，以后我也上个二本就很不错了。但是从初二开始，我好像突然开了窍，自己会主动学习、预习，会觉得一节物理课时间很短，成绩从年级中间水平一直冲到前十。可我的中考成绩并不理想，无法进入市里最好的学校。当时在市里排名第二的学校和县高中间选择，我的父亲希望我到市里，家里在教育上是不遗余力的，可我犹豫之后，选择留在县里，因为学校离家只有10分钟路程，学校还答应免除学费并给予一定奖励，我在这至少也是"鸡头"不至于是"凤尾"。我虽然因为怕给家里造成一定的负担而选择留在县里，但也怕温水煮青蛙，落后于初中时到市里的同学。所以我确实非常努力，学校22：30放学，我回到家继续学到23：50准时睡觉。早上5：55起床，6：20准时进入教室早读。高三时，我的数学成绩始终保持在140分左右，在学校的排名不是第一就是第二。所以，我当时觉得我可以自由选择我的专业，可以选择我想做的工作。但是如中考一般，高考的结果不尽如人意。得知我的分数只高出一本线一百多分（远低于平常水平，也低于平时同层次同学），父亲很不高兴，虽然当年说二本足矣，可他也替我这几年的努力而遗憾。高中的老师建议我复读一年。可也只有我知道，家里经济状况实在不好，在这样的情况之下，我对于这样决定命运的考试实在无法以平常心对待，再来一年，结果或许并不会有大的不同。最后，我翻遍了志愿书，在所有的专业里面选择了公费师范生，我的分数刚好够，毕业之后工作有保障，也能缓解我们家的经济压力。现在想来，或许这是最好的安排，因为很多人觉得我很像一位老师。

小学每周五最后一节课的大扫除结束后，大家都会围在我的桌子边听我讲题，因为我总会早早地完成作业。而大家围起来听我讲是因为我有原则，我不会把我的作业给他们抄，我并不是不愿意分享，而是"授人以鱼不如授人以渔"的思想从小就在我的脑子里，我认为我可以教大家做，但不能让大家抄，因为抄作业的小孩子不诚实。

初中阶段，我便以较为"成熟"的身份来劝解班上叛逆的同学。某天中午，我正在黑板上写作业题目，同学F，班上最调皮捣蛋的学生对我说："以后你想当老师吗？"当时的我并不像小学一般对教师工作心生向往，也不如高中想法多样，只说："也不是不行。"在初中时，我便能劝解同学读书向学，我想这就是莫名刻在我身体里的一份责任吧。

第六章 盗火者：成为人民好教师的滚烫初心

高中阶段我的学习成绩在班上很稳定，名次一直排在前列，所以会有很多的同学与我讨论题目。在没有老师布置的情况下，我会主动把当天同学们有较多问题的题目的解题思路写在后黑板上，不会直接写解题过程，但是如果还是有同学不明白，我也愿意再细致解答。检查作业的时候，我也是非常严肃的，会将同学们没有完成的题目和题号整理出来交给老师，甚至还要问清楚同学没有完成的原因。有时我也会一个人在讲台上给所有的同学讲完一整套数学卷子。我认为我是一个比较认真负责的班委，感谢老师们给我这样的机会来锻炼自己，也感谢班上同学们的包容，让我有了从事教育行业的信心。

高中结束之后，我怀着一颗平常心，甚而是怀着几分遗憾走向了下一阶段。之后我被一所部属高校录取为公费师范生，回到老家，一些老人也知道有我这个靠读书就能养活自己的小孩，看见我还会说这是那家读书最厉害的那个孩子。家里的小姨、舅舅、叔叔、伯伯在我被录取后也给了我红包，大家都将此事当作家里的一件大事对待。我对基于家庭经济状况以及高考分数做出的这一选择有过遗憾，但从未后悔，只觉得一切早已注定，都是最好的安排。

二、坚定方向的预演锤炼

"我来上课没有任何问题。"这样一句狂妄之言，是我刚进入大学时的梦话。虽然每次大考成绩都不尽如人意，但我也因为自己的踏实付出而从不后悔，故而成长为自信的自己。但在大学这一个新环境中，我的自信过度膨胀了。同一个专业里的同学都是公费师范生，在这样的环境中，我们都会用"是否像老师"这样的标准来评价彼此。初期学习中，我较强的表达能力、对讲台的热爱、学生工作经历的丰富，使我在平常的交往中大大方方，进而让我滋生出极度的自信。参加演讲比赛，没有获得好名次，但评委老师说："你天生就是老师。"日常讲课训练中，同学们交流说："你已经相当自然，就是一个老师。"节目排练时，同学们一致推荐我扮演老师，因为我最像。这一切使我相信我就应该是老师，因而对自己的能力有了过分的自信。直到参加讲课比赛两次都止步决赛，两次落选，使我学会了一项最重要的技能——反思。我观看其他同学的课例来学习他们的讲课优点，与评委老师在比赛结束后交流半个多小时来认识自己的不足。我知道了上好一节课很难，我不会的还有很多。大学期间我也见识到了很多优秀的同学，大家的思想会在一起碰撞，从而让我认识到自己真的不值一提。课堂上有同学对于教学原理的深层次解读能够与老师的想法产生共鸣，有同学的教学设计堪称典范，看得越多越发现自己是井底之蛙。但也因此，我知道了自己想成为什么样的老师，这让我沉下心来打磨专业，不再漂浮于外壳"像不像"的虚架子上。之后我的心态更加稳定，更加清楚选择这样的专业，对于将来的教育教学工作是不容马虎的。公费师范生的学习生涯中，除了与优秀的人同行，与优秀的思想碰撞，学校学院也给了我们每位师范生与优秀的教育接触的机会。

到了大三的实习阶段，学校和学院联系到的都是每个省顶尖的学校，在求职和正式工作后，我体会到实习机会的不易，那短暂的实习时间可能是我之后很难接触到的优质教育经历。进入实习学校，带自己进入学科教学的老师是学科领域的专家，带自己熟悉班主任工作的老师是经验丰富、管理有方的优秀班主任，教学班级的学生是全省排名前列的佼佼者。在实习中，我能认识到教学设计如何与不同层次学生融合落地，也明白对待有自己思想的学生要有换位思考包容之心，也看到优秀学生的学习方式和优秀的思维能力。这些在实习当中的所悟所感也影响了我对工作的选择和之后的教学理念。经过大学专业理论的学习，日常活动、比赛的打磨，实习生活的提前预演，我走向了下一阶段——真实的教学工作。

三、既定路线的多维思考

作为一位公费师范生，我从拿到录取通知书时就知道毕业之后的职业道路

第六章 盗火者：成为人民好教师的滚烫初心

是教书。但在找工作的时候，我发现也有很多不同的路可选择。从教学段和从教具体学校是我认为最重要的两点。对于从教的学段，我很坚定地选择高中，因为我认为自己更为理性务实，更适合从事高中教学工作。而具体的学校选择则经过了一段时间的深思熟虑。当时我有三所学校可以选择，第一所是我家乡县里的高中，第二所是所在市里的新建民办公助学校，第三所是邻市一所公办学校。在这三所学校中，我最后选定了第三所。第二所学校虽然在最开始达成过协议，但考虑到是新建学校且不是完全公办，以及当时以为会有更优选择，所以我果断放弃了。而之后县里高中成了备选，并且公费师范生回到县里工作，个人对学校的主动选择一般会受到尊重，也会有基础的生活保障。在以前任何的选择中，我都会考虑到家庭的经济压力，但是在这一次的选择中，我把这项考虑放到了最后。既然可以开始工作，那么意味着我有了保障自己生活的微薄之力。年轻时总有对外面世界的憧憬。所以过了一段时间，我参与了第三所学校的招聘，并获得了笔试第一的成绩。面试时和考官交谈，发现该校的教学理念与我的理念十分契合，试讲也顺利结束。在和家里商量之后确定了工作选择。按理讲来，县里的学校评级要高于邻市的学校，为什么我留在了邻市，没有选择县里高中？一方面是想到如果以后成家有了孩子，我会希望他能多接触外面新的环境，而且总体大环境下的教学质量要比县里稍好些。另一方面则是因为那段时间我的父亲受了重伤，在医院里治疗了将近三个月，可因为县里的医疗条件还是与市里存在差距，他无法得到较好的治疗，出院以后身体也得不到很好的恢复，我在市里工作，对于父母身体检查治疗等总是更方便一些。

毕业之后便进入了工作阶段。对于新手老师而言，班级的管理和教学工作，总体上是较为繁重的，但同时我也很幸运，作为一位公费师范生，大学期间恰值新课程改革、新教材实施，我在校学习时便重点分析过当下新课程改革理念和新教材编写内容。所以在工作期间我能更快地进入新教材的教学当中，冲突点不多，时间节点刚好对接。而且我是公费师范生，故而入职一年后能再回到母校就读在职研究生。虽然是在职就读，也因为多是以线上网课形式教学的，但学院能考虑到我们的工作实际需要，开设教学课程，选择的讲课老师也都是学科领域的带头人。学校和社会都在不遗余力地帮助公费师范生不断学习、不断成长。我即便以公费师范生这一身份毕业了，也一直都是一名公费师范生。

（2023年1月19日）

李阿瑶：一个普通家庭普通女孩的公费师范生之路

一、家庭背景

我的父亲初中毕业，目前没有工作，偶尔会跟认识的朋友一起去干工程；母亲中专毕业，是C市一个小区负责看监控的保安，在我开始工作前，他们两个的年收入，也就是我家的年收入大概有三万。

自从结婚，父母就一直定居在C市。家里只有一套房子，从我上初中时，我们一家三口就一直住在这里，房子七十多平方米，虽然不大，但是母亲是个爱干净、能干、有情调的人，所以家里非常温馨。

我刚出生那年，父母下岗了，从此开始了没有正式工作的日子。一开始父母去卖手机，后来手机市场不好，父亲便跟着自己的朋友去做生意，经常全国各地跑，一年回不了几次家。从那之后，母亲就成为全职妈妈，一直在家照顾我和爷爷奶奶，一直到我很大了，父亲不再做生意，母亲才重新开始工作。那些年父亲一个人在外漂泊的艰辛、母亲一个人照料全家的辛苦，他们从不与我抱怨，他们总告诉我只需管好自己的事情，家里的事也很少和我提、跟我商量。

每次假期，父母都会把我送到大舅家。大舅是母亲的亲弟弟，在C市下面的旗县做中学老师，舅妈也是老师，他们的女儿和我只差四个月，我们关系一直很好。假期在大舅家和妹妹一起学习，偶尔出去放松，我觉得很快乐。我高中之前，爸爸的生意还不错，那时不谙世事的我，并没有感受到太多安稳的工作、稳定的工资带来的安全感。

但是高中之后，父亲有些变了，他在家的时间多了，可是他好像并不开心，经常叹气，还总是失眠，母亲也不再像以前那样温柔。从那时起，我开始有些羡慕妹妹，羡慕大舅安稳的工作，羡慕她可以经常买蛋糕，羡慕她漂亮的衣服。那时我只觉得当老师，可以受人尊敬，可以有稳定的收入，可以过更加安稳幸福的日子。

所以高考报考时，我很坚定地说自己想要做老师，父母好像也特别希望我走这条路，所以非常赞成。

刚进入大学时，自由的生活、足够的生活费都让我兴奋，同时，我对教育学中先进的教育理念产生了浓厚兴趣，"学习是为了幸福地生活""探究式学习"等一系列在高中时没有听过的教育思想随着课程涌到我的面前，那时我是非常有冲劲儿的。

二、父辈的职业情况

父亲的故乡是C市的一个寒冷的小乡村。父亲有四位姐姐，爷爷老来得子，在家从不让父亲干活，对他的学习也没什么太高的要求。由于学习成绩不好，父亲初中后就不念书了，跟着村里的发小做了几年小生意，就进了C市钢铁厂。

母亲的老家也是C市的小乡村。母亲是家里三个孩子的长姐，九岁就能给种地的大人洗衣服、做饭，又聪明又能干，学习上也很要强。妈妈总说自己如果不是英语不好，一定能考上高中，没准儿还能上个大学。没考上高中的她去了纺织技校，后来进了纺织厂，虽然没有成为非常专业的裁缝，但是心灵手巧的妈妈在很短的时间里就学会了基本的缝纫技术。也是在那里，她经人介绍认识了我父亲。

第六章　盗火者：成为人民好教师的滚烫初心

父母结婚后，很快就都下岗了。下岗后，父母进入姑姑朋友的手机公司卖手机，那时的手机公司除了可以办业务，还可以出租柜台给别人卖手机，爸妈就在那里开始了新工作，忙碌而充实。

那时我还没上小学，在家附近上幼儿园，爷爷负责接送我。趁妈妈没下班在爷爷家看电视是我每天最开心的时间，等妈妈快下班了，爷爷就在门口给我打掩护。有时妈妈会从单位拿回一些卖手机发的福利，偶尔还会买一些小糕点和零食，那段时间我特别期待妈妈晚上回家。回想起来，那时的父母虽然忙，但充满向上的拼劲儿，感觉未来充满无限可能。

后来我上了小学，学校离我家很远，骑电瓶车要二十分钟，坐公交要更久，因为太远，我被送到了午托班，小学六年间，我中午一直在午托班，晚上才能回家。那时爸妈的手机事业又赶上了市场的冷潮期，没能坚持下来，父亲决定和发小出去做生意，妈妈选择成为全职主妇，照顾家里。父母非常重视我的学习，妈妈不会开车，每天只能骑电瓶车接送我。六年里，我从没迟到过，每次一放学，她都早早地就等在门口了。我一回家就有热饭，家里一直一尘不染，家中有任何大事小情他们也都尽量避开我，从没影响过我上学和写作业。除了我的学习，妈妈很少干涉我的生活，尽管我只是小学生，但她很尊重我，除了心情特别不好的时候，她对我一直都是温柔亲近的，总是鼓励和肯定我。

再后来，我们搬到了现在的家里，这里离初中和高中比较近，妈妈也开始做一些零散的工作，爸爸在我初二时，也结束了在外面的生意，回来跟姑姑一起做宽带业务。父母都是老实人，朋友不多也没有太多人脉，更没有什么独特的傍身技能。一直到我高中毕业，他们也一直没有较为正式的工作，偶尔有朋友介绍工作就会干一阵子。尽管高中时家里的经济情况很一般，妈妈只有过年时才能买一两件新衣服，但是他们对我的学习投入从不含糊。而且为了不影响我学习，父母从不让我干家务，也很少让我参加亲戚的聚会，就希望我能学有所成。

记得刚上大学那会儿,室友评价我说"你被父母保护得太好了,只知道学习",那时我才渐渐明白,他们有多重视我的学习,为了让我学得更好,让我有一个更好的未来,他们付出了太多。

三、本人的学习经历

我自小性格就偏静。虽然不爱运动但是还算聪明,所以小学时,我就是老师最喜欢的那种学生,上课坐姿端正、从不乱说话、没有小动作,性格也还算不错,作业完成得字迹工整、态度认真,成绩更是一直保持在前列。不管是班主任还是其他科任老师对我的评价都很好,都认为我是一个很有希望的好苗子,经常表扬我,所以我上课非常自信,养成了较好的听课习惯。小学的知识简单,作业也很少,每次回家做一小会儿作业就可以看电视,也正是因此我没有养成预习和复习的学习习惯,自主学习的能力较为欠缺。而且因为读书特别爱咬文嚼字,除了教参我很少看课外书,只是偶尔看一些小说,大部头的经典著作很难看进去。

到了初中,良好的学习习惯让我的学习成绩一直保持得不错,班主任还让我担任了班长。但是因为性格比较内向,加上初中时感觉自己身材不好有些自卑,当班长成了我的一种负担。遇到本是班长该承担责任的事情,我总会变成缩头乌龟,班主任为了给我留些情面并没有因此责备我,而是会找其他干部分担我的事务。从那时起,我养成了逃避的性格。那个时候的我只有学习这一项本领,性格也越来越封闭,学习成了我逃避的手段,我变得越来越看重成绩和排名,在原本享受的学习过程中变得很急躁,解不出题时还会狠狠打自己。

后来我如愿以较好的成绩顺利进入全市最好的高中的理科实验班。班里的同学全是学习能力很强的佼佼者,不仅学习好,家境也好,还有很多特长(现在回想起来其实也不尽然,只是当时的自己沉浸在那样的情绪中),我很快就感觉没有了学习的动力,因为自己和身边的同学存在着很大差距。虽然我不是天赋型选手，但好在我也不算太笨，是努力了就会有一定回报的类型。在学习中，我发现自己更喜欢语文和英语这样的文科类，不用特别努力就能取得很拔尖的成绩；理科题目则常常想不明白，自己做题总是做不懂，成绩也一直较为平庸。那时总以为老师会因为我成绩好，就像在小学和初中那样格外高看我、器重我，但是优秀而耀眼的同学实在太多了，相较而言，我很普通。很渴望老师的关注却得不到的心情一直折磨着高中的我，也是那时我萌生了成为一名老师的想法，我希望自己可以成为让每一个孩子都感受到被关注、被信赖的老师，引导我的学生成为更好的自己。

我高考那一年题目比较简单，大家的分数都很高，虽然我考了六百多分，但也只是中等水平，去不了非常好的985学校。因为一直沉浸于学习以及排名，我的视野比较狭窄，不清楚自己到底想做什么，更不了解自己适合做什么，心里只剩下当时暗下决心留下的声音。当爸妈问我想干什么时，我就说了"老师"，许是应了他们的愿望，报考时我们家没有任何鸡飞狗跳，爸妈通过报考的人了解到要当老师的话，可以报考公费师范生。我就这样进入了D大学的X专业。

上了大学，我对各种新鲜的教育理念和心理学知识产生了浓厚兴趣，而且X专业属于社科类专业，我发现自己更擅长学习这类知识，也在学习教育学和心理学过程中，重新反思了自己的成长之路，时常设想如果我有了孩子要怎么好好教育。我们专业课多但是比较杂，虽然是X专业但不分科，语文、数学都有一点涉猎。大学期间虽然我的绩点还可以，但只是普普通通地过了四年。大四时，看着很多高中同学都被保研到厦门大学、浙江大学等学校，甚至还有直博的，心里不禁觉得非常羡慕，偶尔会设想自己如果没有来到这里，是不是也能有另一番更广阔丰富的天地呢？但是相比于亲戚家的孩子，我又感觉自己已经算比较争气了，我是家族里第一个大学生，虽然不是第一个教师，但是学习成绩一直算得上是非常好的。妈妈也总是告诉我，要干一行爱一行，如果真的不甘心，就应该把这份不甘心化作动力，只要努力，以后读完在职研究生，没准儿还能再读个博士，只要我能读，他们就一定支持我。

回想上学期间的经历，我感觉自己受外部评价影响比较大。虽然读书也还算努力，但是自主学习能力一般，学习是为了超过别人的心态一直笼罩着我，这也让我一度很有压力，不愿意学习，喜欢"摆烂"。后来在"摆烂"中，我感受到了自己对于"想把一件事做好""想要做到让自己满意"的原始愿望，学习和生活渐渐回到了正轨。可惜等我真的想努力时，已经临近大学毕业，希望自己未来能珍惜在职读研的时光，好好抓住每一次深造的机会。

四、本人的职业经历

作为一名D大学X专业人，在一次学科认证时有幸接触到了许多毕业多年的学长学姐，他们经过多年打拼，有的已经成为南方优秀学校的校长或者进入管理层。那是我第一次切身体会到D大学X专业在全国的高认可度，后来毕业季也印证了D大学X专业学子的实力，很多同学都如愿签约南方发达地区非常优质的学校。我找工作时，也看了N省比较有发展前景的几个地区。我通过了几个学校的面试，但是和父母商量时，他们不太愿意我去离家那么远的地方工作，我是独生女，他们比较舍不得。所以最终我留在了C市区一所各方面资源都不错的小学。

等真的回到家乡工作，我才感受到，离家近真的很幸福。如果爸爸在家，每天我都能被车接车送，而且回家就有热饭热菜。虽然偶尔工作也很忙，但是生活上基本没什么花费，过得非常滋润，工作期间还长胖了很多。工作之余，我喜欢看一些闲书，也会逼自己看一些专业类书籍，偶尔遇到喜欢的电视剧会追追剧，也会和朋友出去聚餐唱歌，等等。

在任职学校，我主要担任语文老师及班主任。学校是一所蓬勃发展的新学校，老师们的学历都很高，也有很多公费师范生学长学姐。虽然事务比较多，

第六章 盗火者：成为人民好教师的滚烫初心

但是不管是老教师还是新教师，都非常努力。在学校里，我也遇到了一些温暖的前辈，当遇到困难时，他们会尽心尽力地帮我出谋划策。同时学校里也有很多D大学毕业的学长学姐，他们在教学上都取得了各种各样的优异成绩，受到了领导和同事们的认可。所以学校对我们D大学的公费生很信任，相信我们可以带好教学、带好班级。在这样的教学环境中，虽然也很累，但是只要摆正心态、虚心学习，就能获得成长。

我只想安心教好课，让每一节课都顺畅、愉快地完成，同时做好基本的教学管理工作，打造良好的班级风气，让班级里的孩子健康、快乐地成长。因此，对我来说，一位专业合格的教师首先应具备较强的教学能力和良好的班级管理能力，这两个都是第一位的，而且是相辅相成的。教学是老师安身立命的根本。教得好，课堂有意思、有知识，让所有孩子都能听明白、学明白，这是最重要的，也是决定教师在孩子心中地位的关键因素。而作为班主任，打造良好的班级氛围，让孩子们养成良好的常规学习习惯，是让孩子的各科学习都能受益的事，是打基础的事。其次，为了让自己的教学和管理更加科学有效，教师还应该具备独立思考能力和较强的学习能力与行动力，学习能力包括信息搜集与处理能力以及对新知识、新理念、新方法的接受能力，其中，我认为独立思考能力是核心。最后，就是一些软实力，比如心态调节能力、沟通能力、合作能力，这些能力虽然看起来不是很重要，但在关键时刻却可以发挥巨大的作用。比如当班里孩子遇到问题时，是否能理智地帮助孩子解决？当家长发了一个看起来不太尊重人的信息，是否能调节好心态，正向看待、解决这件事？都说孩子的教育有两条腿，一条是学校，另一条是家庭，而要想达成良好的合作，老师（尤其是班主任）在家校间进行沟通和调节的能力是很重要的，这样的软实力有时能成就一段良好的家校关系。

目前来看，我的各方面实力还有所欠缺，尤其是对教学和管理的理解，以及对于新语文教学的学习还不够深入。在这样一个积极向上、人人学习的工作环境中，我感觉自己并不是孤身一人，我身边的同事都在为了学生努力，我也希望自己能不落后于人，不断向下扎根、向上生长，在工作中不断进步。

在与家长的相处中，我努力调整心态后，发现与家长的沟通变得没有那么令人焦虑了，但这并不意味着一味低姿态和不沟通。你想要留住这些学生，是不是也要好好打磨自己的课程吸引学生，并用优质的服务态度去面对家长呢？这样想，我感觉自己所经历的事情都是学习的机会。

如今，我把公费师范生服务期当成一个沉淀期。设想六年服务期满并完成在职研究生课程，我既有真实的教学经历，又有学历上的研究生认证；同时在实际工作的过程中，我见识到了真实的学生和家长、真实的社会环境，因为有着切身的体会，我更能了解家长和一线老师的需求。这些都是对我能力的积淀。未来，不管是在学校内继续教育事业，还是从学校出来谋一番自己的事业，相信那时我都将有更多底气去选择，也将更有能力去实现。

五、子女的发展规划

虽然我现在并不打算结婚生孩子，但是如果真的有了孩子，我的规划是这样的：对于基础性学习，首先我希望在上学之前做好启蒙，尤其注重语言学习、识字和经典传统文化的诵读和引导，让孩子在上学之前就能学会基本的外语沟通、能大量识字、会背经典蒙学教材"三百千"，同时做好孩子理科思维的培养和引导。在三岁之后，进行适当体育训练，学习钢琴、舞蹈、主持、画画等。到上了小学，培养孩子阅读、写字和背诵等良好习惯。除了跟上学校的进度外，还要给孩子设计系统化的课外阅读体系，丰富孩子文化积累的同时，积淀孩子的科学常识和素养；还要更注重特长的挑选，选择一到两个孩子明显更加擅长且更喜欢的特长坚持培养下去，也要注重抓好孩子的基础学习习惯和听课习惯。同时，还要注重孩子性格和心理的发展，培养孩子的独立性，在家给他分配家庭任务，让他体会承担任务的责任感，让孩子成为自律、善良、有担当、有文化积淀的人。

等到了初中后,加强与学校老师的沟通,逐渐对他放手,更多地和他沟通情绪问题,引导他自己主动学习,掌握学习方法。高中后适当沟通情绪问题,给他更多空间和自由,让他感受到更多的爱与支持。在教养方式上,小的时候与他进行充分的亲子互动,良好地规范他的行为,等他上了初高中,逐渐与他成为朋友,成为他身后坚定的支持力量。

除此之外,因为我是独生子女,我希望我的孩子能有兄弟姐妹,所以我至少会养育两个孩子,希望他们以后团结友爱,成为彼此生命中的支撑。

对于孩子未来职业的选择,我更希望他离开家乡。如果有机会,可以去外地闯荡,从事新奇自由的艺术工作,或者从事高薪的互联网行业、创意无限的传媒行业……我希望自己的子女有更加恣意放纵、更有创造力的职业选择,去见更广阔更丰富的天地。

六、小结

就目前来看,我认为自己实现了社会地位的上升流动。对比我的父母,我认为自己有更强的能力给子女提供更多的教育资源和人生选择,同时我的收入和社会地位也比父母更高。我从未后悔选择公费师范生,既然选择了这条路,我就希望自己可以坚定地走下去,认真地在这份职业中汲取力量,锻炼自己的硬实力,让自己在未来有更多底气和选择。

(2023年1月19日)

何宛瑜：桃李不言自成蹊，为有清香吐芳华

一、父辈的职业情况

我的父亲和母亲由于年少叛逆，加之家中兄弟姐妹较多、父母无暇照顾等原因都没有接受太多正规的学校教育，草草地读完中专便外出打工。后来，他们都在自己父母的劝说下回到了家乡，在当地工作。

母亲通过一次偶然的机会进入某饮料有限公司，从事销售员职务，主要负责当地多家大中型超市的供货等。母亲从入职以来一直在该公司工作，兢兢业业，受到超市经理及公司同事的一致好评。

父亲长期从事运输行业，早期运营当地线路车，后因高铁开通，生意不景气，转业至运营出租车。父亲没有太多过人的技能，加之性格较为内向，便一直从事与驾驶相关的职业。

我的父辈亲戚朋友较多，且涉及各个行业，但不足以帮助我实现阶层上升流动。其中，母亲的亲戚对我影响较大，舅舅和舅妈均为教师，对我选择就读公费师范生专业造成了一定的影响。

虽然我的家境不算好，但在教育投资这一方面，父母从不吝啬。我从小就被父母送去参加舞蹈班、书法班、奥数竞赛班、作文培训班、英语兴趣班等。由于父母深知"不吃学习的苦，就要吃社会的苦"的道理，加之受家里从事教育行业亲戚的影响，他们从小对我有着较为严格的要求。虽然不要求我名列

前茅，但也希望我能脚踏实地、认真学习，不辜负老师和长辈的期望。小升初时，在舅舅和家中长辈的鼓励下，我去绵阳及成都参加了几所名校的选拔性考试，虽成功考上了奖学金项目，但由于年龄较小，父母不放心我一个人在外读寄宿学校，我便回到当地就读。

在求学之路上，我十分幸运地遇到了许多恩师，加之从小受舅舅和舅妈的影响，我对教师这个职业较为感兴趣。父母也认为教师这个职业对于女孩子来说较为轻松，一是较为稳定，二是闲暇时间较多，有更多的时间充实自己、照顾长辈、相夫教子等。

二、本人的学习经历

我属于脚踏实地的那一类学生，虽然在求学路上很少名列前茅，但也一直处于中上游水平。在小学阶段，由于班主任为学校领导，需要处理的事情较多，不能完全将精力放在教学及班级管理上，我便转学到舅妈任教的学校。受环境变动、老师教学风格不一致等因素的影响，我在小学阶段的成绩波动较大，且性格较为内向甚至孤僻，不愿将自己内心真实的想法表达出来。但当时我所在的英语兴趣班的女老师，如一缕暖阳照亮了孤独的我，她总是能察觉到我情绪的变化，并耐心询问我发生了什么事情，当我取得进步时，她也总是及时给予我正面反馈。在她的关心和鼓励下，我对英语的兴趣日渐增加，也希望自己能成为一名像她一样平易近人的老师。大概是从那时起，教师这颗种子便在我幼小的心里埋下，逐渐生根发芽，直至后来变成一棵小树苗。

初中阶段，我顺利考入当地最好的中学，并被分到了一个班级氛围良好、任课教师专业素质较高的班级。在老师们和班上优秀同学的带领下，我埋头苦学，为之后的学习打下了较为坚实的基础。但好景不长，可能是处于叛逆期，初二阶段我经常与父母发生矛盾，加之父母的情感由于一些家庭变故出现了裂缝，我愈发孤僻，不愿与人交流，在学校常常是独来独往的状态。

第六章 盗火者：成为人民好教师的滚烫初心

初二时，英语老师发现了我在英语学习上的潜能，任命我担任英语课代表。从那之后我便潜心学习，虽然性格依然较为内向，但至少开始专注于自身，将精力放在所谓正确的事情上了。除了关心我的学业成绩，初中英语老师还从多方面培养我的能力，在他的建议和影响下，我拾起了之前半途而废的书法，阅读习惯也从之前的痴迷校园言情小说，转变为在经典散文里感受文学的魅力。到了初三这至关重要的一年，英语老师多次找我进行谈心，分析我在文理科上具有的不同优势。在老师及朋友的建议下，我选择了文科，并以年级第六名的成绩，顺利进入本校高中部鸿志班就读。

高一时，我们搬迁到了郊区的一个新校区，我第一次开始了寄宿生活。出于对新同学、新老师、新环境等的好奇，我高一一整学年都没有太专注于学习。而我一直不太擅长理科学习，高一时，我们的数学老师因为怀孕请假，我们班多次更换数学老师，好不容易刚适应一位老师的教学风格，就因为各种原因再次更换老师，这导致我对数学学习一度失去兴趣及信心。

在高二、高三阶段，我们搬回了龙湖校区。父母发现了我偏科的问题，便决定在学校旁边租一套房子陪读。正所谓"距离产生美"，在他们陪读的那两年，我与父母之间、父母本身之间经常因为一些琐事发生矛盾，加之学习压力大、体重增加、青春痘肆意生长等原因，我一度陷入自卑、自闭的状态。那段时间的我仿佛走进了一个没有尽头的隧道，总感觉身边黑漆漆的，空荡荡的，不知道什么时候才会好起来。我开始把自己封闭起来，后来接触到后摇（后现代摇滚的简称，是将电子音乐加入旧式摇滚所形成的一种新的、更为轻松自由的音乐表达风格）及重金属音乐，我逐渐变得叛逆，听不进他人的劝说，在一意孤行的路上越走越远。无独有偶，高中英语老师也在我最迷茫的时候，发现了我在英语学习上的潜能，并任命我担任英语科代表。于是，在他的关心和鼓励下，我从服务同学、协助老师中获得了一些成就感，逐渐找到了自我。现在回想起来，真的很感谢高中英语老师，如果没有他，我可能现在还在某所不知

扎根乡土与向阳生长：定向西部地区培养的公费师范生口述史研究

名大学里，浑浑噩噩地荒废时光。当然，也得感谢那时的自己，当时我每天都在疯狂记单词、刷阅读题、背范文（虽然在现在看来并不是什么高效、正确的学习方法，但是确实为我的英语学习打下了一定的基础）。在高二那年，我和班上同学一起参加了全国创新英语大赛，当时只是抱着试一试的态度，没想到顺利通过初赛进入了复赛，并拿到了二等奖。那次比赛的经历，更加坚定了我选择英语专业的决心。

在高考时，虽然发挥出了正常水平，但由于心态不够好以及其他客观原因等，我离重本线差了一分。在舅舅的介绍下，我了解到公费师范生这个政策，报考了四川师范大学公费师范生英语专业，并成功被录取，开启了为期四年的大学生活。

回想这十多年来的求学之路，无论是校内还是校外的英语老师，对我选择英语专业以及师范院校，都产生了或多或少的影响。他们总是能发现我身上的闪光点，并给予我正面反馈，让我逐渐有了自信。担任班委干部以及英语科代表的这些年，也培养了我平衡好工作与学习的关系、处理好同学与老师之间的关系等多方面的能力。在生活上，他们也是无微不至地关心着我，由于性格较为内向，我不愿与父母沟通，大多数时间都是向这些老师倾诉心事、困扰等。他们总是耐心地倾听，为我排忧解难，以朋友甚至是家长的身份与我相处。我对这些恩师的感激之情无以言表，只能通过实际行动来报答他们，那便是以他们为榜样，努力成为一名关爱学生、热爱教育事业的人民教师。

踏进四川师范大学的校门，我憧憬的大学生活便拉开了精彩的序幕。在大一、大二学年，凭借着初高中通过刷题等打下的坚实基础，我多次获得一、二等奖学金。除了学习之外，我还参加了班级、院级、校级的各类活动。其中，最令我记忆犹新的是烘焙社和校艺术团国标舞队的活动。我热衷于品尝各类甜品，但真正意义上学习制作甜品是在加入烘焙社后才开始的。在社长的带领下，我学会了做奶油曲奇、肉松小贝、蛋黄酥等。我们一群人分成若干小组，

第六章 盗火者：成为人民好教师的滚烫初心

在欢声笑语中互帮互助，挤奶油、放烤箱、做装饰，不亦乐乎，分享着自己亲手做出来的甜品，心里别提有多美了。而加入校艺术团国标舞队是我意料之外的事情。我从很小的时候就开始练习国标舞，但到了初中阶段由于学业繁重，便暂时放下了这一爱好，这一放就是好几年。但十分幸运的是，通过层层选拔我成功加入了校艺术团国标舞队，并与许多优秀的同学、学长、学姐一起训练。每周二、周五晚上，在结束繁重的学业学习后，我都会换上舞鞋，到训练室和大家一起练习新舞步，在放松的同时也拾起了自己的爱好，一举多得。

在大三阶段，专业学习逐渐深化，我们品鉴了各国经典文学作品，同时也开始了微格课程教学，将书本上学到的理论知识用于实践之中。通过一次次的微格课程打磨、同伴观摩、点评修改等，我们已经初具教师的雏形。在课余时间，我还接了一些家教活动和培训班的教学任务，想借此锻炼自己在真实教学环境下的能力。大三下学期的顶岗支教活动令我们实现了从学生到教师的身份蜕变，我们公费师范生班的同学，按照要求到四川省凉山彝族自治州的普格县和布拖县，开展了为期三个月的支教活动。

我所到的学校是普格县民族初级中学。最初，由于文学院的同学比我们稍晚到一段时间，我便担任了两个班的语文老师。由于我高中读的是文科，且在老师的影响下，喜欢翻阅各国文学作品，所以能胜任暂时的语文教学工作。后来，我承担了两个班的英语教学工作，在指导老师以及班主任的帮助下，我得以顺利开展一系列的教学工作，并取得了不错的成绩。但是，由于不会少数民族语言，以及文化习俗、生活习惯与学生们差异较大，在为期三个月的实习期间，我也多次怀疑自己能否胜任教师这一职业，能否切实做到关爱学生，能否坚持为办好人民满意的教育而努力等。通过多次与学生、同学、实习老师、校内指导老师交流自己的困惑，我逐渐意识到，要做一名合格甚至优秀的教师，不是一件容易的事情。除了要具备最基本的专业知识、通识性知识外，还要有一颗热爱学生、热爱教育事业的真心。上好一堂课，最基本的要求是有明确的教学目标、准确的教学内容、合理的教学结构、适当的教学方法，除此之外，还要讲究教学艺术、板书有序、充分发挥学生的主体性。除了与老师进行沟通，我还多次观摩优秀教师的课堂，学习他们的教学方法和教学经验，以形成自己的教学风格。

在实习结束时，我收获的不仅仅是一本本满是笔记的教材、实习手册，还有一段段令人永生难忘的师生情，我也更加坚定了要做一名优秀的人民教师的决心。返校后，在实习交流大会上，许多优秀的同学向我们展示了精品课，从他们身上我学到许多，他们先进的教学方法、妙趣横生的师生互动令我受益匪浅。

三、本人的职业经历

回到家乡后，我便开始为面试做准备。但由于种种因素影响，我并没有在面试中取得令自己满意的成绩。但好在所分配的学校，离城区仅有一个小时左右的车程，且学校整体氛围较好，老师们之间能够互帮互助，一起为提高教学质量而努力。

虽然仅从教几个月，但我已经充分感受到作为教师的使命感与成就感。到了新岗位后，为了切实贯彻"双减"政策及新课改的要求，我不断钻研新的教学理念，探索新的教学方法，努力将自己的所学用到课堂教学之中，并积极与我校其他英语教师研究教材、教法。

除此之外，我还积极深入优秀教师课堂，学习其丰富的教学方法及教学经验。入职几个月来，我共计听课十余次，科目包括英语、语文、数学、美术等。我还积极参加了学区小学高效课堂"大教研"教学成果展评活动，其中，来自六所学校的各科教师给我们带来了丰富多彩、别开生面的公开课。学科带头人的总结发言令我受益匪浅，她强调要正确合理使用多媒体，以增强教学的趣味性及高效性；制订较高的学习目标，并使用简洁清晰的指令与学生互动；

培养学生的跨文化意识及中外文化意识，吸取西方文化精髓以切实做到为我所用、用英语讲好中国故事。

作为省属高校毕业的公费师范生以及中共党员，我十分荣幸受到了学校领导、同事等的重视，大家对我照顾有加，毫不吝啬地将各种教学资源、学习机会等分享给我。学校领导有意任命我为英语组组长，带领学校英语老师开展教学工作，将先进的教学方法分享给老一辈的教师，以期提高学生的英语成绩、培养其文化素养、提升其多方面的能力等。在精神以及社会地位层面上，我的确取得了比父辈更高的成就。当然，这得感谢政策红利以及高等教育的普及。

教师这个职业，在我心中一直是有着神圣感的。虽然落地实践时，除了教学工作，还有一大堆需要耗费大量时间、精力的烦琐工作，但教学工作永远是我所处理事情中的重中之重。正如我有一天在备忘录里所记录下来的，当教师就是在"被气疯"和"被治愈"之间反复横跳。学生的任性、误会、顶撞能让我丧失当教师的信心，但课间他们的笑容、关心，他们偶尔放在我办公桌上的糖果、饼干、鲜花也能让我在寒冬里备感温暖。我不后悔当一名人民教师，希望多年后我也能自豪地说出这句话。

四、子女的发展规划

在经历了一段不愿回忆的感情后，我意识到专注自身发展以及及时行乐的重要性，目前不考虑谈恋爱、结婚。在我看来，正如洛克所提出的"白板说"，人出生时心灵像白纸或白板一样，只是通过经验的途径，心灵中才有了观念。所以我不会过多地去调整、改变孩子生长的环境，限制其发展，但我希望我的孩子能养成阅读、独处、思考等习惯，永远保持赤诚之心，从音乐、书籍、电影、自然风光中形成自己的世界观，一生追求爱与自由。

五、小结

我受求学路上所遇恩师们的教育、关爱、感化后,一步步坚定了当一名优秀人民教师的决心。他们从未提起过希望我以教师作为职业目标,但他们在一言一行中,表现出的教师这一职业的独特性、示范性、神圣性等,坚定了我对教师这一职业的选择。我不是一个聪明、勤奋的学生,我甚至有些自大,但恩师们都用爱与汗水灌溉着我。虽然我还不足以长成参天大树来庇护更多的学生,但那颗从小埋在我心中的教师种子已经逐渐生根发芽,迎风生长。我相信总有一天它会长成一棵枝繁叶茂的大树。

(2023年1月20日)

第六章 盗火者：成为人民好教师的滚烫初心

陈楠：从大山走来的教师梦

父母对自己职业的影响：我的母亲是一名老师，我在大学以前所有的读书生涯都有她的陪伴。小时候因为工作原因，她休完产假没多久就回到讲台，而我的父亲又需要出去打工，我在大部分童年时光里都处于"放养"状态。但我认为自己选择教师这一行业也是受到了我母亲的影响。我的父亲因为文化水平不高，在社会上吃了很多苦，便一直对我说读书很重要，好好学习很重要。虽然他不懂教育，但是他对于我母亲的教育理念很赞同，而对于我未来的规划，他一直说的是"选择自己喜欢的职业"就好。而我的母亲在我小的时候并没有很坚持让我当老师（这在后面的部分会讲述原因），而我选择老师这个职业，我个人认为是在有位教师母亲这一成长环境下的客观选择。总的来说，我的父母还是比较开明的，他们更希望的是我能够开心地学习生活。

对教师职业的看法：我对于教师这一职业的看法经过了三个阶段。首先，是认为教师工作很平常，想要做更加有挑战性的工作。这是因为我从小就在学校里面长大，我身边的长辈大都是学校的老师，使我觉得老师很普通，这个工作也很普通。而我小时候受电视剧的影响，总想着努力读书选择更加有挑战性的工作。第二个阶段是对教师这一职业的抵触，在我进入初中后，随着青春期的叛逆和对教师这一职业更加深入地了解，在当时的社会大环境之下，我觉得老师这一职业的社会地位不高，工资也不高，从心底里"讨厌"老师这一职业。第三个阶段是逐渐接受和理解老师这一职业。我在中考和高一经历了两次学业上的巨大挫折，正是因为遇到了好的老师一直不放弃我，才让我走出低谷，找到学习的动力。我也在这一过程中知道了一个好的老师完全可以改变一个孩子的一生。

一、父辈的职业情况

我的父亲文化水平不高，是一名普通的农民工，从事一些体力劳动。他会开车，之前当过出租车司机，后来因为身体原因生病住院，出院后便去了亲戚厂里打工至今，他的工资收入不高，除了抽烟也没有其他的兴趣爱好。父亲在家里排行老三，奶奶生了五个儿子，大伯初中毕业后考上师范，师范毕业后17岁就踏上讲台，父亲以及四叔五叔从小都是他带着读书。但是父亲小时候很调皮，仗着大伯是老师在学校耀武扬威，换了好多所学校依旧没有考上高中，后来便出去打工了。父亲对我很好，虽然从小没有给我很多陪伴，我和他的沟通交流也很少，但是他总是把最好的东西给我，他希望我能健康成长，如果能在学业上有所成就更好。

我的母亲是一名小学教师。她在高考失利后因为家里经济条件不好而没有选择复读，毕业后外公让她去村子里的学校教书代课，直到她努力参加自考获得函授本科文凭才转正。

二、本人的学习经历

2003年3月18日凌晨，我出生了。很庆幸，我的父母并没有在小学就让我产生学习压力，我也没有因为不会的题目、被迫上辅导班而焦虑。相反，他们会鼓励我去做我喜欢的事，比如去学习画画、轮滑、小提琴、书法、游泳。虽然我并没有成为样样精通的孩子，但我过得很开心，对于自己喜欢的事情会不断去尝试、挑战，总是自信乐观。

我在无忧无虑中度过了我的小学生活，初中时为了让我接受更好的教育，父母把我送到了一所城里的中学。第一次住校，身边也没有熟悉的同学，才11

第六章　盗火者：成为人民好教师的滚烫初心

岁的我第一次认识到"独立"这一词。初二时，我参加了一次演讲比赛，通过一个月的准备，写稿、背稿、反复练习，在语文老师的耐心指导之下，功夫不负有心人，我在校级比赛中获得了一等奖，我也感受到了语言的魅力。我想这就是我最初对汉语言文学兴趣的萌芽。

中考失利是我人生中第一个学业上的重大挫折，我第一次知道了原来成绩可以划分人的三六九等。我以踩线的分数进了学校的重点理科班，懵懵懂懂地开始了自己的高中生活。但由于自己对高中知识的认知太过浅显，本就不擅长理科的我，成绩不见起色，我也对理科知识失去了兴趣，在浑浑噩噩和想要逃离理科，又惧怕学不好文科的情绪当中度过了高一的学习生活。当我面临文理分科时，我还是选择了退缩，鸵鸟心态使我依旧待在理科班，当时我的成绩处于班级倒数，整个人对未来都是迷茫的。高一暑假的时候，我的父母对于我的成绩也感到担忧，他们在考虑我的未来发展之后给了我两个选择，一个是继续留在理科班，如果高考失利就去复读，努力考上一本；一个是选择从头再来去读文科（留级重新从高一开始）。在经历了很多心理斗争之后，我还是选择了内心深处比较喜欢的文科。

进入文科班后，我十分感谢我所遇到的班主任和科任老师，是他们让我找到了学习的自信，也学习到了很多书本之外的内容。在这个文科班里，班级中的人文关怀，同学之间的包容，师生之间的互帮互助，让我很快融入了这个大家庭当中，我的成绩也在重新找回自信心之后有了一定程度的提高。我最想要感谢的便是我的班主任，同时也是我的语文老师。他没有因为我是留级插班生而歧视我，而是在我刚来到这个班的时候找我谈心，告诉我要好好学习，对待学业不能掉以轻心，给了我很多鼓励，让我重拾自信。在其他方面，我也努力融入这个班集体。我竞选语文课代表，成为老师的小帮手；组织班级朗诵比赛、知识竞赛，让大家参与多彩的活动；参与黑板报的设计和绘画，为班级赢得荣誉。我在组织策划的过程中不仅锻炼了自己的能力，更让大家在学习之余有了欢乐，也拥有了许多关于高中的美好回忆。同时，我们并没有迷失自我，学习依旧是我们的第一职责，早起晨读，放学奔跑到食堂，自习结束后依旧在教室刷题总结……严谨踏实的学风，扎实的基础知识，让我们都在高考中取得了不错的成绩。直到现在，我依旧十分感激自己能加入这个班集体，成为这个班集体中的一员。如果没有来到这个班，遇到这些老师，我想我也不会知道老师可以给学生带来很多改变，甚至老师的指引可以改变学生的一生。

在高中的学习生活中，影响我选择"优师计划"、坚定我从教信念的还有我高中的英语老师。她是一名2011届东北师范大学的公费师范生，当年她放弃在省会城市就业的机会，选择回到家乡县城，为家乡的教育事业贡献一份力量。在教学中，她会给我们讲她的大学生活，让我们知道学习能够改变命运。这些都让我一步步坚定了从教信念。

在我的家庭方面，我的父母关系和谐，对于未来的规划也会给我提供很多指导。在县城里，通过读书考大学找到好工作实现社会阶层向上流动的例子有很多。我的长辈们也很支持我选择老师这一职业，也因为家里有很多叔叔阿姨都是当老师的，我从小对于教师这一职业的理解就很深刻。我一直认为老师是一个神圣的职业，很多像我们一样大山里的孩子只有通过读书才可以改变自己甚至家族的命运，而老师在其中起到了非常重要的作用。作为县城的老师，除了需要教授学生们知识，还要教学生如何做人做事，并不能只教学生"死读书"，这样学生才会在走出大山看到外面的世界时感叹老师的伟大！

北京师范大学"学为人师，行为世范"的校训吸引了我，北京师范大学也是我高中三年无数次想放弃时坚持下去的理由。当我确定自己要报考公费师范生的时候，我便把北京师范大学作为自己的目标大学，虽然对于当时我的成绩来说是"痴人说梦"，但我还是想要试一试。就这样，我迎来了高考。当最后一科答卷停笔的时候，我的高中生涯也落下了帷幕。2021年6月28日，高考查分，我盯着崩了的网络反复刷新，最后看到了一个超乎想象的分数——634

分，全省912名。当填报志愿的时候，我的班主任向我们介绍了"优师计划"这一专项计划，因为是第一年招生，所以我抱着试一试的态度填了北京师范大学汉语言文学专业，其他的志愿我也全部填报了华东师范大学和东北师范大学。很幸运，我被"优师计划"录取了，我来到了自己梦想三年的学校！

初入北京师范大学，就被美丽的校园所惊艳，随着对校园的不断熟悉了解，我更被师大人的踏实学风所折服。同时，作为"优师计划"的首届师范生，我们受到了学校的格外重视和关注。学校邀请一线教师、"四有好老师"获得者走进校园，为我们开设讲坛，让我们学习这些优秀教师的精神；在学习专业知识的同时，学校还为我们提供各种走进校园、走进课堂的机会，无论是义教活动还是暑期社会实践活动，都让我们提高了自己的教学能力，为我们以后踏上讲台做铺垫。在2022年9月北京师范大学的120周年校庆之际，我们收到了习近平总书记"优师计划"的回信，习近平总书记在回信中勉励我们努力成为党和人民满意的"四有"好老师，这也让我坚定了从教信念。学校十分注重培养我们的从教信念和教师专业技能，多次举办讲坛，邀请许多一线优秀教师来给我们做分享和指导，同时也向我们介绍了很多扎根基层的优秀公费师范生。其中，我印象最为深刻的便是学校在每次活动中，都会播放的《首届公费师范生毕业十年》纪录宣传片，片中介绍了许多第一届毕业的优秀公费师范生毕业后回到家乡学校，为家乡的基础教育做出贡献、无怨无悔的故事，令我感触颇深。2023年6月，我参加学校组织的暑期教育实践活动，来到湖北省恩施土家族苗族自治州高级中学开展为期14天的教育实践活动，第一次以"老师"的身份踏入讲台进行教学。实践活动让我对"教书育人"有了更加深入的了解，更加坚定了我毕业后回到家乡教书育人的理想信念。我和千千万万学子一样从大山中来，我将不忘初心，毕业后回到我的家乡，扎根基础教育，努力做教育改革的奋进者、教育扶贫的先行者、学生成长的引导者，为中西部地区教育事业发展贡献自己的力量，在祖国和人民最需要的地方挥洒自己的无悔青春！

在未来，我希望在大学里自己能不断成长，成为一个有规划、有理想的优秀学子，学有所成，学有所用。教育的本质，是一棵树摇动另一棵树，一朵云推动另一朵云，一个灵魂唤醒另一个灵魂。我怀揣对于教育的敬畏之心走进学校，希望自己在接下来的学习生活里能不懈怠、不松散，努力学习，提高自身能力。

三、小结

作为首届"优师计划"师范生，我们被国家寄予厚望，我们将来所从事的职业与国家的前途命运息息相关。为此，我们要更加努力地学习专业知识，秉承"师范报国"的理念和"学为人师，行为世范"的校训，努力成为一名"有理想信念，有道德情操，有扎实学识，有仁爱之心"的"四有"好老师。我来自云南一个刚刚脱贫的小县城，毕业后我会回到我的家乡，成为一名中学语文老师，像我心目中人民教师的代表张桂梅老师一样，把自己所学到的知识传递给家乡的孩子，让更多的同学走出大山，拥有更加精彩的人生。

最后，附上我喜欢的一句话作为结尾：

我仍认为我们接受高等教育是为了帮助我们的家乡摆脱贫困，而不是为了我们摆脱贫困的家乡。

（2023年1月18日）

第七章
追随者：长大后我就成了你

李毅生：根，我与师范的不解情缘

一、我的成长经历

1997年的寒冬，我出生在天山北麓、准噶尔盆地南缘的一座小城——沙湾县（现已改为沙湾市），儿时的记忆已不大明晰了，只是后来从家人的口中得知我曾在安集海镇上读过幼儿园小班和大班。我的爷爷、奶奶都是农民，自20世纪五六十年代从山东菏泽来到该地，便一直在此务农。虽然祖辈的文化水平不高，但他们继承了中国人"敬惜字纸"的优良传统，对于一切带有字的物品天然充满敬意。我很早就受到影响，后来养成了爱护书本的习惯，并因此常受到家人的表扬，成为后辈的榜样。或许是受到家庭环境的影响，加上爷爷奶奶忙于种地，疏于管教，我的父亲因学业不佳，很早就辍学，后来学了驾驶技术，成了一名司机。我的母亲则在姥姥严加管教之下考上大学，1995年大学毕业后被分配至镇中心校，是一名化学教师。我目前较为清晰学前记忆，便是儿时玩耍时跑过的母亲任教的学校，那里有笔直的国旗杆以及一排排平房。或许是从那时开始，我便与教师、师范结下了一定的缘分。

二、我的求学生涯

（一）小学：书法润泽人生

2003年，随着母亲工作调动，我也一同转学至县城，此后一直在县城生活到初中毕业。小学六年，我一直就读于沙湾县第三小学（现已更名为沙湾市第三小学）。于我而言，这是一所奠定我人生底色的学校。三小是"兰亭小学"，将书法艺术作为办学特色，教师要练"三笔字"（钢笔字、毛笔字、粉笔字）。还记得老师们早晨到校的第一件事就是在一块大黑板上用粉笔写一句诗，老师们写的诗句鳞次栉比地排列着，仿佛想让路人评判书法的优劣；学生也要练习书法，每天下午上课前要在悠扬的音乐声中练字二十分钟，六年持续不断。时至今日我依旧对书法感兴趣，并坚持阅读相关书籍、写相关文章，这都是源于小学六年的熏陶。因为努力、勤奋加上擅长书法，我经常受到表扬，并作为代表出席各类展示活动。与今天的孩子不同，我在小学六年整体是比较幸福的，没有过多的作业，也没有无数的课外补习班，只是在自己感兴趣的领域自由成长。

作为教师的孩子，放学后前往母亲办公室的经历也让我记忆犹新。记得不少初中生在自习课背诵着元素周期表和各种化学方程式，我虽然不明白何谓元素周期表，但也能随着琅琅书声模仿几句"氢氦锂铍硼，碳氮氧氟氖"。还记得某一年的暑假，在新疆师范大学进修的母亲把我带至大学校园。那是我第一次踏进大学校园，它的位置就在地标建筑八楼旁边，就是刀郎所唱"停靠在八楼的二路汽车"中的八楼。教师、校园、师范就这样萦绕在我儿时的记忆之中。多年以后，我选择就读北京师范大学或许也与这些经历有着千丝万缕的联系。

（二）初中：阅读奠定底色

2010年小学毕业后，我就读于母亲任教的沙湾县第四中学（现已更名为沙湾市第四中学）。我的守时和勤奋加上对阅读的热爱，或许是我初中阶段取得一定学业成就的关键原因。印象中，我初中三年只在军训时迟到过一次，那天我起晚了后坐公交车哭着到了学校，那次之后我就再也没有迟到过，每次都是到校的前几名。

初中阶段我延续了往日的阅读习惯。现在想来，"读书种子"早在学前便已发芽，家里很早就有母亲为自己订阅的《儿童画报》等杂志。小学时我也常常独自一人逛书店、看书、买书，像国内的儿童文学"淘气包马小跳系列""郑渊洁皮皮鲁系列""沈石溪动物小说"，国外的儿童文学"冒险小虎队""哈利·波特系列"，几乎是本本必看，本本必追。虽然当时还没有实现买书自由，但我会让母亲帮忙借阅，我至今还记得我读的"哈利·波特系列"前四册是盗版合订本。与其他孩子不同，我的过年记忆不是吃美食、看春晚，而是与表哥、表姐一同逛书店，互赠礼物（一般是买书）。儿时的县城只有两所比较大的书店，一所是国营"新华书店"，另一所是私营"阳光书社"，这两所书店也常常萦绕在我儿时的阅读记忆之中。

站在当下来看，小学时的阅读相对浅显，以娱乐为主，往往被故事性、新奇性所吸引。到了初中则有了更多的专业阅读，比如一些文学名著，像路遥的《平凡的世界》、凌力的"明亡清兴三部曲"、霍达的《穆斯林的葬礼》、陈忠实的《白鹿原》、雨果的《悲惨世界》等都是初中读完的，尤其是《平凡的世界》，我完整阅读过三遍，每次都被不同的情节吸引。记得第二次阅读时，我的关注点全在书中关于饮食的描写上，孙少平求学时对馒头"欧洲""亚洲""非洲"的比喻我至今难忘。此外，我还接触了一些相对专业的史学著作，像傅高义的《邓小平时代》等。

初中三年没有太大的学业压力，或许就是这种没有太大压力的环境，让我在最后的中考取得了沙湾县所在塔城地区第一名的成绩。最终得知这个结果，我也倍感意外，因为平时只是认真学习，从来没有想要争第一。其实，人生大抵如此，顺其自然、默默耕耘往往收获不小，苦苦求索反而一无所得。

（三）高中：从县城到省会

初中毕业后，因为学业相对优异，我提前到乌鲁木齐参加新疆生产建设兵团第二中学的入学选拔考试，并顺利通过考试，高中三年一直就读于此。

2013年之后，我的生活轨迹便从沙湾县转移到了新疆维吾尔自治区的首府乌鲁木齐。于我而言，乌鲁木齐并非一座陌生的城市，因为姑姑和叔叔早年就前往乌市闯荡，并在此定居。记得儿时一放暑假我便会去乌市玩耍，人民广场、水上乐园、大小西门、友好、日月星光这些地名自小就留存在我的脑海中。巧合的是兵团二中就在姑姑家小区旁，谁能想到多年前屡次经过的知名中学竟是我日后的母校？或许是因为中考成绩优异，家人对我的成绩有较大的期待，这也成为我高中阶段的压力来源。

繁忙的学业之下，高中阶段过得平淡无奇。但高中班主任的处事风格却让我一直铭记。她是一位干练的语文老师，话不多，也不会讲长篇大论的空话套话。她也热爱阅读，经常在自习课时看到她拿着一本书在讲台上阅读。高一升入高二的那个暑假，她还给我们这些准文科生开列了包含书籍、话剧、电影在内的书单，我记得书籍有司马迁的《史记》、林语堂的《苏东坡传》、卡勒德·胡赛尼的《追风筝的人》、上海辞书出版社的《唐诗鉴赏辞典》等，话剧有《雷雨》《暗恋桃花源》等。

高中阶段，我依然保持着原来的读书习惯。因为到了大城市，能够接触到更大的书店，我周末最常有的娱乐活动便是逛南门或友好新华书店。我的阅读眼界进一步开阔，购买并阅读了更多中华书局、商务印书馆、上海古籍出版社出版的专业书籍。如果说从小学到高中的学习和生活给我人生底色留下的最大影响是什么，那我想便是阅读了。

2016年高考出成绩的那天，我查到我的成绩排在全疆二百多名，说不上考得好或者不好，不知受谁的影响，母亲极力让我报考免费师范生专业（现在已改称"公费师范生"专业）。但我一开始是不乐意的，因为自己并不想成为一名教师。在母亲的力主之下，我填报了北京师范大学免师专业的提前批，为此我还和母亲"冷战"了几天，好在还是选择了自己喜欢的历史学专业，也算聊以慰藉了。

（四）大学："学为人师，行为世范"

因为高考名次靠前，我毫无意外地被第一志愿录取。2016年金秋九月，我和母亲一同走进了北京师范大学校园。随着入学后对学校了解的深入，我感受到了这所百年名校的文化底蕴,无论是陈垣与启功之间形同父子的师徒情谊,还是章黄学派的传承,都使我渐渐增强了对北京师范大学的认同感,也让我不再排斥免费师范生这一专业。

虽然是师范生,但我并未只在与师范相关的领域发展,而是从兴趣出发,"自由地"成长,毕业要求只有148学分,但我广泛修读,最终超了三四十学分。所有课程中,我印象最深刻的是历史学院李锐老师开设的《〈老子〉〈庄子〉研读》专选课程。限于时间,课上我们只阅读了《庄子》一书,基本授课方式就是逐字逐句、扎扎实实地阅读王叔岷《庄子校诠》一书,老师随机点名领读,最终要写一篇基于《庄子》一书中某一问题的研究综述。我第一次领略了何谓经典研读,老师在最后一节课上说:"读了一学期的《庄子》,大家或许没有完全读懂,但多年之后一定会有体悟和收获。"细细想来,这或许就是庄子口中的无用之用。除公选课和专业课外,我还选修了文学院开设的《训诂学入门》,书法系开设的《书法概论》等专业课程,继续在自己感兴趣的领域探索。此外,还参加了文学院的"章黄读书会",感受中国古代传统"小学"的魅力,并有幸参与中华书局出版的《郑天挺西南联大日记》的手稿整理工作,也算是初窥学术之门径。曾为了写一篇论文,我在图书馆特藏室研读法兰西学院汉学研究所藏清代殿试卷两个月之久。

大学期间我从不刻意追求学分和成绩,但自幼养成的学习、阅读习惯还是帮我取得了不错的成绩,三年平均成绩一直居于年级前十(我所在的历史学院2016级本科生师范生与非师范生在同一个班,共有一百多人)。利用节假日,我探索了北京的很多独立书店,在涵芬楼书店、伯鸿书店、三联韬奋书店、北京人艺戏剧书店、盛世情书店、北京师范大学后勤地下室书店、万圣书园、人文考古书店、豆瓣书店等留下了足迹。

2019年秋冬之际,我有幸在北京四中实习近三个月,这段记忆让我至今难忘。记得当时每天六点多起床,在食堂吃完早饭后,便步行至火箭军总医院对面的公交站台,坐五站路,穿过种有柿子树的毛家湾胡同,七点多就到了北京四中,准时看学生早读。北京四中无疑是一所有文化底蕴的知名中学,校名为著名史学家和文学家郭沫若先生题写,校内也有不少曾任教于四中的教师雕像。北京四中高中历史教研组是一支优秀的队伍,业界知名的特级教师李明赞、赵利剑均任教于此,我有幸听了不少赵老师的常态课。我的实习指导教师是陕西师范大学的毕业生,实习期间向她学习,受益良多。今天想来,我很幸运在疫情全面暴发的前一年参与了实习,否则我就可能与如此宝贵的实习经历失之交臂了。根据实习期间的所听所悟、所思所想,我完成了人生中的第一篇历史教学类论文,目前已经被人教社主办的《中小学教材教学》杂志刊发。

时至今日,我的脑海中依旧能浮现出北京师范大学校园中的一些场景:小南门旁的校训碑,教二与教四之间的孔子雕像,教九与主楼中间的陈垣老校长与启功先生的塑像,邱季端体育馆旁的先师鲁迅头像。大学四年的经历目前依旧是我不断前进的动力和源泉。

三、我的职业经历

大四的我丝毫没有就业压力,因为我并不想去大城市或名校。当时恰好看到北京师范大学克拉玛依附属学校在QQ群中的招聘简章,无论是待遇还是所在城市都令我满意,尤其是学校名冠以"北京师范大学"六个字,让我毫不犹豫地选择了这所学校。面试是线上的,程序也被极大简化,经过简单的面试,我最终顺利入职。记得面试时校长问了我一个问题:"如何将历史课上得更有趣?"我猜可能是自己试讲的片段有些许无聊,但历史中的一些内容确实无法充满趣味性。

入职后的三年中,我承担了较为繁重的教学和管理工作。第一年便担任班主任并教三个班的历史,第二学年继续担任班主任并跨年级承担三个班的教学工作,还担任了年级助理。任教的前两年,我基本"以校为家",中午也常常在校加班。目前是第三学年,我负责高三两个班的教学工作,继续担任班主任和年级助理。教学和班主任工作虽然十分繁忙，但也在一定程度上锻炼了我的统筹规划能力，目前来看各项工作倒也能从容应对。

繁忙的工作之余，我并未放松阅读和写作，阅读大致从历史学、教育学、汉语言文学三个方面展开，此外还会涉猎一些书法类的书籍。对阅读习惯的保持帮助我快速适应教育教学工作并获得了一些荣誉，使我在职场上崭露头角。得益于大学期间的积累，我先后在《教育学报》《中国教师》《书法教育》《中学历史教学》《中学历史教学参考》《中小学教材教学》等杂志发表文章，并斩获校级、市级、自治区级各类比赛的奖项。

得益于公费师范生免试在职读研的政策，2021年我得以再次负笈北京师范大学。读研两年，我对在职教育硕士有了不一样的看法。学习是否有收获，关键还是在于自己，虽然在职教育时长压缩、强度大，但如果课上深度参与、课下自主阅读，还是能增长能力和见识，为自己打开新的大门的。两个暑假所上课程中，我印象最深的是教育学部廖伟老师开设的《叙事研究》课程，在课上我第一次接触到了叙事研究的基本方法，了解了加拿大学者迈克尔·康纳利（Michael Connelly）和简·克兰迪宁（Jean Clandinin）的叙事探究：质的研究中的经验和故事（*Narrative Inquiry*: *Experience and Story in Qualitative Research*）一书，后来我还在网上购买英文原版图书以深入阅读。

四、小结

回顾走过的二十多年人生之路，我与师范一直在冥冥之中有一些缘分。我的母亲就读于师范学校，我儿时曾跟随母亲在师范大学进修，从小学到高中的成长经历或多或少都受到了母亲教师身份的影响，再到高考后选择北京师范大学，毕业之后任教于北京师范大学克拉玛依附属学校，可以说师范是我的又一层人生底色。

客观来说，我确实受益于公费师范生这一政策，它让我得以走进北京师范大学校园，接受优质的高等教育，在知识、能力以及思维认知上都获得极大的提升。而免试读研的政策也让我得到了学历提升,能为自己将来的发展打下基础。

不管未来境况如何,我想我一定会坚守教育初心,秉持"学为人师,行为世范"的校训,在工作岗位上尽己所能地作出应有的贡献。

(2023年1月28日)

第七章 追随者：长大后我就成了你

缪予：心之所向，素履以往

我慢慢知道和看到了最好的自己，可能是因为教书，也可能是因为年纪。

——2022年9月17日日记

我是一名公费师范生，像其他大部分的公费师范生，也像大部分人理解的那样，国家出资培养，毕业后到中小学教书，不同的大概只是我觉得自己是这个政策下完全的受益者。

2019年，我毕业于西南大学，然后回乡任教。至此不过当了三年多的老师。可是当老师这个事情，仿佛贯穿了我人生到现在为止的所有时光。

我出生于云南宣威，中国西南一个再普通不过的小城。我的家境贫寒，贫寒到什么程度呢？不能说是"寒门子弟"，是像之前见过的朋友说到的："连门都没有。"自我记事起到十几岁，我家是没有门的。因为父亲是各处做生意的，母亲没有正式工作，而且由于种种原因，身处农村的我家也没有土地。其实不止没有门、没有土地，大概在我小学四年级之前，我家也没有通电。

我至今还记得，六七岁时第一天进学堂，母亲在送我去的路上说："你要好好读书。不然别人读不来还可以回家种地，咱们家连地也没有。"于是从小学开始，我读书就很努力，加上一点点记忆上的天赋，小学六年里甚至没有考过几次第二名。而且自记事起，父亲就常会提到"中国最高学府"，所以我知道了清华大学，并决定以此为目标。所以那时候读书，可以做到早上六点半到学校（小学七点以后上课），每个新学期开学一周内，我就可以背完所有的语文课文，预习完所有的数学知识点。小学六年，除了某次出水痘之外，我没有请过一次假。（事实上在高中结束前的所有读书时代，我也只请过那一次假。）

无论如何，我是那个时候老师和父母以及亲戚眼里品学兼优的孩子，也是亲戚中比我小的孩子崇拜的对象。大抵因此，小孩子们放学后总跟着我，我们的游戏大部分是扮演老师和学生，我通常是老师，给他们上课。在外婆家的墙壁上用白色粉笔写下"刻舟求剑"并讲解的画面，在我的生命里从未消逝。我至今依然清晰记得彼时小朋友们崇拜的眼神。

发生在小学时期的另一个重要片段，是一年级时每一个有雨的日子里，我的启蒙老师背着我走过泥泞小路的样子。老师姓徐，因为小时候生病没及时医好，便落下了病根，走路跛着脚。他讲课很有趣，笑起来时就像阳光扑面而来，严肃时又眼神坚毅得让人生畏。他教我读书认字，教我写日记（我至今仍保留的写日记的习惯，就是那时培养的）。他向我父母夸奖我时所用的词汇是"善解人意"，而不是其他长辈说的"聪明"。当时我只是感到一股说不出的感动，后来才明白，所谓"善解人意"，就是我们看向彼此时眼底流淌出的共情和悲悯。

那时候学校到家的路还是土路，雨季里泥泞得无法走过。他家与我家同方向，他回家时与我走同一条路。所以有多少个下雨的日子，就有多少个他背着我走过的日子。他是代课老师，工资大抵很低，但是他仿佛总是很开心，课堂上也总是那么热忱。因为他，后来在学到"淡泊"和"两袖清风"这样的词语时，我心中有了具体的形象。也或许正是因为他，当老师的愿望才在我心中生根发芽。

小学四年级，在一次主题为《我的梦想》的演讲里，我说："我想当一名老师。如果我对自己有更高的要求，对人类有更高的要求，那么，我想当一名大学教授。"至今我还清晰记得，彼时我想表达的意思是我想当一名老师，但好像当老师很容易做到，所以我要考上清华大学，然后就可以当一名大学教授，做出更大的贡献。十一二岁的我，讲到慷慨激昂处，眼里闪着泪，也闪着光。讲完后，教室里先静默了几秒,然后老师鼓起了掌,接着响起雷鸣般的掌声。那是我第一次说理想,也是我第一次在除了理想其他一切都很贫乏的年纪里,觉得自己如此闪闪发光。

第一次谈及理想时被如此肯定,是莫大的鼓舞。所以我也很感谢彼时我的语文老师。他是我人生里另外一位十分重要的老师,除了肯定和赞赏,作为语文老师的他,也发掘了我对语文的理解力,发掘了我的表达能力。所以从那时起,我便热爱诗词、热爱文字,这种热爱贯穿了我此后的人生。

小学毕业,开始念初中后,我一如既往地努力,总是最早到教室,最晚离开。所以三年里,依然没有在班级考过第二名,也依旧是老师们关注、同学们羡慕的对象。因此便有了许多上讲台讲课的机会,从语文写作到英语语法……那时候开始,就有同学对我讲:"你真适合当老师。"当时的老师们,也以他们的欣赏、关注和培养,最大限度地发掘着我的潜能。所以我一度以为,我是能当一名大学教授的,是能考上清华大学的。

可是我的天赋有限,升入高中后,尽管依然努力,甚至更努力,但是加大的课业容量和难度,使我不再能自如应对。即使花更多的时间,技巧和思维上的限制也无法突破。于是高中三年,是我的至暗时段。数量太多的考试,无论如何努力都无法提升的成绩,与清华大学这样的梦想越来越远的距离,以及因此生出的自卑,都令我难以喘息。只是正像我后来明白的那样,人生的每段经历,都有其道理。正因高中的这段时光,我收获了更重要的东西。

为了提升成绩,高一下学期开始,每天早上五点半,我便起床读书,风雨无阻。因为太早,教学楼通常还没有开门,我就在校园里各处的灯光下,背英语单词、记生物知识点……校园里篮球场的路灯,还有那时候清晨的星星与月亮,都清清楚楚地看过我的孤寂,也看过我的坚毅。是啊,所以在那些迷茫、自我怀疑和自我失望又重新酿出希望的日子里,我学会了忍耐孤寂,学会了坚持到底,也第一次明白了"衣带渐宽终不悔,为伊消得人憔悴"这样的句子。

所以某次作文课,我把王国维先生的人生三境界写到了文章里。那大概是

扎根乡土与向阳生长：定向西部地区培养的公费师范生口述史研究

我人生里的一次重要转折。因为当时的语文老师，也是我的班主任，给我打了59分（满分60分）且在班上念了我的文章。他说：" '昨夜西风凋碧树，独上高楼，望尽天涯路'是一种多么深刻的孤寂呢？"原话我已经记不清，因为彼时的我沉浸在深深的感动里，可是老师的表达大致如此。此后老师常会找我谈话、聊天，即使每次一聊我就止不住眼泪，他也不厌其烦。他与我谈文学、谈理想。在那个自身能量还不足以自我治愈的年纪，在我最自卑也最灰暗的时段里，他的支持、鼓励与引导，成为我最大的光明。

不止如此，他讲解《赤壁赋》时，谈到苏轼"惟江上之清风，与山间之明月，耳得之而为声，目遇之而成色"的"豁达洒脱"，让我有了毕生的人生向导。

即使最终我也没能考上清华大学，但是从2012年到2015年的高中三年里，我收获了人生里最重要和宝贵的东西——往后长长久久的人生里好好生活的生命力。

也正是在那段时光里，我听到了最多的"你真的很适合当老师"这样的话。因为即使每次分数不高，但我总能以最简单的方式、最有耐心的样子，给同学讲解知识点和习题。别人豁然开朗的样子，使我体验到生命的意义和价值感，也让我认识到，关于当老师，我不只喜欢，大概也是真的很适合。所以小时候的真正梦想，开始清晰。

2015年6月，高考结束知道分数后，我决定报考师范。母亲当老师的朋友建议我考虑免费师范，那是我第一次听到"免费师范"这个词。不用缴纳学费和住宿费，还有国家补贴生活费，毕业后还可以保证就业，这样的条件于我实在理想——既可读师范，毕业后还可以顺利实现理想，且可以减轻父母压力。综合考虑后，志愿填报时，我在提前批和本科第一批里，填了西南大学。

7月的某个凌晨，我查到了录取结果：西南大学，地理科学专业。我激动得拿着手机到母亲床前叫醒了她。现在才很清楚地知道，为何彼时明明距离名校梦想那么远，自己却那样兴高采烈。大概是因为，当老师是自己最深沉的梦想。

面对没有实现名校梦的我，父母亲也并未失望，他们知道我已经尽力。父

第七章　追随者：长大后我就成了你

亲说："去重庆多好，多美的城市，山城、雾都、元勋们大多出自那里。"

父母和老师们的支持、鼓励、理解、引导，以及在所有光明和黑暗中的自我觉醒，使我逐渐明白了其实我在学习时光里追逐的不是名校，不是清华，而是梦想。

我决定了，要教书育人，终生为此。

2015年到2019年的大学时光里，无所谓光环，也无所谓赞扬或否定，我在平凡里做了许许多多喜欢的事。重要的是，我还听了许多喜欢的课，了解了许多老师们对教育的真知灼见。在很大也很美的校园里，与"杏坛育人，劝课农桑"的句子惺惺相惜，结识了志同道合的朋友，体悟到了自由——是与许多事物思想契合的自由。

2017年，谈及教育，我在一篇征文稿里写道："教育就是师生无止境地相遇，遇见学生不一样的灵感和心情，心有灵犀。互相学习、互相成长，去托起彼此梦想的重量。"那大概是我第一次完整表述自己对教书育人的理解。

在那四年里，也曾看到身边很亲近的朋友，因为师范并不是其心之所向，而在许多岁月里迷茫和痛苦，我明白了做自己所喜欢的事的意义，明白了自我认知和自我肯定才是人生里最持久的生命力。当然，我也经历过自我怀疑。只是无论如何，大学毕业到现在，以及到未来，"含弘光大，继往开来"的校训，"无论天涯海角，山高水长，定当忠诚报国，行止端方"的毕业寄语，是西南大学给予我的永远教诲。

2019年，根据政策，我回到了家乡县城任教。有朋友开玩笑："你从一座大山，去了另一座大山，最后又回到了大山。"但我听得出朋友话语里的支持和赞赏。是啊，我又回来了。这样的话语激起了我的满腔热血，我觉得自己要做的是特别伟大的事，所以一切顺理成章。

2021年9月，我参加了市里举办的主题班会课比赛，获得了一等奖。我的题目是《以豁达从容，至生长不息——克服焦虑，阔步向前》。班会的结语里，我写道："无论生活给你什么，都是自有道理的。没有永远的得意，也没有永远的失意。当在一众刁难中磨炼品格和智慧，当永远挖掘自己身上生生不息的生命力。"话是写给孩子们的，也是写给自己的。此事值得纪念还因为，彼时我的教学还没有多少技巧可言，只是单纯地表达教育理念，也得到了认可，让我觉着温暖和光明。

一位评委老师总结发言时说道："胸怀清澈的教育理想。不犹豫、不畏惧、不推脱。为你的学生贡献自己的智慧。不畏前路，不忘来路。"于是我热泪盈眶。

颁奖时，听到背景音乐里响起"长大后我就成了你，才知道那块黑板，写下的是真理，擦去的是功利"，我泪流满面。

我想起了我的老师们，想起他们是怎样教会我去自我成就、自主生长，是怎样以他们的春风化雨，坚定我的信念。

2022年6月，我所任教班级的孩子们以均分和本科率第一的成绩毕业。

2022年9月的某天早晨我一睁眼，便看到手机里班群中自凌晨开始的许许多多条信息，是孩子们发来的生日祝福，还有他们单独发来的很长的文字。

帆帆说："你的肯定与喜爱让我无比温暖，让我越来越自信，如今的我在努力突破自己，大胆尝试所有，积极参与一切我热爱的，我在好好努力朝着向往的生活奔跑。"

"小郑"说："但愿人长久，千里共婵娟。为了确认你的生辰，去看了你的朋友圈。就突然心里一酸，我们也成了娜姐口中的'上一届'。特别怀念和娜姐在一起的时光，真的很快乐。"

素素说："我一直都很想你，我开始怀念你的浪漫与暖心，三年来，你让我看到了河流山川、自然人文，还有人情世故、师生温情。我们一直都是双向奔赴，你告诉我好多好多，让我知道很多很多，让我对未来有期待有向往。我喜欢你的浪漫与洒脱，喜欢你的深情和美好。你真的是三年里的光，让我相信美好的事物，喜欢发现美好的事物。"

玲玲说："你也真正地让我知道原来并不是所有女孩都是用糖果、香料和美好的东西做成的，有些女孩，生来即代表冒险、美酒、智慧和无所畏惧。愿你一直奔赴你所追求的真理与热爱。"

"老晏"说："我永远会羡慕被你教的每一个小朋友。"秋秋说："一愿君身康健，二愿君事事如愿，三愿君如同梁上燕，岁岁常相见。"凤珍说："愿你阳光下像个孩子，风雨里像个大人。"

……

我在这些文字里泪流满面。不只因为被想念的惊喜、感动和温暖，更是因为，孩子们都在变成他们喜欢的样子。而在孩子们的表述里，我也成为自己理想中的老师的样子，成为自己喜爱的样子。

口述的经历到此就要结束了。

"在自己喜欢的领域里闪闪发光"是我教过的孩子给我的话，是我如今的状态，也将是我未来的状态。

不止如此，让父母放心和骄傲的稳定工作、离家不远的距离，都在成全我尽孝父母的责任和心愿。除了物质基础，我因工作而产生的幸福感也在给家人以及朋友带来幸福。

所以回顾起来，我确实是"免费师范"教育政策下，完全的受益者。我感谢这一政策，感谢国家解决了我物质上一度的困窘、减轻了我父母很长一段时间的压力，感谢"公费师范"教我去实现教书育人的理想，甚至保证我实现了这个理想。

"当老师很辛苦，工资还很低"是我见过同行或非同行对老师这个职业最广泛的评价。如果没有点理想主义，当老师确实很辛苦。

只是每个时代，每个个体，大抵都需要一些英雄主义。如果是为理想献身，此生也无怨无憾。我们从未苟且的原因，一定是为喜欢的事勇往直前，无论清贫几许，无论山高水长。

凡心之所向，当素履以往。

虽然履历浅薄，年岁也不够长，但人生至此确实已有许多值得细数的时光。在这些时光里，我一直在当老师的路上，也一直在变成更好的自己的路上。

（2023年1月19日）

第七章　追随者：长大后我就成了你

许函：日归日归，岁亦莫止——
渐远的故乡和迷茫的初心

一、父辈的职业情况

我的祖辈定居于云南的偏远农村，他们都是地地道道的农民，云南的大山使他们与文化教育相隔万里。因家庭贫穷，他们与各自拥有的数位兄弟姐妹均未完成小学教育，父亲二年级时辍学，母亲未上完一年级，靠生活经验勉强认得几个生活中的常用字，直至我和哥哥一辈才受惠于义务教育普及，拥有了受教育的条件。

父亲是家中的长子，因父母偏爱小儿子，在分家时一无所有，只能靠年轻的他和母亲白手起家。因为远离城镇、缺乏知识，自有记忆起，我的父母一直靠农忙时在家务农、农闲时父亲在外打零工母亲照顾家庭这种"男主外，女主内"的传统家庭模式赚钱养家。数十年的辛苦耕耘让父辈居有定所、食无所忧，但并未改变家庭贫困的状况，在2014年的精准扶贫攻坚战中，我家与全村一半以上家庭一同被列入建档立卡贫困户，至2019年才完成脱贫工作。面朝黄土背朝天的生活没有使父母获得太多财富，而是比同龄人更早地拥有了衰老和疾病。哥哥长我四岁，初中毕业后辍学打工，走上父辈的道路。

他们吃多了没有文化的亏，吃够了缺乏文化的苦，受够了没文化带来的贫穷和白眼，所以格外重视我的学习。虽然不能给我学习上的辅导，但他们一直尽己所能在物质和精神上给予我支持。然而因为日常的忙碌及自身的文化限制，他们对我的教育基本限于对我说"好好听老师的话"。在他们眼里,老师的话就是"圣旨",听老师的准没错。歪打正着,在这种"放养"模式下成长起来的我不仅成为尊师重道的好学生,还成为一个性格独立、学习自主的人,学习上的事他们从不过问,我也可以自己处理得很好,小学到初中的家长会上,我都能得到老师表扬。

二、本人的学习经历

我是全家第一个考上高中、考上大学的人,是全村第一个211大学的学生,更是全家第一个走出大山的人。作为拓荒者,开辟出这些"第一"的道路,其中艰难自然不难想象。

(一)难忘的启蒙

我的启蒙教育是从村里的"私塾"开始的。一个四五十平方米的院坝,一间低矮的瓦房,一块木板支撑起的黑板,十来张笨拙的木桌椅,一位中专学历的五十多岁的老师,共同组成一所容纳了三个年级、两个村二十多个孩子的学校。两三岁开始,我便是那座小院的常客。爸妈一年四季扑身在几亩田地间,我是哥哥带大的孩子,哥哥6岁入学时,我便由他带着上学。哥哥姐姐带着弟弟妹妹一起上学,这在当时并不新鲜。听妈说,我小时候特别乖,哥哥上课的时候,我就一个人在教室外窄窄的屋檐下玩耍。而大多数时候等哥哥下课走出教室,我已经躺在铺了麻袋的地面睡着了。我的启蒙教育是在那个有小窗的瓦房下开始的,3岁的我回家就会跟爸妈汇报,"小哥读书啊、窝、窝、摸、摸、摸(aoe)",那大概也是我正式上学后,一度在一群孩子中间脱颖而出的重要原因。第四年,哥哥得到去离家5公里的正规村小上学的机会,早出晚归。又过了一年,我年满6岁,背上书包走进离开一年的老地方,开始了我正式的求学生涯。

(二)生命中的第一缕微光

在这座"私塾"中,我认识了改变我一生的人——张老师。他翻过山路给村里的孩子带来了知识,更带来了大山之外新奇有趣的事物,让孩子们对大山外的世界充满好奇。每个孩子都有机会从他那里得到奖品——一个算术本子、一支铅笔、一块橡皮……然而那些奖励都是普通的，真正让我觉得自己与众不同的，是他奖励给我的一个独一无二的橘黄色卷笔刀。拥有一个属于自己的漂亮卷笔刀，对于当时的我来说是多么不可思议的一件事。拥有了属于自己的卷笔刀，得到了我最敬重的老师的肯定，我第一次觉得学习是一件让人快乐的事，也第一次坚信凭借自己的努力，我可以拥有更大更漂亮的卷笔刀，甚至拥有更多比卷笔刀更美好的事物，得到大山外的其他东西。他和我的农民爸妈说，这姑娘聪明又勤奋，一定要好好供她读书。至此，父母也更加支持我的学习，一次又一次，当同龄人陆续辍学、进城打工赚钱补贴家用时，当同村同龄女孩出嫁得到不菲彩礼，村里人用鄙薄或好心的语气劝说父母女孩读书没用，最后还不是要嫁出去，白白花钱供她上学时，我的父母总是一笑而过或是随声附和，私下告诉我不必理会他们的闲言碎语，并一再宽慰我只管专心念书，学费和生活费的事情他们会解决。

心中有光，素履以往。带着张老师给我的信念，我一步步走出云南的大山。也正因为他的影响，我曾经在大多数作文中写的理想都是成为像张老师一样的教师。

（三）风雨无阻求学路

三年级开始，上学的孩子需要步行4公里，到聚集了附近9个村一百多个小孩的村委会小学就读。晴天尚可，哪怕是深冬顶着寒风吐着白气，一把手电发出的微光也可以照亮前行的路，三五成群的孩子结伴，高年级领着低年级，哥哥姐姐牵着弟弟妹妹。在这样的环境下，小孩子总有无限的精力，可以发现无穷的乐趣，早出晚归的路途他们也能甘之如饴。而季风性气候下的雨季是比较漫长的，本就狭窄而陡峭的山路被雨水冲刷过后显得格外凶险，被两个村二十多个孩子踩过后更是面目全非，哪怕穿上雨鞋，还是有烂泥糊到裤腿上，还是有泥水溅到衣服上，还是有可能滑倒在斜坡上摔得满屁股泥。多年后读到《送东阳马生序》，我对数百年前的宋濂无限共情，"盖余之勤且艰若此"。

(四)逃离初中是我的目标

我在那条路上走了四年,走到了县城里的初中。初一时寄宿的第一个夜晚历历在目,12个人的宿舍聚集了来自全县各处的陌生面孔,已经习惯黑暗的我熄灯后躺在属于自己的小床上仍在瑟瑟发抖。陌生的环境、陌生的人,其中两三个大胆开朗的女孩已经迅速熟悉,在宿管老师查房后谈天说地,甚至嗑起了瓜子。深夜的到来并没有阻止她们的谈话,我很困,但我只能保持沉默,我只敢做沉默的大多数。住宿的第一周,对家的渴望抓心挠肝,以至于周六中午回家见到妈妈,我一下就泪流满面。面对当时的环境,我作为"好学生"一直谨小慎微,只敢置身事外却难以做到充耳不闻。无力改变,我只能暗暗发誓一定要远离这里。"离开!离开!"这成为我之后很长时间努力学习的动力。初中的课程相对简单,让我误以为自己是天赋型选手,未尽全力就能赶上县城里的孩子。寄宿三年后,我成为全校14个考入州一中的学生之一,走出了县城,走进了一百五十多公里外的州一中。

(五)破釜沉舟高中路

相比小学时的跋山涉水和初中时的鱼龙混杂,我的高中显得温和可亲。在那里,我拥有了良好而纯粹的学习环境,我的同学们文明友爱,虽不至于时刻热心互助、关怀备至,但也各自为战、专心备考。我的师长们学识渊博,慈爱温和。

高一时学习上最让人难以接受的是在集中了全市佼佼者的州一中,我一下子从小县城的"鸡头"变成了"凤尾"。这种强烈的心理落差让人害怕,更要命的是我发现自己努力追赶似乎也于事无补,因为自小的条件限制,我和同学们的差距在我离开小县城后有了充分体现。高一入学时我被分到了一个尖子班,52人的班级,每次月考我都是45名后的"小尾巴",需要顶着巨大心理压力和各个科任老师谈话。当时的英语老师是个近50岁的严厉女教师,压迫感极强,要求我们每天都完成对应的刷题训练。初中才开始学习英语的我基础极差,入学后第一次月考便获得了和她单独谈话的机会。自此,我更加丝毫不敢懈怠英语学习,每天都认真完成她布置的任务,我的英语在高二时有了起色,

第七章 追随者：长大后我就成了你

最终高考取得了134分的成绩，已超过她所带的尖子班平均分。

在州一中的日子，周围的同学们大多来自市内，家境优良，拥有更好的学习条件，就算考个普通大学也能有个好出路。身无退路的我深知只有加倍努力，才能够到别人父辈甚至祖辈就已有的条件。同时因为破天荒考入全县只有二十来个人能上的州一中，成为别人眼中的"别人家的孩子"。我强烈的自尊心告诉我绝对不能在高考后成为笑柄，所以我学习时更加努力，每周基本只留周天一个下午的时间给自己洗衣洗澡、休息补觉、购置每周的生活必需品，为下一周的学习养精蓄锐。

高二文理分班后，我进入文科尖子班，我的班主任兼地理老师丽姐和政治老师宋姐均毕业于陕西师范大学。在她们零碎的描述中，遥远而梦幻的陕西师范大学第一次向我招手。而宋姐本身就是西北人，因为爱情随军迁居云南，她的豪爽与热情勇敢更让我对大西北产生了无限好感。虽然在得知高考成绩、填报志愿前，我的目标一直缥缈虚无，但或许早在多年前，陕西师范大学就已经在我心中生根发芽。

当我在学习上难以喘息时，我的家庭关系也岌岌可危。贫贱夫妻百事哀，记不清从何时开始，在重重生活的重压下，父母的矛盾越发尖锐，不可调和，因为现实因素他们没有分开，但总是争吵不休，在我高中时达到顶峰。虽已经离家百里寄宿上学，每学期只能回家一次，但这种家庭纷争带来的情绪依旧紧紧包围着我。在"他们都很爱我，但他们没有相爱"的家庭环境中，我备受煎熬，一边顶着家庭压力，一边应考，那时的我只有一个想法——拼尽全力，考出去！像急于逃避我鱼龙混杂的初中一样，我想通过考一个遥远的大学逃避自己的原生家庭。

高考成绩出来后，我取得了全省文科1125名的成绩。对于19年来从未出过云南省的我来说，填报志愿比高考本身更困难，同样知识匮乏的父母更不能提供任何有效参考意见。在送我去同学家借用电脑填报志愿的路上，父亲以他已有的认知建议我报医生或老师。凭着填报志愿的一本书、师兄师姐处获得的少量信息以及网上临时了解到的基本政策信息，我完成了志愿填报。最终把陕西师范大学放在提前批的志愿中，有对大学的向往，也有对生活的妥协——老师们口中描述的美好大西北和陕西师范大学，高不成低不就的高考分数，父母微薄的收入、渐老的身体与学费全免且有生活补贴、有就业保障的公费师范生政策。

（六）大学的浑浑噩噩与醒悟

带着些许向往、不甘与迷茫，我进入了陕西师范大学。"学高为师，身正为范"，初入大学的我并不能完全理解院长在开学典礼上的致辞。对那时的我而言，上大学意味着自由和解脱——没有来自家庭的纷争，没有高考的重压，不需要熬夜学习、早起早读。

大一下学期参加学校组织的志愿家教互助活动，发挥在校师范生的能力帮扶辅导市内家庭困难的中小学生时，我第一次切实感受到自己未来职业的意义。与我对接的是一个单亲家庭的初二男孩，整整一个学期的周六上午，我都转乘一小时公交车去往莲湖区，再用两小时针对他的语文、英语两个科目进行辅导。在和他的交流中，我仿佛看到了曾经的自己，小小的少年眼底藏着对知识的渴望，突破一切困难追逐自己的梦想。我开始审视自己的专业，思考我自己未来的职业——我作为公费师范生，不可避免地要走上教育教学的岗位，身上承载的是一个又一个孩子的梦想，我的专业能力，是他们逐梦启航的动力。正是有曾经的张老师、无数位成长道路上的恩师，我才能一步步走出大山，走出一条和祖辈父辈以及儿时的伙伴们不一样的道路。自此，我对教师职业产生了无限敬畏，也开始以更认真的态度去对待专业知识。既来之，则安之，我的思想一步步转变，也渐渐爱上师范专业，并对未来职业生涯产生了期待。

大三时，我参加了学校组织的公费师范生专业技能大赛，其中演讲比赛的题目是结合自身的学习经历和未来职业发展，谈谈自己对"西部红烛精神"的理解。"扎根西部，甘于奉献；追求卓越，教育报国"，两年多的在校学习和多次家教、实习等实践活动，使我对母校的这一精神理解至深。我以幼时在张老师的激励下一步步走出大山的学习经历为线索,讲述自己求学的故事,在演讲的结尾如此总结——我所理解的"西部红烛精神",就是坚守在教师的岗位,尽己所能给孩子们的未来带去无限希望和可能性。

三、本人的职业经历

2021年8月30日,我跨省来到了西北某省会城市Z小学,担任班主任兼语文教师,在这里,与52个初入小学的孩子相遇,扮演起曾经张老师的角色。从最初的互相了解、适应开始,至今已一年有余。

在这里,我对教师职业有了更深刻的认识。作为公费师范生,小学教学工作于我而言相对轻松,难以处理的是作为班主任的管理工作和与之对应的家校共育工作。我深知,得遇一位恩师,也许是一个人一生的转折点。对于低年段的小学生而言,教师的一言一行对其影响至深,我必须谨小慎微、格外注重自己的一言一行,才能不让他们幼小的心灵受到伤害,保障他们健康快乐地成长成才。在这样的矛盾下,我秉着"在其位谋其事"的想法,不让自己的情绪影响到学生,尽可能更加公平地对待每一个学生,兢兢业业上好在职的每一节课、处理好每一项工作,不敢有丝毫懈怠。在我看来,教会孩子们做人和教会他们课本知识一样重要,甚至更为重要。

四、子女的发展规划

在当班主任一年半的日子里,我认识了解了52个孩子和与之相对应的多个家庭,我深知家庭环境对孩子成长发展的影响。孩子是一面镜子,透过他们,我看到了他们所处的家庭——留守儿童多孤僻自卑、家长只顾玩手机的子女很难喜欢看书、不被爱的孩子很难爱别人……对于未来的孩子,我和配偶一致认为健康的身体、健全的人格比高学历重要,我们未必会给孩子报补习班、逼他(她)看辅导书,但一定会花时间陪他(她)认识世界、锻炼身体,让孩子在足够有爱的环境中成长。不求孩子有好成绩、高学历，只要有谋生手段即可。

五、小结

于我而言，高考、大学和就业让我宛若新生，得以一步步触碰更宽广的世界，接触美好的人和事。我实现了祖辈父辈阶层的向上流动，从农村扎根城市，获得了比父母高的社会地位及经济收入。

（2023年1月19日）

第七章 追随者：长大后我就成了你

杨林：平淡无奇却也百感交集——我的师范经历

一、父辈的基本情况

（一）祖辈经历

为了更清晰地了解代际流动情况，我想结合祖辈的经历介绍父辈。我的爷爷生于广东M县，十一岁时便失去父母和大部分家人，虽接受了亲戚的救济，但求学生涯异常艰苦。那时候的他们要在每学期开学时带上足够的粮食或者钱上交学校，由学校负责伙食。亲戚家里种花生，条件也不好，每学期爷爷带的一大袋花生食堂若用不上，这袋花生便是他一学期的食物，他只能偶尔用花生跟别人换些粮食，坏了也不舍得扔，一学期下来连花生壳都不剩。高考结束后，爷爷听说读师范不用钱，便报读了离家最近的G师范学院，终于给艰辛的求学之路写下美好结局。师大毕业后，爷爷被分配到G林学院并与H师大毕业的奶奶结婚。他们在职期间由于工作能力和教学水平出色，受到多数职工和学生的喜爱，因此在20世纪80年代末期爷爷被选举成为校长，两人均评上高级教师。爷爷的求学经历和后续发展对父亲的经历和观念产生了深远影响。

（二）父辈经历

刻骨铭心的求学经历对爷爷接下来人生的众多观念产生了影响，除了茶几餐桌上源源不断的水煮花生，还最直接表现在育儿观上。

父亲对爷爷的育儿评价是"顺其自然"。由于亲人早早离世，爷爷在求学

扎根乡土与向阳生长：定向西部地区培养的公费师范生口述史研究

和成长的过程中没有得到过父母的引导，甚至不需要过多外力的帮助也能考上大学，因此他认为最好的育儿方式是"顺其自然"，不需要过多帮助孩子。奶奶毕业于H师大，虽然不太认同顺其自然就能成才的教育观，但由于教学任务繁忙加上父亲小时候较为顽劣，也没能好好地教导父亲。就这样，父亲在钓鱼和摘果的快乐生活中迎来了中考，中考前一个月，奶奶隐约感觉到父亲状态不对，才发现他连二分之一加三分之一都不会算。这时，一直"顺其自然"的爷爷选择改变，为父亲做出重大决定——重读一年，这个决定对父亲的读书、工作甚至是我的学习经历都有着影响。那一年父亲被爷爷关在"小黑屋"自习室里学习，在爷爷的指引下，父亲逐渐对学习尤其是理科产生兴趣，也学会了自学，半年后便不再需要爷爷指导，通过自己的努力考上了A高中（市区最好的高中之一）的尖子班。历史总是惊人地相似，若干年后父亲如法炮制，用相同的方法指引我学习，同样让我有了巨大收获。

艰辛的求学经历让爷爷知道书中自有黄金屋，继续升学的重要性他再了解不过，因此一直恪守"顺其自然绝不帮忙"的爷爷在感觉到父亲的成绩无法读高中的时候，选择拉他一把，但在这之后，也许是相信父亲，爷爷又回到了"顺其自然"的教养方式。父亲的情绪传承自奶奶，神经敏感、感情细腻，特别容易想家、产生焦虑。据父亲回忆，也许是从小背井离乡，爷爷对他的焦虑并不上心，只觉得是小事，因此父亲没能全身心学习和考试，甚至高考时也非常焦虑，最后没能考上大学，只上了大专学习机械类专业。毕业后，父亲被分配到市里A厂，在工作的前八年困难重重，但也许是赌气，此后的职业生涯他再也没有求助过爷爷。几年后，他靠着自己的能力和踏实努力当上A科副科长，又过了几年领导换届，他被提拔做A分公司经理。2004年左右，工厂改制，父亲下海经商。

母亲的经历则没有那么多波折，外公外婆是南下干部，在当时条件不错，对三个孩子都很好。她高中毕业进入A厂与父亲相识。母亲虽然不爱学习，做事却雷厉风行，几年后进入B公司，再后来就帮着父亲一起经营生意。二人经商做的是小本生意，我推测年收入跟公务员差不多但称不上富贵，远低于各种老板。但他们在我毕业后，给我提供了一套单位附近的新房。

（三）父辈理念

父亲的教育理念和教育方法主要受爷爷的影响。读高中后的经历使得父亲对爷爷"顺其自然"的育儿方式很不赞同，但毕竟爷爷奶奶从小在他面前读书、看报、写作，无意间也给了父亲某种程度上的文化熏陶。父亲非常注意我的学习情况，每当我成绩出现长时间滑坡，他都会亲自辅导我。在我印象里，小学和高中时期父亲对我有几次较长时间的辅导。除此之外，他还培养了我很多当时同龄人没有的爱好，例如学龄前跟我下棋、画画、看小说等。由于父辈文化资本的传承和对我文化素养的重视，我的学习能力不弱，这是我能考上一所好大学的基础。

母亲不爱学习，文化水平不高，由于我出生后的几年身体很虚弱，母亲比较关注我的身体健康方面。在我四岁的时候给我报了羽毛球班，希望我通过锻炼增强体质、改善身体素质。

父母对教师行业的理解主要源自我的爷爷奶奶。先前提到他们在一所大专院校任职，在职期间由于工作能力和教学水平出色，受到多数职工和学生的喜爱，爷爷被选举成为校长，奶奶也评上高级教师。虽然二人年轻时过得很艰苦，但退休前十年和退休后获得了很好的待遇。因此父亲认为这就是所有老师的终点，他曾经对我说"只要继续当老师就能做校长"。母亲则是看重教师行业的稳定。

二、本人学习经历

我在读书时和大多数人一样，都意识不到读书的分流作用，直到工作了几年才对读书时的一些关键节点有所感悟。

我的读书天赋并不强，在小学的时候每次上课到一半我脑子里都会浮现出时钟，盼望着钟表盘能走快些，因此我对后半程课的吸收程度较低，这个习惯一直延续到初中和高中。很明显，这是专注度低的表现。因为听课效率不高，我在小学四年级持续一年成绩退步,几乎垫底。四年级暑假和之后的寒暑假,父亲坚持辅导我学习数学奥林匹克,终于我的成绩在六年级回到班上前列,也在一次数学奥林匹克竞赛中拿到名次,顺利得到重点初中的邀请。这两年数奥的学习除了使我获得成绩的进步和竞赛奖项,现在看来,我认为最重要的是为我的理科思维打下了基础。

初二的时候,我被小说和游戏吸引,无法自拔,成绩因此一落千丈。虽然每次考试后我都立志发愤图强,但总是"间歇性踌躇满志",学习很被动,老师父母鞭策一下我动一步,这样的学习状态肯定导致成绩不佳。直到初三下学期,我听说全市最好的高中不仅成绩最好,校园氛围和配套设施也是全市最好,有社团、大超市、食堂自助、宿舍六人间上床下桌,还可以带手机,不管是学习还是生活都很自由。也许是出于对"自由"的向往,初三下学期,我的学习状态由被动变为主动。为了弥补一年半的知识缺漏,我每天学到十一点半,比之前延长了差不多两个小时,但并不觉得累,反而一直保持兴奋的状态,最后也如愿考入梦想高中。也就是这个学期,我才体会到什么是真正的学习。这半年的学习经历除了给我带来成绩的收益,更重要的是让我找到了真正的"学习的感觉",此后每当我找回这种感觉的时候,都会在学习上取得不小进步。后来在大学期间学习到的"主动意义建构"也让我在理论上证实了这一点,更加意识到初中最后这半年的宝贵。此外,这半年我也逐渐形成了自己的学习方法,比起听课,我更喜欢自己看书,可能是注意力持续时间的问题,我很少能坚持听完整节课,因此当我上课注意力不集中时,我便开始自己看书做题,从这时开始我养成了自学的习惯。

高中三年过得比较平淡,没什么大波折。我的成绩很一般,三年里都没有找回初三的感觉,学习不主动但也不放弃,有点玩世不恭,觉得什么都无所谓,班上和年级排名都是中等,但学校里的一个现象对我今后的教学工作有所启发。高中有很多理科天才,有的学生只需要看一遍数学课本,每天选做一两题练习，数学考试就能拿到130甚至140分，而有的学生挑灯夜战，也只能拿到"天才"们的零头。后来同学聚会时，我向他们了解后得到如下结论，抛开智力因素，前者的初中和小学基础非常好，理科思维很完善，所以自然而然就能理解新的理科知识并运用；而后者的初中和小学数学都不太好，初中靠文科记背提分，由于初中数学、物理难度不大，因此理科拉分不明显，一旦上了高中，他们的理科劣势就会体现出来。但他们自己并不知道是基础和思维的问题，误认为和学霸刷一样的题就能提分，不注重基础，导致越学漏洞越大。后来我在初中数学教学中，非常注重对学生数学思维的培养，会先帮小学基础弱的学生补齐小学知识再让他们进入初中内容学习。

在高中，我遇到了一位能改变我对教师印象的班主任。他的授课风格非常特别，上课活蹦乱跳还讲段子，幽默风趣且课堂容量很大。按照我以前的听课习惯，我一般只能坚持听半节课，因此我认为上课很无聊，教师很无趣。但他的课程即使容量很大我也能全程跟着思路走。当时很多严谨的学生不喜欢他的上课风格，但我并不是一丝不苟的人，也许我跟那位老师一样，都是玩世不恭的性格。我的上课风格受他影响，虽然做不到像他那样一边讲段子一边保证高容量，但至少可以做到不枯燥。

高中最后一年的时光转瞬即逝，转眼来到填报志愿的日子，父亲力主我填报公费师范生，由于爷爷奶奶都是老师以及我对教师职业的不排斥，加上高中班主任对我的影响，我也同意报读师范学校，免费师范生专业和非免费师范生专业都可以。"免师"是提前批，那几年211学校的"免师"和"非师"的分数一样，我就想可以先试着报名，就算录取了不喜欢的专业也可以退档。就这样，我被东北师范大学录取。

大学四年似乎是我高中三年的重现，学习不主动但也不放弃。大一、大二虽然成绩一般，但我还是会积极参与各种活动和社团。到了大三，懒散在我的生活中占据主导。班上很多非师范生同学都开始准备考研或者保研计划，但这跟我没关系，我退掉了所有社团和学生部门。北方的冬天室外温度都是零下，这给了我很好的不出门借口，每天下课后不是打游戏就是看电视剧，唯一值得庆幸的是编程我没有荒废，偶尔还会刷刷题。大四的课程非常少，我连作息时间都乱了，但讲课的机会我没有放过。每当期末作业是分组分工讲课，我都会自告奋勇承担讲课的角色，每次讲课我都会模仿高中班主任的授课风格，希望借此机会磨炼自己，使自己成为像他那样的老师。由于是师范院校，很多同学都会兼职家教赚取生活费，但我由于懒散和生活费充足，一次都没试过，现在想想，没体验过大学兼职有些遗憾。大四上学期，各个地区陆续开启双选招聘会。大学时期我是异地恋，恋人在广西读大学，因此我一直没想过要违约出省，当时我并不知道什么样的学校待遇氛围好，于是在双选会上签了一所新开办的初中。

三、本人职业经历

（一）职业的选择

从小每次父母或者老师问我以后想做什么，我的回答都是"不知道"。我一直都没有特别想要从事的职业，因此填报志愿的时候我也总是举棋不定，我自己并没有特别想报的专业或者特别想去的学校，当时我和父亲以为只有报读公费师范生才能当老师，于是我最后参考了父亲的建议选择了公费师范生。在就读后，由于爷爷奶奶和高中班主任的影响，我对教师这个职业并不排斥，也希望能成为我喜欢的老师类型，因此在上课风格上会刻意模仿班主任。在大学期间，虽然了解到广西的教师待遇不好，但我也没想过脱离教师行业。

在进入大学后，公费师范生对我的学习积极性产生了一定影响。因为学业压力小，我将更多学习精力放在了感兴趣的内容上，比如画画，入学前我没有美术基础，毕业后我的素描水平已经可以熟练画人像，虽然只是普通的业余水平，却给我的生活带来许多趣味。

（二）职业道路

我毕业于2019年，与生源地主城区一所新开办的初中签署了三方协议。这是一所新学校，自然大部分同事都是新老师，大家年龄相仿，共同话题很多，教研组内调动来的老教师也很和善，我们教研组无论是科研还是活动氛围都很融洽，我从前辈和同辈身上学到了很多教学的方法和规律。2021年，教育硕士开始选题并着手写毕业论文（我于2020年开始攻读东北师大教育硕士学位，这是免师的好处之一）。2022年春季，我提前完成论文并拿到学位证书。

在工作中，我认真地对待教学和教师发展两方面的内容。教师无论往哪方面发展，教材研究一定是最重要的。在对待学生方面，十三四岁的学生更需要的是教师的陪伴和鼓励，想要让学生更好地成长，老师需要花费更多时间走到学生中间，虽然这样做并不能为教师自己的发展带来实质性提升。基层教师提升科研水平可以更好地改进教学方法，但科研并不是中学教师评优评职称的提分项。教师技能比赛含金量最高的是公开课比赛，能在公开课比赛中获奖对教师个人发展非常有帮助，无论是职称还是评优评先，都能带来很大收益。信息技术和公开课是配套的，如果不参加公开课比赛，只需要掌握网上找题和组卷的基础知识，其他的可有可无。由于我是教育技术专业毕业，信息技术能力比其他学科教师强，但我在教学中很少用到花里胡哨的课件，甚至很少用课件，也能将教学成绩保持在中上。综上，我认为如果以学生发展为主，陪伴、了解学生=教材研究>教师技能>科研能力等其他方面；如果是以教师个人发展为主，教材研究=教师技能（公开课、信息技术等）>陪伴、了解学生>科研能力。

（三）社会流动

在经济方面，目前我比起父辈还有很大的差距，我能衣食无忧地去计划未来发展，全靠父辈给我提供的经济支持，让我在车、房、结婚等需要大量开支的事件上无需发愁。在社会贡献方面，我们学校的生源不好，我正在尽我全力将很多学生送上理想的高中；父亲是小本生意利润不高，他的员工家庭经济比较困难，他总是尽量给员工最好的待遇。我和父亲对社会的贡献无法比较，也许都微不足道，但我们都无愧于自己的良心。在社会地位上，经商和教师无法作比较。但我相信，公费师范生给我带来的不仅是一个稳定的工作和硕士学位证，更多的是我在师范之路上对学生、教师、自己发展道路的思考。

经历了三年的执教生涯，我才明白原来我的教师身份和爷爷奶奶的教师身份不太一样。爷爷奶奶的工作重心在教书和科研；中小学教师，或者说初中和小学老师更像是学生成长的陪伴者，我们要做的不仅是"教书"，更要"育人"。

四、子女发展规划

我目前已婚未育。我不敢对子女有太高的期待，但我会尽力为他们提供一个良好的成长环境，因此近几年我不打算生育，因为以我目前的工作，没法为他们提供足够的资金，也没法给他们足够多的陪伴时间。我希望子女能拥有更高的学历和见识，因此我也会保持终身学习，希望能给他们作榜样。我们学校有很多外地学生在学校住宿，几个月才回家一次，我了解住宿学生的精神状态和内心的孤独，我不会在子女十二三岁的时候就让他们寄宿在学校。

五、小结

我对公费师范生政策的看法源于广西的实际情况。我认为公费师范生对于经济困难的学生来说是一项很好的政策，很好地解决了他们的大学费用。公费师范生政策对我的影响主要体现在工作上。我很喜欢广西，也喜欢当老师，并不想到省外工作。

（2023年1月29日）